Comentarios de elogios para Final Frontiers y *La Gran Omisión*

De los Misioneros/Organizaciones estadounidenses

He sido misionero en el oeste de Kenia desde 1978. Mi trabajo se centra en la plantación de iglesias y en la enseñanza y formación del liderazgo eclesiástico. Desde 1993 colaboro con la Fundación Final Frontiers.

Considero que la iglesia local es responsable de cuidar a su pastor; los fondos de Final Frontiers se utilizan para ir a nuevas áreas y comenzar nuevas iglesias. Cientos de pueblos han recibido el Evangelio y varios miles de personas se han salvado y se han fundado más de 200 iglesias. Actualmente estoy trabajando en este mismo programa en el este de Uganda y en el sur de Sudán. En Uganda se han fundado once nuevas iglesias y en Sudán tres. El trabajo de la iglesia local va desde la evangelización hasta la madurez. Estos fondos ayudan a los pastores a volver a las nuevas iglesias para discipular, enseñar y formar a los líderes de la iglesia. Hay patrocinadores que han ayudado con bicicletas e incluso motocicletas para ayudar a este programa de plantación de iglesias. El objetivo de Final Frontiers es la plantación de iglesias, y estoy contento de trabajar con un programa así.

- Rev. Randall Stirewalt, Eldoret, Kenia
Misionero bautista independiente

Los héroes personales de mi vida se pueden contar con una sola mano. Mi amigo, Jon Nelms, es uno de ellos porque se ha ganado la distinción de ser un verdadero pionero en la plantación de iglesias. Desde hace mucho tiempo, Jon descubrió que la mejor manera de llegar a grupos de personas en todo el mundo era invertir en misioneros nacionales enviados para alcanzar a los suyos con el Evangelio de Jesucristo. ¡Qué idea tan novedosa! Jon demostró la veracidad de sus convicciones al superar a los detractores y emprender con éxito un movimiento que ha ayudado a plantar más de 36.000 iglesias. ¡Oh Señor, necesitamos más héroes como Jon Nelms!

- Jack Eggar, Presidente/CEO
Awana®.

He tenido la bendición de conocer a Jon Nelms durante más de dos décadas. Algo que siempre he admirado de Jon y del ministerio de Final Frontiers es su dedicación a la causa de las

misiones mundiales y a la gloria de Dios. Es un honor para nosotros asociarnos con Final Frontiers en nuestro alcance a los leprosos en la India. *- Tim J. Ekno, Director Ejecutivo*
American Education Development.

Jon Nelms ha sido un amigo, consejero y animador para nosotros durante los últimos 20 años. En tiempos de necesidad nos ha desafiado y dirigido cuando parecía que nos enfrentábamos a un muro. En ocasiones, ha dicho cosas que eran difíciles de aceptar y que requerían tiempo para entenderlas, pero siempre eran lo que necesitábamos. Siempre parecía entender dónde estábamos en el ministerio y dónde debíamos estar. Jon nos animó a imprimir un número excesivo de nuestro tratado "Un corazón limpio para ti". Gracias a nuestro ministerio de tratados hemos visto a cientos de miles de personas orar para recibir a Cristo como su Salvador y hemos ayudado a suplir las necesidades de muchos misioneros y pastores nacionales en todo el mundo. Mientras compartía con nosotros su filosofía de las misiones, nos ha animado a seguir haciendo todo lo que podamos para alcanzar el mundo para Jesús.
- Larry y Charlotte Franklin, Presidente
International Children's Missionary Enterprises
Lee's Summit, Missouri

De Predicadores Nacionales:

Final Frontiers desarrolló en nosotros el deseo apasionado de plantar iglesias durante los últimos seis años y siguió siendo el manantial oculto de inspiración desde el primer día. Hasta la fecha, Pioneer Ministries ha plantado 343 iglesias con una fuerte vitalidad espiritual entre grupos de personas que no han sido tocados, ni ocupados, ni escuchados. El Señor está haciendo que Su Palabra salga entre 14 grupos de personas diferentes; sus antiguos prejuicios contra el Evangelio están siendo demolidos lentamente y están conformando gran parte de su patrón de pensamiento, formando su carácter, fomentando la pureza entre ellos y estableciendo altas metas espirituales para ellos mismos. El método impartido por Final Frontiers ha contribuido a acelerar el ritmo de llevar a los no cristianos a Cristo, que están siendo expuestos simultáneamente para impactar su esfera de influencia en su propia comunidad. Hemos sido testigos de un rápido crecimiento, como la reproducción de iglesias, la multiplicación de cristianos, los bautismos y el testimonio activo de los nuevos miembros.
- Rev. Solomon Bijja Satyam
Ministerio Pioneros, Hubli, Karnataka, India

Ha sido un privilegio conocer a Jon Nelms. Él ha trabajado incansablemente por el Evangelio en Asia y África, y estamos agradecidos por él y por Final Frontiers. Como pastor y plantador de iglesias, formado en un seminario evangélico en los Estados Unidos, prefiero compartir la convicción de Jon de que el mayor papel de las misiones debe ser desempeñado por los nacionales que son levantados por líderes piadosos para alcanzar sus propios países.

Los nativos son los que mejor conocen los matices de la cultura de su tierra (¡que un extranjero no podría aprender fácilmente!) Normalmente hablan tres o cuatro idiomas que un extranjero podría tardar años en dominar. Se podría mantener a entre 40 y 60 pastores nacionales por lo que se necesitaría para enviar y mantener a un misionero extranjero en el campo.

En Estados Unidos, muchos se preocupan por cómo responsabilizar a los nacionales. Mi respuesta es: de la misma manera que hay que responsabilizar a los misioneros extranjeros. Capacitarlos en cuestiones de integridad y observarlos. ¡¡¡Pídales informes financieros regulares, visite sus campos, siga el trabajo de la misión y el progreso de la plantación de iglesias.Jon Nelms y Final Frontiers han hecho precisamente esto!!! Apreciamos su visión y trabajo de amor para alcanzar almas para Cristo en regiones más allá. *- Rev. Karl Silva, Pastor*
Greater Grace Church of Mumbai, Mumbai, India

Soy Daniel Sappor, sirviendo como director nacional de Fuente de Luz, sucursal de Ghana. Como misionero nacional que trabaja entre mi propia gente en Ghana, conseguir mi apoyo personal fue la parte más difícil del trabajo, ya que nadie me conoce y puede hablar del trabajo que estoy haciendo con otros, para conseguir que la gente apoye el trabajo. Me encontraba en este dilema hasta que en 1993 el Rev. Ray Walker de Source of Light me puso en contacto con el Rev. Jon Nelms y la Fundación Final Frontiers. Gracias a Final Frontiers conocí a iglesias e individuos en los Estados Unidos que realmente quieren involucrarse de primera mano en las misiones apoyando a los misioneros nacionales. A través de la financiación que recibo de Final Frontiers, también se apoya a muchos pastores nacionales, pero muchos más pastores nacionales que sirven en zonas rurales desfavorecidas todavía necesitan apoyo.

El mensaje central de este libro sobre misiones escrito por Jon Nelms se puede resumir en esta cita de D.L. Moody "Es mejor entrenar a 10 hombres para hacer una obra que hacer la obra de 10 hombres". Para concluir, él dice que es mejor apoyar a 10 nacionales para hacer la obra misionera que enviar a una persona con el apoyo de 10 personas.

Que el mensaje de este libro toque a cada individuo y a cada iglesia que sale a las misiones. Que Dios los bendiga.

- Rev. Daniel Sappor
Fuente de Luz, Ghana, África Occidental

El camino a seguir es con el Dr. Jon Nelms y Final Frontiers. Conozco al Dr. Jon Nelms desde hace más de 15 años. Hemos comprobado que es creíble, genuino y comprometido con la causa de apoyar a los predicadores nacionales. Yo soy uno de los que recibe el apoyo de Final Frontiers.

- Pastor Denis Celestine
Pastor nacional, Granada

Soy director nacional de la Fundación Final Frontiers en Rusia desde 1995. Desde 1991 hasta ahora hago trabajo misionero en Rusia, predicando en la radio local en Moscú así como en una estación nacional en toda Rusia y algunas de las antiguas naciones satélites. Pienso que los esfuerzos de Final Frontiers para apoyar a los predicadores nacionales no son en vano. Diez jóvenes predicadores rusos fueron apoyados por FFF, y todos ellos establecieron iglesias. Pero los números no son tan importantes. He visto muchos informes y números en mis 20 años de servicio. También he visto misioneros extranjeros con estándares de vida muy altos pero con resultados muy bajos. Jon Nelms trabaja con gente real, y doy gracias a Dios muy a menudo por conocerlo, aunque nunca nos hayamos visto en persona, solo por teléfono.

- Pastor Vasily Lastochkin
Misionero Nacional, Rusia

Final Frontiers ha ayudado a nuestros pastores nacionales de la India a través del apoyo, y como resultado, se han ganado muchas almas en la India. La ayuda recibida ha animado incluso a algunos de nuestros pastores nacionales indios que estaban dispuestos a suicidarse debido a su extrema pobreza. Mediante *Touch A Life*, el ministerio de Final Frontiers está operando dos centros de alimentación en nuestra área, todos ellos atendidos por nuestros pastores nacionales y sus esposas. Final Frontiers también ayuda a los pastores nacionales indios con bicicletas, Biblias, construcción de iglesias y máquinas de coser. Nos sentimos en deuda con Final Frontiers de muchas maneras.

Es nuestro deseo que con la ayuda de Final Frontiers, pronto al menos una cuarta parte de la India sea evangelizada a través de sus predicadores apoyados. Mediante la guía espiritual y el liderazgo dinámico del fundador y presidente, el Rev. Jon Nelms, la bandera de Final Frontiers pronto ondeará en toda la India. El Hno. Nelms me ha ayudado a construir unas 40 iglesias con estructuras permanentes, y más de 150 iglesias han sido construidas con hojas de palma y bambú con techos de paja. Cada año Bro. Jon Nelms viene a la India para fortalecer nuestros ministerios y para tener una charla abierta con nuestros pastores individualmente.

- Pastor K. Swatantra Kumar
Plantador de Iglesias Nacional
Rajahmundry, Andhra Pradesh, India

En 1986, cuando fui a predicar las buenas noticias de Dios a la gente en uno de los grandes barrios de chabolas de Klong-Teoy, Bangkok, vi a un hombre americano grande de pie fuera del edificio del centro esperándome. Me habló en tailandés con el saludo: "Sawaddee-Krab. Soy Jon Nelms de la Fundación Final Frontiers". Ese día comenzó nuestra conversación, y nuestra colaboración ha durado hasta hoy porque tenemos la misma filosofía, y yo quería hacer por el Señor Jesucristo. Hablamos de cómo podíamos llegar a los pecadores para que escucharan las buenas noticias de nuestro Salvador Jesucristo mientras la puerta estuviera abierta. Como respuesta, se capacitó a los nacionales para que alcanzaran a su propia gente. Gracias al Señor por los buenos resultados con muchas iglesias establecidas en muchos países a través de la Fundación Final Frontiers. ¡A Dios sea la gloria por las grandes cosas que ha hecho!

- Dr. Kiatisak Siripanadorn
Iglesia Bautista de la Gracia, Bangkok, Tailandia

Final Frontiers es un gran instrumento usado por Dios para bendecir y apoyar a sus siervos en todo el mundo para extender su reino. Se trata de una de las formas en que Dios nos anima diciendo: "Yo estoy contigo mientras me sirves". ¡Gloria a Nuestro Señor y Salvador por la visión dada a este ministerio llamado Final Frontiers!

- Pastor/plantador de iglesias, Carlos Messan
Iglesia Bautista Universitaria, Tegucigalpa, Honduras

De los Pastores

Jon Nelms es un pionero moderno en Misiones Nacionales. Dios puso en el corazón de Jon alcanzar el mundo con el Evangelio a través de pastores y evangelistas nacionales mientras muchos líderes del fundamentalismo se oponían vigorosamente a este concepto neotestamentario. Este hombre ha tocado el mundo por la causa de Cristo. Yo animaría a todo pastor, misionero y cristiano con mentalidad misionera a leer su nuevo libro.

- Dr. J. R. Farrington, Pastor Principal

Iglesia Bautista del Puerto en Charlotte, Carolina del Norte
Fundador de GO WIN Ministries
(Gospel Outreach Worldwide Involving Nationals)

Cuando se trata de estrategia misionera, Jon Nelms la presenta con pasión y claridad. Cuando se trata de trabajo y estrategia misionera, Jon Nelms lo entiende.

- Mike Newman, Pastor de Familia
Iglesia Bautista de Ventura, Ventura, California

La enseñanza práctica y clara del Dr. Jon Nelms en materia de misiones no solo ha dado energía a nuestra membresía y ha fortalecido nuestro actual programa de misiones, aumentando nuestras ofrendas misioneras anuales en más del 300 por ciento, pero también ha abierto nuestros ojos al énfasis necesario en el pastor nacional de plantación de iglesias. Tras haber realizado dos viajes al campo para visitar de primera mano las obras de plantación de iglesias patrocinadas por Final Frontiers, nunca me he sentido más animado ante la posibilidad de cumplir la Gran Comisión.

- Pastor Anthony Lamb
Iglesia Bautista Libertad
San Antonio, Texas

Jon Nelms y Final Frontiers llegaron a mi vida y a la vida de nuestra iglesia en el momento justo. Este ministerio ha apoyado a los misioneros desde el inicio de la iglesia (1980). Seguimos enviando y apoyando misiones de carrera y de corto plazo. Sin embargo, Jon fue usado por Dios para abrir nuestros ojos a una oportunidad de estar más íntimamente involucrado en las misiones rurales-un lugar donde mi pequeña donación de apoyo va un camino muy largo. Nuestra familia está íntimamente involucrada con increíbles siervos de Dios a quienes nunca hemos conocido cara a cara. Pero servimos juntos con ellos de corazón a corazón. Y la idea de apoyar a un hombre que ya está enculturado en su situación nativa es simplemente inteligente.

Conozco a Jon y sé que no tiene ningún problema con los modelos misioneros "tradicionales", sino que ha descubierto y desarrollado una forma de sacar mucho partido a nuestro dinero para las misiones. También conozco a Jon como un hombre íntegro, innovador, compasivo y dedicado. *- Roger D. Willis, Pastor*
Lighthouse Bible Church, Simi Valley, California

En 1984 la Iglesia Bautista Tabernáculo comenzó a trabajar con pastores nacionales. Vimos el gran beneficio de ayudar a estos hombres, pero pronto descubrimos que necesitaban supervisión y responsabilidad. Mientras oraba sobre la mejor manera de asegurar sus necesidades, el Señor condujo mi camino a través del de Jon Nelms. Desde ese día que unimos nuestras manos para trabajar alrededor del mundo compartiendo el Evangelio de Jesucristo, no hemos tenido un pastor nacional que renuncie a la Fundación Final Frontiers ni que tenga que "regresar a casa" por razones de muerte, salud o choque cultural. Ninguno de los nacionales ha pasado años de diputación, años en la escuela de idiomas, ni ha tenido que recaudar grandes cantidades de dinero para enviar sus "bienes" a su campo.

Quisiera animarles mucho, al leer este libro, a que vean las misiones desde un punto de vista bíblico y práctico, no para excluir a los misioneros estadounidenses, sino para ayudar a la predicación de la Palabra de Dios a toda criatura. *- Pastor Steve A. Ware*
Iglesia Bautista Tabernáculo, Orlando, Florida

Jon Nelms ha sido extremadamente influyente en la formación de mi filosofía de las misiones. La primera vez que conocí a Jon fue como un joven "misionero" en una conferencia de misiones a principios de los 90. Cuando él me comunicó su filosofía de las misiones, y en particular el apoyo a los pastores nacionales, me di cuenta en ese momento, que Dios estaba trabajando más allá de los límites de la forma americanizada de las misiones. Ahora tienes en tus manos la misma filosofía misionera que me fue expuesta hace muchos años. Cuidado: transformará radicalmente tu forma de pensar sobre las misiones. *- Mark Glodfelter, Pastor*
Iglesia Bautista de Walnut Avenue, Pensacola, Florida

Jonny tiene un amor por el pastor nacional como pocos. Jamás he conocido a nadie que tenga una mejor relación con los líderes nacionales. Él respeta al "nacional", viéndolo como un igual en la obra del Reino de Dios. No es su "jefe". Es su servidor. Les lava los pies. Los ama, y ellos lo aman a él. Aprendí mucho viendo a Jonny ministrar a los ministros nacionales de todo el mundo. Recomiendo encarecidamente que te propongas aprender de él también.
- David Nelms, Pastor
Grace Church, West Palm Beach, Florida

Los esfuerzos de la Fundación Final Frontiers para encontrar apoyos a los pastores nacionales permite a nuestra iglesia construir y fortalecer la iglesia en áreas donde el Evangelio no ha llegado, y donde los cristianos nacionales ya están ocupados con el trabajo de la cosecha.

Nuestra iglesia conoció la Fundación Final Frontiers en 2004, y desde entonces hemos apoyado a los pastores nacionales. Agradecemos el grado de responsabilidad, transparencia y eficiencia con que opera este ministerio. Hemos hecho tres "viajes visionarios" con Jon Nelms a Honduras para visitar y animar a uno de los pastores nacionales que apoyamos. Descubrimos que el corazón de Jon late por la difusión del Evangelio a través de pastores nacionales establecidos y doctrinalmente sólidos.   *- Pastor Darren Lemmon*
Iglesia Federada de Medina, Hudson, Michigan

De mi pastor

Verdaderamente agradezco al Señor por la sabiduría que le ha dado a mi querido hermano Jon Nelms, especialmente en el área de las misiones y la evangelización mundial. Durante años he luchado con la cantidad de dinero que nuestra iglesia estaba "desperdiciando" al apoyar a los hombres que no llegaban al campo o se quedaban por un tiempo muy breve. Es posible que una parte se deba a problemas de salud o a necesidades familiares, pero la mayor parte se debe al choque cultural que se produce. He estado orando durante mucho tiempo sobre la mejor manera de seguir apoyando a los hombres que el Señor ha llamado de América para ir a suelo extranjero, así como apoyar a los hombres de otros países que conocen la cultura, el idioma y tienen un corazón para su pueblo. La respuesta a mis preguntas fue el ministerio del hermano Nelms con Final Frontiers. En la actualidad tenemos un sistema muy equilibrado y de apoyo, y estamos viendo los beneficios de apoyar a los misioneros de ambos lados del espectro. Estoy muy agradecido por el ministerio de Final Frontiers; me ha ayudado a entender más claramente la Gran Comisión.

El hermano Nelms y su personal son miembros de la iglesia que pastoreo aquí en Augusta, Georgia. Nuestra iglesia y los ministerios aquí se enriquecen debido al servicio al Señor. Es un honor y un privilegio ser el pastor de estos queridos hermanos y hermanas en Cristo. Además de ser pastor, también he viajado a varios países extranjeros con el hermano Nelms y he visto el trabajo de primera mano. Es un placer informarles que la obra del Señor se está llevando a cabo en muchas naciones por pastores nacionales. He conocido a muchos de nuestros hermanos en la obra del Señor y tengo gran confianza en que son verdaderos soldados fieles del Señor.

El trabajo que Final Frontiers hace para recaudar apoyo para estos hombres, nuestros hermanos, es muy apreciado por ellos y sus familias. Hemos visto cómo reciben y respetan al hermano Nelms, y mi corazón ha sido bendecido muchas veces al ver cómo anhelan tener una iglesia que los patrocine.

El Hermano Nelms y Final Frontiers me han ayudado a "entender" cuando se trata de apoyar a los pastores nacionales y al mismo tiempo ayudar a los hombres de nuestros Estados Unidos que son llamados por Dios para ir a las regiones del más allá. El corazón de Jon es profundo y amplio cuando se trata de ayudar a las iglesias y a los pastores nacionales a cumplir la Gran Comisión.

- Donald C. Prosser, Pastor
Iglesia Bautista Providence, Augusta, Georgia

La GRAN OMISION

Por qué hemos **fracasdo en el cumplimiento** del mandato de **misiones globales** de nuestro Maestro,

{ Y }

Cómo podemos ser la **primera generación** en la historia en cumplirlo **definitiva** y **plenamente**.

JON NELMS, *Fundador de Final Frontiers Foundation*

Final Frontiers Foundation
1200 Peachtree Street
Louisville, GA 30434
800-522-4324 - www.finalfrontiers.org

ISBN: 978-1-7369574-8-6
2da edición

Primera impresión-Marzo de 2011
Segunda impresión-Septiembre de 2021

Las escrituras están tomadas de la Biblia Reina Valera.

Para pedir libros adicionales, ponte en contacto con:
PHALANX MEDIA NETWORKS, LLC
1200 Peachtree Street
Louisville, Georgia 30434
www.phalanxnetworks.com
publishing@phalanxnetworks.com

o en www.TheGreatOmission.com

Impreso y encuadernado en Estados Unidos

Dedicatoria

Dedico humildemente esta obra...

- a los misioneros anónimos y desconocidos cuyo sacrificio, esfuerzo, paciencia y persistencia han plantado las semillas del Evangelio en todo el mundo y han dado una cosecha abundante. Si no fuera por ustedes, no habría plantadores de iglesias nacionales.

- a los plantadores de iglesias nacionales cuya instrucción me ha enseñado, cuyos testimonios me han inspirado y cuyas vidas me han motivado a darlo todo por la Gran Comisión de nuestro Señor. Ustedes son verdaderamente aquellos de quienes el mundo no es digno, y es mi gran honor ser su servidor y amigo. Sin ustedes, no habría necesidad de Final Frontiers.

- A mi familia, personal y compañeros de ministerio que han luchado y sobrevivido victoriosamente conmigo. Ustedes han sido mis alentadores, mis tutores y mis motivadores para seguir adelante cuando las circunstancias y la condenación me instaban a abandonar. Ustedes han hecho realmente el trabajo laborioso del ministerio mientras yo simplemente he hecho el ministerio. Sin ustedes, no habría Final Frontiers.

Persecución

- *¿Sabías* que más del 70% de los cristianos viven actualmente en países que sufren persecución?

- *¿Sabías* que en los últimos 20 siglos, y en los 238 países, más de 70 millones de cristianos han sido martirizados -muertos, ejecutados o asesinados- por Cristo?

- *¿Sabías* que en los últimos 100 años han sido martirizados más cristianos que todos los años desde el año 30 d.C. juntos?

Agradecimientos

Siempre he leído los agradecimientos, por obligación aparente, para reconocer a quienes contribuyeron con lo que yo consideraba un trabajo mundano e insignificante de edición, corrección y finalización del proyecto. Me parecía que no era más que la forma que tenía el autor de expresar un "gracias" obligatorio a su pequeño equipo de ayudantes, cuyos conocimientos le hacen quedar bien.

Sin embargo, ahora que he entrado en el mundo de la autoría, he comprendido que sin estas personas no habría libros. En mi mente, o lo que queda de ella, hay una miríada de hechos, suposiciones, opiniones, estadísticas y filosofías, enterradas tan profundamente en las arrugas de mi cerebro que nunca verán la luz del día (ojalá). Sé que están ahí dentro; simplemente no puedo dejarlos salir en un orden secuencial que permita a otros beneficiarse de ellos.

Mientras me siento hora tras hora haciendo valientes intentos de claridad, me encuentro dando vueltas a los vagones mientras los indios de la confusión y la repetición me disparan sus flechas con una precisión cada vez mayor. Pero cuando todo parece perdido y los oscuros nubarrones de la insuficiencia llueven sobre mi pólvora, me reanimo al levantar la vista y ver a la caballería de editores y correctores galopando en mi rescate. Entre ellos están...

Linda Stubblefield, junto con su marido David, han traído de alguna manera la razón a mis divagaciones. Realmente me han hecho creer que la lectura de la mente existe. Le ofrecí a Linda un manuscrito que ha convertido en un libro. Como un salvavidas, se lanzó al mar de mi confusión por su cuenta y riesgo. Salía a la superficie de vez en cuando jadeando mientras las incesantes corrientes subterráneas de mis pensamientos la succionaban más y más hacia el abismo;

pero como la salvadora que realmente es, luchó por llegar a la orilla, y con ella llegó el agotado cuerpo de trabajo, seguro y protegido, que casi la había ahogado a ella y a sí mismo. Gracias, Linda. Tómate unas vacaciones, te las mereces.

Luego, en su fiel corcel llamado Gramática, Rena Fish luchó contra todos los participios y los infinitivos dispersos por las páginas. El mayor triunfo lo obtuvo sobre el malvado caballero negro de la repetición del país de las comas infinitas. ¿Cómo pudo matar a esa bestia que parecía multiplicarse cada vez que la abatía? Qué gran misterio, digno de un libro propio, sin duda.

También debo expresar mi total sorpresa y gratitud a Heather Black, que de alguna manera llegó a mi mente y sacó una imagen de la portada que expresa el pensamiento, la planificación y la preparación que se necesita para encontrar y llegar a esas últimas fronteras de la tierra que aún esperan escuchar, por primera vez, el nombre de Cristo. Heather, espero que haya sido solo una casualidad, porque si no, ¡tu marido nunca podrá ocultarte nada! Eres una verdadera artista del talento. Me alegro mucho de que utilices tus dones al servicio de nuestro Maestro.

Además, están los números que me han fastidiado durante años para que escriba. ¡Espero que ahora estén satisfechos! Quizá no sea esto lo que buscabas, pero antes de entretenerte con historias de grandes predicadores nacionales y sus sufrimientos y triunfos, primero debo sentar las bases de por qué los apoyamos en primer lugar. No te desesperes, ya se ha empezado a trabajar en ese proyecto. He escrito a petición de ustedes, y lo he hecho no porque finalmente tenga algo que decir, sino porque siento que por fin me he ganado el derecho a decirlo.

En 1994, mi hermano David me animó a escribir un libro sobre mi filosofía de las misiones. Entonces le dije que esperaba hacerlo algún día, pero no hasta que tuviera al menos diez años de experiencia. En aquel momento, muchos calificaron mi filosofía de "bonita teoría", pero sugirieron que, con el tiempo, entraría en razón y reformaría mis opiniones erróneas. Así que esperé. Los años pasaron: 15, 20 y ahora, después de 24 años, por fin siento que puedo decir algo que la iglesia necesita oír. Ojalá tenga razón al escribir, aunque solo sea para honrar a los que me han animado y han esperado con tanta paciencia. ¡Ahora salgan y compren un montón de estos libros para que pueda hacerlo de nuevo!

También quiero reconocer a aquellos que me han enseñado, han sido mis mentores y han dado forma a mis filosofías y a mi vida. Quiero honrar a los miles de predicadores y plantadores de iglesias nacionales, así como a sus homólogos misioneros que han sido mi ejemplo e inspiración en mi "servicio razonable" a mi Señor y Maestro.

Quiero dar las gracias a mi difunta esposa Juanita, que estuvo conmigo desde el inicio de este ministerio hasta el comienzo de su eternidad. Te extraño y aprecio profundamente la fuerza que me prestaste para seguir adelante cuando todos me decían que me sentara y me callara. Soportaste los "días de los pequeños comienzos" silenciosa y fielmente en las sombras y ahora tienes tu recompensa en un lugar donde no puedo poner mis manos para gastarla. Gracias, Babe. Hasta pronto.

También quiero dar las gracias a mis hijos, Daniel y Sara, que han crecido casi sin padre. Han compartido conmigo las dificultades y el sufrimiento desde el primer día y saben lo real que fue ese sufrimiento. Han soportado años sin mí y meses con fiebres y fiebre tifoidea, malaria y un sinfín de otras enfermedades, tanto mías como suyas, que sufrieron por el Nombre. Los honro y sé que sin ustedes y sus cónyuges, Nolvia y Michael, no habría un libro que escribir, sino una historia de fracaso.

Y, por último, reconozco con gratitud las contribuciones de mi nueva esposa Nolin. Qué preciosa te has convertido para mí y qué reconfortante eres. Tu apoyo ciego ha sido una fuerza para mí en este viaje. Solo espero que nunca sepas lo equivocado que estás sobre mí y que algún día sea el hombre, el ministro, el misionero que crees que soy.

Ahora bien, para los que he olvidado, ya saben quiénes son, y me disculpo por haberlos omitido. Envíenme un mensaje y la próxima vez me acordaré de ustedes. Por último, deseo reconocer a los patrocinadores de nuestro ministerio: aquellas familias e iglesias que dan fielmente para apoyar a su predicador, niño o proyecto elegido, ciertamente, sin ustedes no existiríamos. Siempre me recuerdo a mí mismo que son los predicadores los que hacen el trabajo por el que recibimos los elogios, y son ustedes los que pagan para que se haga. Yo solo me sitúo en el medio y recibo el crédito y los aplausos de ambas partes, sin merecerlos de ninguna. ¡Qué gran vida tengo!

Contenido

A pesar del mandato de Dios de evangelizar, el 67 por ciento de todos los seres humanos desde el año 30 d.C. hasta el día de hoy ni siquiera han oído hablar de su nombre.

Prólogo por el Dr. Ray Young 21

Prefacio 25

Introducción 39

UNIDAD 1: Examinando el Fracaso

Introducción 47

1 | ¿Qué son las misiones? 49

2 | ¿Qué es un misionero? 71

¿Cómo puede una persona ser misionera si no sabe lo que significa el término?

3 | ¿Qué es un campo misionero? 91

¿Dónde se puede encontrar un campo misionero?

UNIDAD 2: Examinando los problemas que han causado el fracaso en el cumplimiento de la Gran Comisión

Introducción 113

1 | Los problemas relacionados al personal 113

2 | Problemas económicos 121

3 | Problemas de mentalidad 141

Mentalidades que impiden que el misionero avance
Mentalidades que le dicen a un misionero a dónde ir y a dónde no ir
Mentalidades que impiden que un misionero tenga éxito una vez que llegue
Algunas mentalidades que provocan el abandono de los misioneros

UNIDAD 3: Solucionando el problema

Introducción 211

1 | Cómo solucionar el primer problema:
apoyar a los plantadores de iglesias nacionales 217

Los beneficios obvios de apoyar a un plantador de iglesias nacional
Cómo se aprueba el apoyo a los predicadores nacionales
Cómo se mantiene la responsabilidad para el patrocinador

2 | Cómo solucionar el segundo problema:
formar bíblicamente a los misioneros estadounidenses.231

3 | Cómo solucionar el tercer problema:
Prepararse para el futuro 237

Viajes de Aventura de Alto Desempeño
Viajes visionarios
Misioneros en formación

Conclusión 243

Apéndices

Apéndice A Acerca de nuestro ministerio 247

Apéndice B Sobre el autor...251

Apéndice C Fuentes consultadas 255

Prólogo
por el Dr. Ray Young

¿Sabías que los cristianos de los Estados Unidos poseen o controlan billones de dólares mientras que en un día cualquiera más de 200 millones de cristianos en el tercer mundo se mueren de hambre?

El Dr. Jonny Nelms no es un hombre que está tratando de usar un libro para proponer una teoría que él se siente confiado que funcionará si alguien lo intenta; él está testificando de lo que él personalmente ha visto a Dios hacer durante su vida como un siervo de Dios de tiempo completo. En la introducción de este libro, el hermano Nelms utiliza las palabras "mi mundo, el mundo de las misiones". En mi opinión, estas palabras describen verdaderamente la historia de su vida. Si uno conociera todo lo que Dios ha hecho a través de este gran hombre, entendería y respaldaría la legitimidad y realidad de estas palabras "mi mundo-el mundo de las misiones". Desde 1986, Final Frontiers ha recaudado y proporcionado apoyo financiero, administrativo, logístico in situ y de participación a más de 1.400 pastores y/o misioneros nacionales en 84 países diferentes. Los esfuerzos combinados para apoyar, patrocinar, capacitar y responsabilizar a los ministerios de Final Frontiers han iniciado hasta la fecha (febrero de 2011) más de 36.000 iglesias en algún lugar del mundo. Al momento de imprimir este manuscrito, estos números continúan multiplicándose a un ritmo cada vez mayor. Este libro no es un libro más que simplemente declara lo obvio. Este libro es un tratado bien escrito que, creo, será usado por Dios para provocar a los laicos, pastores, misioneros y donantes financieros cristianos a repensar, reorganizar y reaceler sus recursos, energías y esfuerzos para la causa de Cristo. Todas estas verdades se revelan en este documento bien preparado y lleno del Espíritu.

Conocí al Dr. Nelms como compañero de estudios en el Hyles-Anderson College. Después de nuestra graduación, perdí la pista del hermano Jonny hasta hace poco. El Dr. Nelms no me buscó para obtener ayuda, simpatía o incluso gloria. Lo busqué por una vieja y algo inculta amistad. Fundamentalmente, había oído hablar de la excelente labor del Dr. Nelms y quería conocer de primera mano sus trabajos en el campo de las misiones. Me sorprendió gratamente ver las cosas fenomenales que Dios ha hecho a través de este gigante de la fe. Estos son algunos de los hechos que descubrí en mi búsqueda.

Él ha tenido más de 25 años de experiencia en el campo de las misiones sin fanfarria. Ha viajado mucho. Estos viajes no eran solo viajes cortos y placenteros para visitar a misioneros bien establecidos que ya habían tenido éxito, ni tampoco eran solo unas cuantas noches en un hotel de cinco estrellas con excursiones cortas de apenas unas horas al día. En realidad, estoy hablando de un hombre que ha pasado semanas, meses e incluso años en condiciones primitivas ayudando a establecer iglesias en todo el mundo.

El Dr. Nelms ha sido amenazado por nativos armados con cuchillos que nunca habían visto a un hombre blanco. Ha sido atacado por hormigas gigantes que pululan. Ha estado a punto de ser engullido por nubes de mosquitos infectados de malaria. Una noche estuvo al borde de la muerte al sufrir múltiples picaduras de escorpión. Ha sido afectado por intoxicaciones alimentarias, huesos rotos, malaria, tifoidea, neumonía y otras enfermedades tropicales y devastadoras mientras establecía estas iglesias misioneras en todo el mundo.

Ha conducido a decenas de grupos hacia y desde diferentes campos de misión. Ha construido con sus propias manos muchos edificios misioneros. Ha negociado la liberación, organizado el método de paso y orquestado las fugas clandestinas de los mártires capturados en múltiples países. Ha organizado e implementado el contrabando de cientos, sí, miles, de Biblias en países y regiones que son etiquetados como "cerrados" al Evangelio, la religión y la Palabra de Dios.

Ha atravesado selvas, se ha adentrado en bosques tropicales, ha escalado senderos de montaña, ha cruzado páramos abrasados por el sol y ha navegado por los estrechos pasajes de las abarrotadas metrópolis del tercer mundo solo para plantar una iglesia bautista del Nuevo Testamento.

Es un orador muy intrigante. Es sincero, bien hablado y a veces humorístico. Como escritor, también es intrigante e interesante, e incluso más eficaz porque el lector puede detenerse, reflexionar, revisar y digerir cada frase, declaración o párrafo que invita a la reflexión y revela la verdad.

Ha sido un sincero placer tener la oportunidad de presentarles a este humilde y dedicado siervo de Dios y su manuscrito que cambia vidas.

- Dr. Ray Young, Presidente
Hyles-Anderson College

- *¿Sabías* que los cristianos gastan más en las auditorías anuales de las iglesias y agencias (810 millones de dólares) que en todos sus trabajadores en el mundo no cristiano?

- *¿Sabías* que el porcentaje de recursos cristianos en países que ya son más del 60% cristianos es del 91%? ¿Sabías que el porcentaje que se gasta en países en los que menos de la mitad de la población ha oído hablar de Jesús es del 0,03 por ciento?

- *¿Sabías* que los cristianos de todo el mundo gastan unos 8.000 millones de dólares AL AÑO en más de 500 conferencias para HABLAR de misiones? Eso es más de la mitad del total gastado HACIENDO misiones.

Prefacio

¿Sabías que la proporción mundial actual de apoyo a los misioneros nacionales en comparación con los extranjeros es de 100 a 1?

Hoy en día, muchos ministerios se empeñan en afirmar que "trabajan con los nacionales". Recuerdo cuando tal afirmación era motivo de burla. Sin embargo, hoy en día, si un misionero no incluye eso en su política, ninguna iglesia le ayudará; al fin y al cabo, eso es lo que se supone que hacemos los misioneros. Desgraciadamente, la mayoría de los que hacen esa afirmación no han modificado en lo más mínimo sus ministerios. Ahora es necesario y popular que un misionero declare que "trabaja con los nacionales". Tal trabajo puede significar solo que proporciona un plan de estudios o construye edificios. Estos son ministerios que valen la pena, pero a menudo el único cambio en el programa es que ahora, para ser considerado un "verdadero misionero" y ser financiado, los misioneros tienen que tragarse el hecho de que sus juntas directivas se oponen a apoyar a los nacionales y dan a entender que están allí para ayudar a los nacionales en lugar de construir sus propios ministerios.

Hay otros que trabajan codo con codo con los predicadores nacionales, manteniendo una superioridad sobre ellos y, en muchos casos, un control no bíblico de estos hombres y sus ministerios. Otras juntas han ajustado sus posiciones permitiendo que el misionero nacional obtenga apoyo si y solo si viene a Estados Unidos y lo recauda por sí mismo como lo hacen los misioneros estadounidenses. Estas juntas sienten que esa postura es aceptable, pero un ministerio que recauda apoyo para los nacionales para que no tengan que venir a América (como Final Frontiers) es antibíblico.

Final Frontiers siente que nosotros somos mejores para publicitar las obras de los nacionales que ellos en cuanto a la recaudación de apoyo, especialmente aquellos que ni siquiera hablan inglés. Ciertamente, ellos son mejores que nosotros para llegar a su propia gente, especialmente los que no hablamos su idioma. Además, cada mes que un predicador nacional está en Estados Unidos recaudando apoyo es un mes que está lejos de su familia y de su ministerio y un mes que no está haciendo lo que Dios le ha llamado a hacer. Y si bien la mayoría de los nacionales podrían recaudar suficiente apoyo de una o dos iglesias, existe esa tendencia a quedarse para recaudar más y más. Al final, vuelve a casa como un extraño para su propio ministerio y alejado de sus compañeros porque ahora tiene un apoyo muchas veces mayor que el resto de ellos juntos. Por supuesto, cabe preguntarse si no comparte su excedente con los demás predicadores. Para ser justos, hay que pensar que sus homólogos extranjeros le dieron alguna vez ese ejemplo a seguir.

Final Frontiers es diferente y lo ha sido desde el primer día. No trabajamos con los nacionales; trabajamos para ellos. No somos sus jefes; ellos son los nuestros. No estamos ahí para enseñarles; estamos ahí para que nos enseñen y para ayudarles a extender eficazmente sus enseñanzas a su propia gente de la manera que nos indiquen. Las agencias han cometido muchos errores a lo largo de los años en lo que respecta a esta asociación en las misiones, pero eso no es razón para "tirar el bebé con el agua del baño". En la mayoría de los casos, estos errores se cometieron porque la agencia no fue minuciosa con su investigación del predicador nacional antes de comenzar el apoyo, ni han sido consistentes con la responsabilidad desde entonces.

Las agencias de misiones fundamentales han luchado durante décadas contra Final Frontiers y otros organismos similares sobre este concepto de apoyo a los misioneros nacionales. Se han burlado del concepto y han escrito artículos sobre "Por qué es antibíblico apoyar a los predicadores nacionales" sin dar nunca un solo versículo de las Escrituras para apoyar su afirmación. Actualmente, estos mismos hombres enseñan clases de misiones en nuestros colegios bíblicos y ganan millones de dólares de nuestras iglesias para apoyar a sus propios misioneros. Aún así, insultan a los predicadores y líderes nacionales como incultos, atrasados, bíblicamente ignorantes y que no merecen financiación, afirmando que se arruinarán con el apoyo y que debilita a la iglesia nacional. Sin embargo, a pesar de esto, ahora afirman que "trabajan con los nacionales" cuando en realidad, nada ha cambiado. Mientras tanto, en Final Frontiers hemos cumplido fielmente el llamado que Dios puso en nuestros corazones en septiembre de 1986, y nuestra "teoría", como la llamaron algunos presidentes de juntas misioneras, se ha convertido en una práctica común. Inclusive hoy en día, los misioneros estadounidenses en deposición ya no se refieren a sí mismos como "misioneros" sino como "misioneros plantadores de iglesias." La plantación de iglesias es una filosofía que he enseñado durante mucho tiempo y es lo que califica a un hombre como misionero en primer lugar.

Ahora hay cientos de ministerios similares que "trabajan con" e incluso algunos que "trabajan para" las iglesias nacionales. Creo que a través de la investigación, el sabio consejo y más de 24 años de experiencia, el Señor nos ha dado una visión para superar estos obstáculos que ha sido probada con éxito y copiada por múltiples otras agencias. Nos sentimos agradecidos por todos los que han encontrado la verdad de las misiones bíblicas, pero nos alegramos de que Dios nos haya conducido a este campo como pioneros, cuando ningún otro hombre había puesto un fundamento sobre el que construir.

Oramos para que nuestros métodos y nuestro ministerio sigan inspirando a otros a recorrer este camino con nosotros, y esperamos que este libro explique claramente quiénes somos, qué hacemos, por qué lo hacemos y qué eficacia tiene.

❖

Final Frontiers fue fundada en 1986 como la primera organización misionera bautista creada con el propósito de apoyar a los plantadores de iglesias nacionales. A partir de 2004, Final Frontiers ha sido catalogada por el Servicio de Información de Evangelismo y Misiones como la segunda organización misionera bautista más grande de América y la decimocuarta más grande de todas las organizaciones misioneras, empequeñeciendo a agencias denominacionales enteras como la Metodista Unida, la Presbiteriana (PCA), la Iglesia de Dios, etc.

Con nuestro actual ritmo de crecimiento, podríamos convertirnos en la mayor en algún momento de los próximos 20 años. Ya somos la mayor organización misionera en varios países y todavía la única organización bautista en otros. La asistencia combinada a las iglesias que hemos iniciado es de más de 4,5 millones de personas por semana. Actualmente, Final Frontiers apoya a los plantadores de iglesias en unas 84 naciones. El día en que las misiones fundamentales pasaban a un segundo plano frente a todas las demás ha terminado por fin.

❖

El siguiente es un artículo reimpreso del Informe de Progreso del primer trimestre de 2011. Los artículos anteriores pueden verse en los archivos de nuestro sitio web en FinalFrontiers.org.

El mundo en constante expansión de Final Frontiers

En enero de cada año ofrecemos a nuestros socios y colaboradores una visión de lo que se ha logrado en los últimos 12 meses y a lo largo de la vida de nuestro ministerio de 24 años, una especie de informe sobre el "estado del ministerio".

A medida que nuestro ministerio envejece, a menudo se nos pone a prueba y se nos tienta con nuevas oportunidades de servicio. Es fácil desviarse en la vida y en el ministerio, abandonando lo que es mejor por lo que es bueno. Parte de mi responsabilidad como fundador de este ministerio es asegurar que todo lo que hagamos nos lleve a nuestro propósito principal de plantar iglesias. Como ejemplo de estos ministerios están los de *Touch a Life* y *Daily Bread* para los niños hambrientos. Estos ministerios mejoran el trabajo de las iglesias locales y pueden proporcionar ingresos a la esposa del pastor como supervisora, además de alimentar a los hijos de los pastores. En ocasiones es difícil conseguir que un pastor sea apadrinado, pero normalmente podemos conseguir que todos sus hijos sean apadrinados con facilidad. Esto logra la misma cosa en su mayor parte (apoyo al plantador de iglesias) y nos mantiene en nuestro curso.

Naturalmente, la "cosa" más importante que conduce al inicio de nuevas iglesias es el apoyo directo de los plantadores de iglesias nacionales. De hecho, desde el primer día, incluso antes, nuestra declaración de misión ha sido: ***"A través de la financiación de los predicadores nacionales, nos esforzamos por hacer avanzar eficazmente el evangelio donde nunca se ha predicado antes".*** Es sencilla y tan directa que varias otras organizaciones prácticamente nos han plagiado, utilizándola como su declaración de misión.

A lo largo de los años me ha encantado ver cómo surgen muchos otros ministerios impulsados por la misma motivación. Hay veces en las que he pensado que sería mejor que algunos de ellos se limitaran a trabajar con nosotros, un ministerio ya establecido, en lugar de lanzarse a las profundidades por su cuenta, sobre todo si la motivación era algo tan superficial como el ego o el deseo de utilizar un nombre concreto que evidentemente sienten que les ha caído del cielo y deben utilizar. A pesar de ello, me alegro por los que se han lanzado a las profundidades, han echado las redes y han sacado una gran pesca. Siempre hemos hecho lo que hemos podido para ayudar a esos nuevos ministerios, enseñándoles nuestros métodos y dándoles la misma formación que damos a nuestros propios nuevos representantes. Esto se debe a que no competimos con nadie más que con nosotros mismos, y si puedo acortar la curva de aprendizaje de un hermano y ayudarle a beneficiarse de mis errores, a crecer más rápido y a ser más eficaz, entonces me complace hacerlo.

En la actualidad hay hombres que se ponen en contacto conmigo para iniciar su propio ministerio y que desean beneficiarse de nuestros años de experiencia. Siempre estoy encantado de ayudar, pero les sugiero que consideren asociarse con nosotros en lugar de ir por su cuenta, ya que el gasto y el tiempo de mantener la responsabilidad es abrumador.

Hay muchos pastores estadounidenses que después de realizar un viaje misionero desean iniciar su propio ministerio.

A ellos les diría, "cuenten el costo" o serán como el hombre que comenzó a construir la torre y no pudo terminar. Los pastores tienen un buen corazón y quieren ayudar a sus homólogos en el extranjero, que están luchando y son indigentes. Pero a menudo no se dan cuenta de la enorme carga de responsabilidad que conlleva este tipo de ministerio y son incapaces de soportar la carga. Con frecuencia se encuentran con una doble mentalidad e inestabilidad en sus ministerios, porque intentan ser pastores y, al mismo tiempo, tratan de ser misioneros. Las dos cosas no se combinan necesariamente a largo plazo. Al final, su visión de un ministerio expansivo se reduce a cinco o diez predicadores en el extranjero que son apoyados por su única iglesia. Regresan y visitan cada año, pero nunca pueden expandirse en territorio o en número porque sus deberes pastorales limitan su capacidad de administrar y su oportunidad de salir y recaudar apoyo para otros. Para hacer estas cosas, tendrían que alejarse de su iglesia por períodos prolongados y frecuentes.

Un pastor no puede pastorear las ovejas desde lejos. Comienza un buen ministerio, pero podría lograr mucho más trabajando con nosotros o con un ministerio como el nuestro que se dedique a hacer lo que nosotros hacemos y que no se deje arrastrar por el ministerio del pastoreo. Así todas las horas que le dedica a las "misiones" podría dedicarlas a entrenar y equipar a los hombres que tanto ama, mientras otros asumen las responsabilidades de rendir cuentas y recaudar fondos. Eso es lo que hacemos, y por la gracia de Dios lo hacemos bastante bien.

Plantar iglesias es el trabajo de los misioneros, y apoyar a esos hombres, capacitándolos para hacer un mejor trabajo en lo que ya están haciendo, es el trabajo de Final Frontiers. Aquellos que pasan su tiempo haciendo otros trabajos no relacionados con la plantación de iglesias están francamente abusando del término "misionero". El apóstol Pablo, a través de sus enseñanzas y sus acciones, nos enseñó que la labor de un misionero es llevar el Evangelio a los grupos étnicos que hasta ahora no han sido expuestos al Evangelio. Su ministerio principal se centró en lo que hoy llamaríamos Turquía, Siria, Roma y Grecia, aunque algunos creen que se extendió por todo el sur de Europa, hasta España y el norte de Inglaterra.

Tenemos constancia de que Pablo predicó en una docena de ciudades de estas regiones y luego declaró que su tarea había concluido y que no tenía ningún otro lugar en esa región donde predicar. Fue por esa razón declarada que planeó ir a España. No obstante, sabemos que en esa misma región había cientos y quizás miles de ciudades, pueblos y aldeas que aún no habían escuchado el Evangelio. Entonces, ¿cómo pudo declarar que había terminado su trabajo? Es muy sencillo. Pablo era un misionero, y a los misioneros el Cielo les asigna la tarea de ser los primeros en ir a un grupo étnico para exponerlos al Evangelio y plantar una iglesia entre ellos. Es por eso que Pablo declaró que no construyó sobre el fundamento de otro hombre. Pablo, como misionero, no fue donde otros habían ido; más bien, fue donde otros seguirían. En el capítulo cuatro de Efesios, nos da el orden de Dios para expandir y madurar la iglesia, declarando que detrás del *apóstol* (la palabra griega para "misionero") viene el evangelista. Su labor no es principalmente plantar las semillas del Evangelio, aunque lo hace de forma regular como todos deberíamos hacerlo, sino que está dotado y encargado principalmente de recoger la cosecha. Puede que haya una pequeña iglesia cuando él llegue, y por pequeña me refiero a una iglesia en casa o a una reunión de una docena de nuevos creyentes que fueron bautizados por Pablo el misionero.

Antes de dejar esta pequeña y nueva iglesia infantil, nombró ancianos para guiarlos y protegerlos. No se trataba de eruditos; ellos mismos eran nuevos conversos que habían mostrado una rápida madurez en la fe, y los puso como ejemplo para que los demás los siguieran. Pero también dejaba allí a algunos de su equipo para que ayudaran a crecer al cuerpo mientras él se trasladaba a plantar su siguiente iglesia. Cuando más tarde se les unieran los *profetas* (predicadores itinerantes) y se nombrara un pastor, ellos, como Timoteo, podrían seguir adelante, alcanzar a Pablo, y comenzar de nuevo su misma función en un nuevo lugar.

Otros, como Tito, "se quedarían en Creta", pues tenía un amor tan profundo por la joven iglesia que no podía separarse de ella. Sus días de misionero habían terminado al asumir la tarea y el título de "pastor".

No era necesario que Pablo predicara en cada pueblo para, desde su perspectiva, declarar una región "alcanzada". Lo que sí era necesario era que encontrara un centro cultural o étnico, si se quiere, desde el cual una iglesia plantada pudiera servir como plataforma de lanzamiento para alcanzar cada aldea y pueblo en ese grupo étnico y así eventualmente presentar el Evangelio a cada persona dentro de ese grupo étnico. Pablo no estaba allí para terminar el trabajo; estaba allí para terminar su trabajo como misionero, que era penetrar en una cultura y plantar la semilla del Evangelio que otros podrían venir detrás y multiplicar (evangelistas), cultivar (profetas) y madurar (pastores).

Esta es un área en la que nos alejamos de los principios bíblicos en nuestro trabajo y filosofía misionera. Nosotros permitimos que el misionero se quede en un lugar de por vida, continúe llamándose a sí mismo un misionero, y sea apoyado como tal. No lo es. Puede que lo haya sido, pero ya no lo es. Ahora es un pastor, que pastorea en un lugar extranjero. Pero no deja de ser un pastor y debe ser apoyado por su iglesia principalmente, no por el apoyo misionero de Estados Unidos.

Hay quienes dicen que perjudicamos a la iglesia nacional al apoyar a sus predicadores porque al hacerlo nunca aprenden a apoyarlos. La preocupación es que no tienen un patrón de hacerlo para seguir. Si eso es cierto, entonces ciertamente hacemos lo mismo al apoyar a los misioneros cuyos salarios son perpetuamente proporcionados por las iglesias estadounidenses, década tras década, aunque pastoreen una iglesia singular.

¿Te puedes imaginar lo que pasaría si las iglesias de Estados Unidos cambiaran realmente su filosofía de apoyo, dando apoyo misionero solo a los plantadores de iglesias? En primer lugar, muchos misioneros se animarían a seguir plantando iglesias, dándose cuenta de que esa es su vocación, no el pastoreo. Para aquellos que eligieron ser pastores, sus fondos de apoyo podrían ser liberados para apoyar a más plantadores de iglesias reales. Estos pastores estadounidenses en el extranjero (los que son llamados misioneros en su mayoría) tendrían que convertirse en residentes legales de su nación anfitriona para poder trabajar y recibir un sueldo de sus iglesias. Esto solidificaría su compromiso con esa tierra y demostraría su amor y determinación de vivir y morir con esa gente. Esperamos que los extranjeros que viven en Estados Unidos muestren ese compromiso estableciendo sus vidas aquí como residentes legales, no como turistas perpetuos. ¿Por qué no habríamos de hacer lo mismo cuando nos trasladamos a compartir el Evangelio en una tierra a la que afirmamos que Dios nos ha llamado? Si así fuera, los misioneros, una vez que lleguen a su campo, podrían hacer lo que Cortés hizo en las costas de Yucatán. Reúne a tus hombres en la playa y quema los barcos a la vista de ellos para que ellos (o tú) vean que no hay vuelta atrás, ni esperanza de retirada o de huida, solo avanzar hacia la victoria o la muerte mientras asaltas las puertas del infierno.

Este es el patrón que hemos seguido en nuestros esfuerzos de plantación de iglesias, y ha funcionado. Quiero ilustrar: las estadísticas, todas verificadas y apoyadas por documentación, ilustran la ventaja de trabajar con y apoyar a los plantadores de iglesias nacionales. No sugieren de ninguna manera que no se deba apoyar a un misionero estadounidense, aunque los fondos que se necesitan para apoyar a uno de "nosotros" generalmente apoyarán a cien de "ellos"; ciertamente no es pecado apoyar a ningún siervo de Dios que esté haciendo el trabajo de un misionero. El "pecado", si quieres llamarlo así, es ser un pobre e imprudente administrador y apoyar a un hombre como "misionero" que solo es un predicador o pastor. Apóyalo como tal si quieres, pero no lo llames misionero.

Llamar a un hombre misionero solo porque ha pasado de ser pastor en Estados Unidos a ser pastor en Armenia no lo convierte en un misionero. Disminuye la definición bíblica del término, disminuye las calificaciones y el sacrificio del oficio mismo, y pasa por alto la orden de Dios para la maduración de los santos para la obra del ministerio. También consume los pocos y preciosos dólares destinados a las misiones para los misioneros, desviándolos a pastores profesionales de carrera que sirven en un campo extranjero (o me atrevo a mencionar que sirven en otro estado que no es el que crecieron en Estados Unidos).

A lo largo de los años nos hemos esforzado por asegurar a los patrocinadores que los fondos que dan para un plantador de iglesias no solo lleguen al hombre que han elegido sino que se utilicen para ese propósito, y si no continúa en ese llamado, se les notifica para que puedan redirigir sus "dólares para misiones" a un hombre que esté haciendo trabajo misionero. Siguiendo esta política nos aseguramos de apoyar solo a los plantadores de iglesias, hombres que están activa y consistentemente involucrados en la plantación de iglesias y en la formación de otros para el ministerio. Por eso tenemos los resultados que tenemos. No estamos apoyando solamente a predicadores nacionales, sino a predicadores que se especializan en la plantación de iglesias. Algunos pueden tener el título de pastor nacional, pero como Pablo le dijo al pastor Timoteo que hiciera la labor de un evangelista, estos pastores nacionales también hacen la labor de un misionero. Es por esas labores que califican y reciben apoyo de nosotros. Así que cuando piense que tenemos un número enormemente alto de iglesias plantadas cada año, puede entender por qué. Apoyamos a los plantadores de iglesias, nada más, nada menos, nada más.

Algunos se preguntan todavía cómo estos hombres pueden ser tan efectivos en su ministerio. Es porque están capacitados para utilizar un formato bíblico y adaptar sus métodos a sus propias culturas. Nosotros hacemos lo mismo aquí en Estados Unidos. En Estados Unidos, si alguien quiere fundar una iglesia, simplemente alquila un local, imprime un folleto, lo reparte por la ciudad y espera que la gente venga el domingo de la inauguración. Por lo general, los que acuden son antiguos miembros descontentos de otra iglesia local. Esa es la forma americana de plantar una iglesia. Aquí en Estados Unidos, no nos multiplicamos; nos dividimos.

En los países del tercer mundo, plantar una iglesia no tiene nada que ver con una instalación, un folleto o un horario. Implica ganar almas de puerta en puerta, predicar en la calle y testificar de forma individual hasta que se desarrolle un núcleo de creyentes recién salvados y bautizados. Después, el sembrador de iglesias comienza a reunirse con ellos regularmente cada semana e incluso más a menudo para enseñarles la Palabra de Dios, entrenarlos para que testifiquen a sus familias y amigos, y comenzar a madurar el cuerpo. En caso de que el hombre sea un pastor, se queda; si es un misionero, encuentra un pastor que venga a tomar el pequeño rebaño y lo haga madurar. El plantador de iglesias selecciona a dos o tres hombres de la pequeña congregación para que vayan con él a la siguiente aldea, y reciben formación en el trabajo de él mientras va con ellos a plantar la siguiente iglesia (eso es discipulado bíblico en comparación con el método moderno de un estudio bíblico de 13 semanas). Este escenario se repite una y otra vez hasta que el misionero va a encontrarse con su Señor. Lo que acabo de describir es el trabajo misionero desde una perspectiva bíblica. No es dividir, es multiplicar.

Estadísticas de Enero de 1987 hasta 2010				
(Desde nuestro comienzo hasta el presente)				
	Salvados	Bautizados	Villas Evangelizadas	Iglesias Iniciadas
Total	1,106,930	428,537	124,699	35,553
Promedio mensual	3,844	1,484	433	123
Promedio diario	127	49	14	4
Equivale a	1 cada 11 mins	1 cada 29 mins	1 cada hora y 43 mins	1 cada 6 horas

Lo que debemos recordar es que hay quienes están esperando escuchar el Evangelio. No saben quién es el predicador que ha entrado en su pueblo. Ni siquiera saben lo que es un predicador. Lo que si saben es que hay un hueco en su corazón que necesita ser llenado. Ese agujero es un vacío que les ha estado chupando la alegría de vivir desde que tienen memoria. Ese agujero en su corazón es una pregunta sobre por qué han nacido, cuál es su propósito, cuál es su fin. Ellos viven con un vacío que nunca es llenado por el sacrificio de un pollo, un búfalo, o incluso un niño. Estos dioses de la oscuridad que han adorado y temido toda su vida son todo lo que conocen del mundo espiritual. Esperan que haya un Dios benévolo, ya que seguramente no existen todos los dioses solo para acosarles y molestarles; pero nunca han oído hablar de ninguno. Han vivido todos los días de su vida en este mismo pueblo con la presencia permanente de la suciedad espiritual, la ruina terrenal y la desesperanza eterna.

En ese momento, este hombre y su pequeño equipo entran en sus vidas y comienzan a compartir con ellos la Buena Nueva que se ha deslizado sobre sus montañas como una pesada nube de lluvia y ha derramado la esperanza en sus vidas como un torrente de agua que cae en cascada por las laderas, arrasando con todo lo que encuentra a su paso. Por primera vez en la historia de su pueblo o de su gente, ha llegado una Buena Noticia que habla de redención, de perdón del pecado, de salvación a través de y de una relación con el Dios Benévolo por el que han esperado desde que sus antepasados huyeron de Babel. Llegó y no será rechazado, menospreciado o ignorado. Este Dios los ha buscado a través de su misionero y los ha encontrado por fin. Los tendrá en sus brazos, abrazándolos con el amor que su Hijo derramó cuando se sacrificó por ellos.

Cantarán una nueva canción, una canción de alabanza por la llegada y la salvación de este Dios que los ha encontrado. Gritan de alegría y tocan sus tambores declarando a todas las demás aldeas de su valle que Él ha venido: les ha enviado Su palabra de nuevo. Y cuando el misionero comienza a predicar y enseñar por primera vez, oyen a Dios hablar en su idioma y comprenden que es uno de ellos porque ha venido a la tierra para encontrarlos, perdonarlos y redimirlos.

Un día tras otro se reúnen para escuchar más sobre Él y su amor. El sol se mueve muy lentamente durante el día mientras trabajan en los campos, esperando el atardecer, cuando pueden reunirse de nuevo en la aldea para escuchar más palabras del mensajero de su recién encontrado Dios. Con alegría traen una ofrenda de arroz o pimientos, un huevo o un trozo de tela para dárselo al misionero, para que se llene el estómago y tenga fuerzas para predicarles hasta la madrugada. Con gusto separan a algunos hombres jóvenes y, sí, incluso a hombres mayores para que viajen con el misionero hasta la siguiente aldea. Alguien tiene que mostrarle los senderos y distraer a los cocodrilos para que pueda cruzar el río. Alguien debe presentarle a sus vecinos en la siguiente aldea, el siguiente valle, la siguiente tribu.

Así pues, este nuevo equipo parte, dejando atrás a los miembros maduros y de confianza del grupo original para alimentar a estos bebés en Cristo. Se van con la misma Buena Noticia. ¡Qué honor ser elegido por el pueblo para representar a su nuevo Señor! ¡Qué responsabilidad la de aprender y compartir el mensaje con todos los que van a conocer! Esta es la vida de un misionero. ¡Y qué vida es!

Con el tiempo, el misionero regresará a ellos, como lo hizo Pablo a sus iglesias. Él, al igual que Pablo, también visitará con orgullo las aldeas a las que hayan llegado por su cuenta después de que él las haya dejado. Él caminó hacia el norte de su pueblo cuando los dejó; ellos caminaron hacia el este, el oeste y el sur para que toda la gente de todas las tribus pudiera aprender lo que ellos han aprendido. Cuando regrese, comenzará una escuela para ellos, les enseñará a leer y a razonar. A partir de ahí, otros que eran niños y adolescentes cuando los visitó por primera vez son ahora jóvenes que estudian la Palabra de Dios y se preparan para ser pastores, evangelistas e incluso misioneros. Su trabajo no ha terminado, pero habiendo alcanzado a este grupo étnico y a los demás del valle, su trabajo aquí ha terminado. Los dejará para que alcancen las aldeas restantes mientras él se traslada a su "España", donde el nombre de Cristo aún no se ha pronunciado.

Estadísticas para 2010				
	Salvados	Bautizados	Villas Evangelizadas	Iglesias Iniciadas
Total	85,645	50,266	7,528	2,704
Promedio mensual	7,137	4,189	627	225
Promedio diario	234	138	21	7
Equivale a	1 cada 6 mins	1 cada 10 mins	1 cada 69 mins	1 cada 3 horas y 26 mins

Esto son las misiones, y esto es lo que hay que apoyar como misiones. Y estas mismas actitudes y acciones son las que nos han permitido durante el 2010, a través de los hombres que patrocinamos, tener un año récord de plantación de iglesias por dos años consecutivos. Esto es lo que lograron con un apoyo de 1/100 o 1/200 de lo que recibe el misionero extranjero.

Que Dios bendiga a todos los que tuvieron parte en lo que se ha hecho hasta ahora. Y para aquellos de ustedes que aún no han respondido al llamado de ayudar a apoyar a uno de estos plantadores de iglesias nacionales por 35 dólares mensuales, el teléfono está sonando. ¡Contéstenlo!

¡De Él el poder, a Él la gloria!

Jon Nelms, Fundador
Final Frontiers Foundation
Febrero 2011

Introducción

¿Sabías que se calcula que cada día se convierten a Cristo unas 70.000 personas en todo el mundo?

Recientemente mantuve una larga conversación con un grupo de pastores, una de las muchas reuniones de este tipo que he tenido por toda América en las últimas dos décadas. Después de escuchar a varios pastores hablar de sus desalientos y decepciones con el programa de misiones de su iglesia y los misioneros, uno de los pastores resumió la condición mejor que cualquiera que haya escuchado. "La verdad es", dijo, "que todo el programa de misiones de nuestras iglesias está roto, y nadie tiene el valor de decir las cosas como son y ofrecer una solución".

El propósito de mi libro es ayudar a las iglesias a involucrarse más en el cumplimiento de la meta de la evangelización mundial y dar orientación y sugerencias sobre cómo arreglar lo que está roto. Se considera que las misiones y los misioneros son las "vacas sagradas" de las iglesias modernas, aunque según las estadísticas financieras, esa devoción es generalmente más "de boquilla" que real. Las misiones son algo que muchas iglesias hacen una o dos veces al año para recaudar un presupuesto para las misiones y luego darle un impulso cuando las promesas disminuyen. No es el eje central de la mayoría de los ministerios, y la mayoría diría que no debería serlo. Por lo general, los misioneros no se traen para dar una carga a la gente de la iglesia o para reclutar nuevos misioneros. La mayoría de las veces, se les considera como "pistoleros contratados" que vienen a contar historias conmovedoras y a recaudar fondos. Tal vez haya alguna justificación para ello, ya que eso debería estar entre las cosas que mejor hace un misionero. Lo último que muchos pastores quieren que haga un misionero es desafiar los patrones de pensamiento de los miembros de su iglesia o dar sugerencias sobre cómo hacer las misiones mejor o incluso de forma bíblica. Tampoco quiere el pastor que el misionero sugiera - incluso por ósmosis- que la iglesia puede estar apoyando, entre algunos hombres excelentes, a otros que son perezosos, improductivos y deshonestos. Es perfectamente aceptable revelar tales deficiencias sobre un político, un evangelista de la televisión o un pastor local cuyo ministerio crece más rápido que el suyo, pero ¡cómo se atreve alguien a criticar a un misionero! Y si el que hace la crítica resulta ser otro misionero, tanto peor porque ahora se ha convertido en un traidor.

Los bautistas han estado históricamente entre los pioneros del movimiento misionero, incluyendo a William Carey en la India, Adoniram Judson en Birmania, y otros que los siguieron y que, en muchos casos, han liderado el camino. Gracias a Dios, otros también han recogido la pelota y han corrido con ella. Pero incluso colectivamente el cumplimiento de la Gran Comisión aún no se ha realizado.

En el momento en que los bautistas y los protestantes reanudaron la labor misionera hace varios cientos de años, nadie sabía realmente qué hacer o cómo hacerlo. El objetivo de las misiones tenía más que ver con la proclamación del Evangelio que con la metodología de cómo podría perpetuarse. Me alegro de que tuvieran tanto celo, y alabo a Dios porque ese celo siga existiendo e incluso aumente hasta el día de hoy. No obstante, ahora debemos empezar a mirar más allá de la carga de la proclamación hacia el método y los medios para llevarla a cabo, de modo que el cumplimiento de la Gran Comisión ya no dependa del cristiano americano o europeo de pelo rubio, ojos azules y piel blanca para propagar el Evangelio por todo el mundo. Han liderado el camino, y no es hora de que renuncien, pero puede ser el momento de que se muevan y dejen que otro haga la conducción por un tiempo.

Una cosa segura es que la Biblia da un ejemplo de cómo debe hacerse el trabajo misionero, y es mi esperanza que este manual presente claramente ese patrón bíblico de las misiones. Espero que muchas iglesias decidan seguir el ejemplo y remodelar el programa misionero de su iglesia basándose en él. ¿Por qué es esto tan importante? Quiero intentar explicarlo.

Cuando una iglesia pierde a su pastor y busca contratar un reemplazo, los miembros generalmente forman lo que se llama un comité de púlpito -un grupo de hombres y/o mujeres maduros en la iglesia- que comienzan a buscar nombres de posibles candidatos pastorales. Pueden buscar a un hombre que no esté pastoreando en ese momento o tratar de atraer a un hombre de otra iglesia para que pastoree la suya. Cualquiera que sea el caso, los miembros del comité de púlpito mirarán los currículos para juzgar la experiencia; irán a escuchar al hombre predicar, y finalmente, le pedirán que predique a su congregación. Muy posiblemente, el comité de púlpito puede considerar tan solo tres o hasta veinte candidatos para que los miembros de la iglesia puedan hacer una elección informada. El comité del púlpito hace todo lo posible por encontrar al hombre adecuado y suele tener una lista de requisitos y criterios que debe cumplir, como estar en un determinado rango de edad, una altura y un peso determinados, así como tener una esposa que sepa tocar el piano, porque seguramente todo el mundo sabe que la esposa de un pastor, por ley, debe saber tocar el piano. Se espera que tenga hijos y adolescentes (para que pueda tener un acercamiento con los niños e identificarse con sus padres).

Básicamente, se sigue el mismo proceso cuando se contrata a un pastor de jóvenes. Ninguna iglesia consulta a un asilo de ancianos cuando busca un pastor de jóvenes; el comité del púlpito generalmente contrata a un candidato que acaba de salir de la universidad, todavía un joven, pero con experiencia, celo, una carga y habilidades de liderazgo. Los elegidos para estos importantes puestos deben tener las calificaciones adecuadas. Si una iglesia va a contratar a un evangelista o a un director de evangelismo, no anuncian en la iglesia un domingo por la mañana: "Oigan, ¿quién quiere este trabajo?". Por supuesto que no. Ellos buscan a una persona que sea conocida en su iglesia, o en su área, o al menos conocida como alguien que está extremadamente dotado para el evangelismo, enérgico hacia él, y capaz de enseñar y motivar a otros a hacer lo mismo.

Las iglesias parecen tener criterios para todo lo que hacen, excepto para apoyar a los misioneros. Cuando se busca un misionero para apoyar, la pregunta más profunda que se hace es: "¿A qué escuela asistió?". Se utiliza un enfoque rifeño para encontrar un pastor, un pastor asistente, un pastor financiero, un pastor de jóvenes, un pastor de niños, ad infinitum. Pero cuando se trata de apoyar a los misioneros, se utiliza un enfoque de escopeta. Solo hay que apretar el gatillo, y el que acierta recibe apoyo; el que falla no recibe apoyo. No importa si un hombre tiene 20 años y el otro 40, o si uno ha fundado 15 iglesias y el otro solo ha enseñado una clase de escuela dominical en su último año en el instituto bíblico. No importa si uno de ellos está casado y tiene hijos y el otro es soltero. Ninguna de estas calificaciones parece importar.

Poco importa si el candidato a misionero tiene o no conocimiento de las Escrituras, alguna experiencia, capacidad de hablar el idioma o capacidad de entrenar y enseñar. Ninguno de estos atributos lógicos, bíblicos, incluso mínimos, importa. Lo único que importa es que la iglesia necesita tomar algunos nuevos misioneros simplemente porque hay suficiente dinero en el presupuesto de misiones para mantenerlos. Lo más probable es que los próximos tres misioneros que envíen una solicitud a esa iglesia sean los tres misioneros que se tomarán para el apoyo, a menos, por supuesto, que una solicitud provenga del sobrino misionero de la hermana Josephine o del hijo del hermano y la hermana Talksalot que recientemente se unieron a la iglesia y son buenos diezmadores. Técnicamente, no sé si al sobrino de la hermana Josephine se le puede llamar misionero solo porque da clases de inglés en otro país, según ella. Por otro lado, la lógica dice que debe ser un misionero porque está en otro país, además de que su esposa trabaja en el hogar que cría a los hijos de los misioneros para una región de diez países de África, por lo que los niños pueden crecer "normal" con otros niños estadounidenses en lugar de alrededor de los "nativos". Así que la iglesia votará para apoyar al sobrino de la hermana Josephine; después de todo, ella es un buen miembro, da fielmente al programa de misiones y ayuda con el fondo de construcción.

¿Ves lo que quiero decir? Se presta escaso cuidado y atención a la búsqueda de hombres calificados y con experiencia para ser misioneros, y es exactamente por eso que nuestros hijos no aspiran a ser misioneros y la Gran Comisión se ha convertido en la Gran Omisión.

Al leer estas páginas, espero que sean graciosas y agradables, pero también espero que sus ojos se abran y que pueda empezar a examinar la política de su iglesia sobre el apoyo a un misionero o sobre el apoyo continuo a un determinado misionero. Haga algunas preguntas pertinentes.

- ¿Dónde nos hemos equivocado?
- ¿Cómo podemos ajustar, adaptar y cambiar lo que hemos
- ¿Cómo podemos ajustar, adaptar y cambiar lo que hemos estado haciendo para ser más eficaces como iglesia, como familias en la iglesia y como individuos en la familia?
- ¿Cómo podemos ser más eficaces para cumplir y ayudar a cumplir la Gran Comisión, que Cristo dio no solo a la iglesia, sino a todos y cada uno de los cristianos?
- ¿Cómo podemos ayudar a todos a ver que la Gran Comisión es un mandato para que cada cristiano cumpla su parte en el plan general de llevar el Evangelio a todos los vivos en la tierra en su generación? Se puede hacer, y se hará, con o sin tu ayuda.

A finales del siglo XX, cuando el gobierno de los Estados Unidos rescató a Chrysler, un nuevo hombre llamado Lee Iaccoca tomó el timón de la compañía y la llevó de la bancarrota a la prosperidad durante el tiempo que estuvo a cargo. Me acuerdo bien de los anuncios de televisión que Chrysler produjo durante esa época en un intento de destacar los méritos de la empresa ante el público comprador estadounidense. "Aquí está el tipo que va a tomar las riendas, llevarnos a la prosperidad y ayudarle a usted, el contribuyente estadounidense, a recuperar su dinero". Y lo hizo. ¿Cuál fue el eslogan que Lee Iacocca utilizó? Afirmó con rotundidad: "O lideras, sigues o te quitas de en medio".

Ese mismo razonamiento lo aplico hoy a las misiones. Cuando crecía, escuchaba a menudo la expresión "Si no está roto, no lo arregles". Dejando de lado la gramática correcta (dame un respiro, nací y me crié en Georgia, justo al lado de Alabama), hay mucha sabiduría en esa afirmación.

En la otra cara de la moneda, digo: "Si está roto, por supuesto que arréglalo". Es hora de dejar de ignorar los problemas, de hacer como si no existieran y de temer que alguien pueda iluminar la mancha de suciedad que la gente ya ve de todos modos, pero sobre la que nadie hace nada. Iacocca tenía razón, y me propongo aplicar su lógica a mi mundo: el mundo de las misiones. Tengo la esperanza de que estas páginas proporcionen al lector una comprensión de lo que puede ser un programa misionero eficaz en su iglesia y que juntos podamos arreglar lo que está roto para la gloria de Dios y para la salvación de las almas por las que su Hijo dio su vida.

Foto: En la parte de atrás están los que se convirtieron en plantadores de iglesias nacionales, Javong y su esposa (ambos fallecidos) y Nykaw y Paulu. Al frente están las damas akha cantando canciones que su tribu escribió para honrar al Creador, a quien llaman *Guishaw*. Esta foto fue tomada menos de un año después de su conversión.

[Foto tomada en junio de 1987]

Examinando
el
Fracaso

¿Alguna vez te has parado a pensar en el total de fondos que se destinan a las misiones y en lo que consiguen? Una escala utilizada por los misiólogos es dividir el apoyo misionero reportado para una nación dada por el número de conversos bautizados ese año. Los siguientes son algunos ejemplos dados por el US Center for World Missions (así como la *World Christian Encyclopedia*) para el año 2006. Según su investigación, Mozambique fue la nación más rentable, ya que solo requirió 1.400 dólares de financiación misionera por bautismo.

Mozambique	$1,400 (el menos caro)
Etiopía	$2,700 (2do)
Nepal	$3,700 (3ro)
Camboya	$4.300 (8to)
África	$14,000
Asia	$61,000
América Latina	$145,000
Oceanía	$634,000
Europa	$933,000
Estados Unidos	$1,500,000

¿Cuánto costó el bautismo de Final Frontiers en 2006? Solo 39,64 dólares. Eso quiere decir que los resultados de Final Frontiers fueron 35 veces más rentables que los informes de países más rentables. ¿Por qué Final Frontiers es mucho más eficaz? Muy sencillo, porque Final Frontiers financia solo a los plantadores de iglesias, y para ser financiado, debe ser un ganador de almas.

Introducción

¿Sabías que se calcula que cada semana se fundan 3.500 nuevas iglesias en todo el mundo?

D efinir bíblicamente los términos *misiones, misionero* y *campo misionero* es el desafío. Sin una comprensión precisa y bíblica de cada término, ¿cómo es posible que se cumpla la Gran Comisión que se basa en ellos?

¿*Sabías* que el 40 por ciento de los recursos de las misiones extranjeras de la iglesia se están utilizando en solo diez países "sobresaturados" que ya tienen ministerios nacionales exitosos?

CAPÍTULO 1

¿Qué son las misiones?

¿Sabías que 28.000 personas se salvan cada día en China y aproximadamente 20.000 cada día en África?

En su mayor parte, los cristianos de hoy no entienden correctamente la palabra misiones. Es un poco difícil explicar el término sin pasar a los otros dos "trillizos" que se abordarán en esta sección:

- ¿Qué es un misionero?
- ¿Qué es un campo de misión? Pero quiero intentarlo.

Cuando se dio la Gran Comisión, los que la escucharon la entendieron perfectamente. Estas personas habían pasado muchos años con Cristo, finalmente habían llegado a entender Quién era Él, y entendían cuál era Su plan para las edades. Aquel plan se desplegó ante sus ojos, y estaban encantados de que Sus planes los incluyeran. Todo lo que tenían que hacer era obedecer. Creo que Su plan también fue entendido desde un punto de vista cultural.

Me explico. Si eres de Georgia, como yo, y alguien te desafía a escalar una montaña, entonces ante ti está la meta de ascender tal vez 2,000 pies para llegar a la cumbre de la montaña más alta de Georgia. Pero si eres del sur de California o de Colorado y te desafían así, tienes una cumbre mucho, mucho más alta que alcanzar. Para conseguir este reto en Georgia, solo necesita una o dos horas y zapatillas de tenis. Para lograr el objetivo en Colorado, necesitas un día o dos, equipo de escalada, equipo de senderismo, cuerdas, tiza, comida, agua, etc. Para alguien que viva en Francia y escuche hablar de este reto, es casi imposible de comprender, ya que no tendría ninguna experiencia que relacionar con el reto. Para alguien que sea nativo de Florida, el concepto es bastante extraño también, ya que el punto más alto de Florida es la plataforma de lanzamiento de la NASA; los floridanos podrían incluso tener que consultar un diccionario, ¡solo para ver lo que es una *montaña*!

Cuando Cristo envió a sus seguidores a todo el mundo, su encargo podría haberse interpretado de dos maneras. Primero, podrían haber interpretado su mandato como el "mundo romano". Esta limitación no les parecería extraña porque era el único mundo que conocían personalmente. Recuerda que en el capítulo 2 de Lucas, César Augusto había enviado un decreto *"para que todo el mundo sea gravado"*. ¿Significa eso que gravó a Persia, India y China? Todas estas tierras eran conocidas por los romanos, e incluso tenían relaciones comerciales con ellas. Pero no, "el mundo" al que se refería César Augusto era el mundo de la influencia, el dominio y el control romanos.

Es posible que, al principio, algunos de sus discípulos interpretaran sus instrucciones de esta manera, ya que sus viajes muestran que no se movieron más allá de ese ámbito. Tomás fue quizás el único que logró salir del dominio del Imperio Romano cuando viajó a la India, donde supuestamente plantó siete iglesias. Sin embargo, Santiago, el hermano físico de nuestro Señor, ni siquiera salió de Jerusalén.

La otra interpretación posible que podrían haber recibido era la de ir literalmente a toda la tierra -incluso a aquellas regiones que aún no sabían que existían- con el mensaje de la Buena Nueva del perdón, la redención, la expiación, la justificación y la salvación. El cristianismo ha mantenido predominantemente esa interpretación.

Yo sostengo que ambos puntos de vista son correctos, y al mismo tiempo, ambos son incorrectos. El "ir", aunque es lo que impulsa las misiones, no era el punto. El punto estaba en dónde ir, no en el ir. Tampoco se limitaba a estos pocos hombres, como muchos han enseñado desde entonces, ya que no hay manera de que un puñado de hombres pueda realizar esa tarea. Nunca fue la intención de Cristo alcanzar a las naciones como se definen hoy en día. Dios no se preocupa tanto por "Japón", "Kenia" o "Brasil" como por los que *viven* en Japón, Kenia o Brasil. Él no envió a su Hijo a morir por las fronteras geopolíticas en un mapa mundial siempre cambiante. Lo envió a morir por los que viven dentro de esas fronteras. Sin embargo, esa es una explicación muy simplificada de lo que Él ordenó, encargó y construyó.

Si uno se toma el tiempo de analizar lo que Él dijo, puede saber con precisión lo que quiso decir. Mientras crecía, recuerdo que mi padre me hablaba en términos inmobiliarios diciendo: "Antes de comprar la casa, mira el barrio". Su consejo sigue teniendo sentido, y lo mismo debe hacerse en la interpretación bíblica. No solo hay que aprender lo que Él dijo, sino también lo que estaba diciendo.

Yo no sé griego, así que tengo que confiar en los conocimientos de los que sí saben. Pero, en general, los eruditos parecen estar de acuerdo en que la palabra nación no tiene ninguna referencia a las fronteras geográficas o geopolíticas. Se trata de la palabra griega *ethnos*, de la que deriva la palabra española *étnico*.

El cambio de significado actual es relativamente nuevo en el escenario de la historia mundial. Hoy en día, la palabra *nación* se utiliza indistintamente con la palabra *país*. Hace apenas cien años, la palabra *nación* se utilizaba para referirse a grupos étnicos, tribales o populares específicos, como la nación Cherokee y la nación Sioux. Incluso la novela clásica *El Último Mohicano* trataba sobre una nación india... hmmm, ¿ahora cómo se llamaban?

Pablo enfatizó este hecho en Atenas cuando habló ante el Areópago, el alto tribunal/capítulo local de Mensa, como se registra en Hechos 17:26, 27, que dice: *"Y ha hecho de una sola sangre todas las naciones de los hombres para que habiten sobre toda la faz de la tierra, y ha determinado los tiempos antes señalados, y los límites de su habitación; 27 para que busquen al Señor, si acaso pueden sentirlo y encontrarlo, aunque no esté lejos de cada uno de nosotros".*

Pablo estaba diciendo que Dios, en épocas pasadas, predeterminó las áreas geopolíticas y geográficas donde vivirían las diversas etnias o pueblos o tribus. Es decir, Dios no solo determinó su ubicación, sino también el tiempo que estarían en ese lugar. Y ese tiempo no parece ser permanente. Sin embargo, el hecho de que un pueblo pueda ser desarraigado por los conquistadores, las enfermedades o las catástrofes naturales y trasladado a las tierras de los demás, no deja de ser una nación o un pueblo separado, distinto y único.

Los judíos pueden estar en casi todos los países del mundo, pero siguen siendo judíos. Pueden afirmar que su nacionalidad es estadounidense, pero en términos técnicos, su nacionalidad es judía, y son ciudadanos de Estados Unidos. Lo mismo ocurre con los hmong que viven en Sacramento, los jemeres que viven en Long Beach, los coreanos que viven en Augusta, los vietnamitas que viven en Columbus, los caribes que viven en Nueva York y los hondureños que viven en mi casa. La palabra que nuestro Señor usó cuando dio la comisión no fue para alcanzar *países*, sino para alcanzar *grupos étnicos* que habitan esos países. Su propósito era el cumplimiento de Su profecía dada en Habacuc 2:14, con el profeta declarando un tiempo futuro cuando, *"...la tierra será llena del conocimiento de la gloria de Jehová, como las aguas cubren el mar"*.

¿Has visto alguna vez un lugar en el mar que no esté cubierto por el agua? A partir de la espuma que retrocede en la playa hasta las profundidades del océano, no hay un solo centímetro cuadrado del mar que no esté total y completamente cubierto por el agua. Mi padre me contó que, cuando estaba en la Marina, se utilizaba una expresión para ilustrar lo necesario que era el marinero individual en comparación con el conjunto. Se les decía a los marineros que sumergieran una taza en el mar; luego se les informaba de que el tamaño del agujero que hacía la taza era igual a la cantidad de su importancia. También se le dijo en la escuela de paracaidistas que si su paracaídas no funcionaba, debía traerlo de vuelta, y se le entregaría otro. No es de extrañar que mis hermanos y yo evitáramos la Marina.

No es la intención singular de Dios que no solo su gloria cubra la tierra porque ya lo hace. De hecho David declaró en el Salmo 19:1, *"Los cielos declaran la gloria de Dios...."* Es Su intención y voluntad expresa que el **conocimiento** de Su gloria inunde la tierra al mismo grado que lo hizo el diluvio en tiempos de Noé. Él quiere ser glorificado por su más preciada creación hecha a su imagen: la humanidad. Nunca ha sido el deseo de Satanás poner las piedras o el bosque o las flores en contra de Dios; su único objetivo ha sido poner al hombre en contra de Dios.

La Biblia contiene un ejemplo tras otro de los intentos de Dios de atraer al hombre de vuelta a Él y de su mensaje y mensajero siendo resistidos, perseguidos, ignorados y/o asesinados, hasta que finalmente lo mismo se convirtió en la suerte de su Hijo unigénito, Jesucristo. Pero Cristo, siendo hombre y Dios, aplastó el plan de Satanás y aniquiló su obra utilizando el sacrificio de su propia sangre como purificación de nuestros pecados. Mató a la muerte abrazándola y llevándola a la tumba; luego la dejó atrás cuando se levantó triunfante tres días después, sellando para siempre su salvación con la presencia residente de su Espíritu Santo en las vidas de todos los que creen en Él.

No contento con dejar ese mensaje solo con los judíos, Él, a quien Su Padre le dio poder y permiso para hablar y el mundo fue creado, transfirió el uso de ese poder al hombre. Transfirió el uso de ese poder con el propósito expreso de llevar el mensaje de la gracia, la bondad y la gloria de Su Padre a la suma total, no de todos los hombres, no de todos los países, sino de todos los grupos étnicos, para que desde allí el mensaje se filtrara a cada clan y a cada familia, hasta que finalmente se cumpliera Su objetivo de una emersión global total en el conocimiento de la gloria de Dios.

Cristo inició el proceso en Pentecostés. Todos los que escucharon el Evangelio allí eran, en su mayoría, judíos de otras tierras, aunque algunos eran sin duda gentiles convertidos, así como turistas y hombres de negocios que buscaban obtener un gran beneficio. Se puede deducir esto porque se enumeran más de una docena de grupos étnicos presentes que escucharon las maravillosas obras de Dios en sus propias lenguas.

Una vez iniciado el proceso, se continuó día tras día por toda la ciudad de Jerusalén hasta que todo el mundo lo escuchó. Luego, el mensaje fue llevado a Samaria y a las regiones exteriores de Siria, a Damasco, a Antioquía, y luego hacia el oeste hasta Inglaterra. Desde allí, como la pelota de un juego de Pong, rebotó en el corazón de Europa y en Oriente. Incluso los monjes equivocados y doctrinalmente letales la llevaron a las costas del Nuevo Mundo. Puede que su doctrina fuera errónea, pero entendían el encargo. Después de todos estos siglos, la verdad doctrinal está ahogando los errores doctrinales a medida que más y más latinos llegan a la verdad de la Palabra de Dios y aprenden que nuestro Abogado no es la madre de Cristo, sino Cristo mismo.

En la actualidad, los misioneros latinos han comenzado a desandar el camino que les trajo el Evangelio y están yendo como misioneros al Medio Oriente, a Asia y a la India. Y ahora, incluso antes del amanecer de un nuevo siglo, todos los países de la tierra han escuchado el Evangelio. Las barreras que no podía romper el hombre han sido destrozadas por Internet y la radio. Dentro de una generación, cada grupo étnico existente en el planeta habrá escuchado el Evangelio. ¿Se puede hacer? Por supuesto que sí. Se puede hacer, y la verdad es que lo están haciendo aquellos que están liderando mientras otros siguen su ejemplo.

Aquellos que piensan que la tarea es demasiado grande son ignorantes de lo que Dios ya está haciendo alrededor del mundo. Ejércitos de misioneros nacionales desconocidos y sin nombre están escaramuzando diariamente contra las fuerzas de Satanás en toda la tierra. Los que escuchan pueden oír las puertas del infierno cayendo ante su agresivo avance en pueblos y ciudades de todo el mundo. El asombroso poder que nuestro Señor nos dio cuando ascendió al Cielo está siendo aprovechado y está transformando el paisaje. El crecimiento tecnológico en el uso de la informática y ciencias como la demografía han ayudado a localizar los últimos grupos étnicos que aún no han escuchado el Evangelio. Una vez localizados y dirigidos, se encuentra el misionero más cercano que hable su idioma; o que hable un idioma algo similar y comprensible; o en el peor de los casos, puede enviarse un misionero extranjero para que aprenda su idioma y luego los guíe a la Luz.

Lo digo así porque estoy impulsado por el tiempo, no solo en mi propia vida, sino por las vidas de aquellos que están muriendo sin Cristo. Obviamente, un hombre que habla español puede aprender portugués mucho más rápido que un hombre que solo habla suajili o inglés. Es mejor encontrar a alguien que viva cerca y hable un idioma de similar arraigo que tomarse el tiempo de enviar a un forastero. El misionero extranjero puede tardar cinco o diez años en ser lo suficientemente competente para dar testimonio, mientras que una persona autóctona tarda cinco o seis meses.

Por último, ¿cómo se encuentran estos grupos étnicos no alcanzados y se ganan para Cristo?

Este planeta, al menos en términos misioneros, se ha dividido en lo que se llama "Los tres mundos": El mundo A, el mundo B y el mundo C. Quiero definirlos:

Mundo A

- El verdadero **"mundo no alcanzado"** de personas que nunca han oído el nombre de Jesús.
- Porcentaje de la población mundial: 28%.
- Porcentaje de misioneros que se dirigen al Mundo A: 2,5 por ciento

Mundo B

- El **"mundo no evangelizado"** de personas que tienen un acceso limitado al Evangelio pero que todavía no se consideran naciones "cristianas". El Evangelio ha penetrado en sus fronteras pero no ha llegado a la mayoría de la población. Con el tiempo, la mayoría de la gente será alcanzada, tal vez dentro de dos o tres generaciones.
- Porcentaje de la población mundial: 39%.
- Porcentaje de misioneros dirigidos al Mundo B: 17,5%.

Mundo C

- El **"mundo evangelizado"** de las personas que tienen acceso pleno y sin restricciones al Evangelio, independientemente de que decidan o no escucharlo o aceptarlo
- Porcentaje de la población mundial: 33%.
- Porcentaje de misioneros que se dirigen al Mundo C: 80 por ciento

¿Has digerido todos estos datos y cifras? Bien, pero quiero señalar que en cualquier lugar o país, los grupos de personas (tribus o etnias) pueden constituir uno o más segmentos. Por ejemplo, las Filipinas tienen una gran exposición al Evangelio, y forman parte del Mundo B. Sin embargo, las tribus de algunas de sus más de 7.000 islas siguen siendo clasificadas como "Mundo A" porque nunca han oído hablar de Jesús y étnicamente no son filipinos. Tienen una lengua y una cultura distintas a las de todos los demás habitantes de Filipinas. Estas tribus deben ser encontradas y expuestas al Evangelio.

Estoy convencido de que en todas las culturas, y me refiero a todas, hay llaves culturales que abren la puerta para que el Evangelio entre a toda prisa. (De hecho, estoy empezando a escribir un libro sobre este tema, con ilustraciones de tribus y naciones de todo el mundo). Por ahora, quiero compartir solo una ilustración que, por cierto, fue el único evento que lanzó Final Frontiers.

En septiembre de 1986 hice un viaje misionero al país de Tailandia para visitar a Tommy Tillman, el hombre que me había entrenado para el ministerio cuando era un adolescente. En ese momento él tenía un ministerio con los leprosos. Hoy no solo trabaja en Tailandia sino también en Mongolia. Tommy Tillman es realmente un Pablo moderno.

Viajaba a Tailandia para hacer una presentación en vídeo que pudiera llevar a las iglesias para recaudar apoyo para él, de modo que pudiera permanecer en Tailandia haciendo el ministerio en lugar de tener que volver a Estados Unidos continuamente para recaudar más fondos. En 1986 el video era todavía principalmente una herramienta industrial, pero afortunadamente, tenía amigos que trabajaban en Hollywood, amaban al Señor y estaban dispuestos a ayudarme con el proyecto. Había recibido el nombre y el número de teléfono de un maestro de escuela jubilado de Nuevo México llamado Charlie Holmes, que había visitado Tailandia varios años antes, donde conoció a una misionera de Filipinas que utilizaba las clases de inglés como método para plantar iglesias. Se habían enamorado y casado. Nunca había conocido a Charlie ni a Lourdes, pero durante la conversación telefónica me invitaron a partir con ellos a la mañana siguiente para visitar a unos "predicadores nacionales" en la zona de las "tribus de las colinas" del norte de Tailandia.

Me intrigó su invitación. No sabía lo que era un predicador nacional; de hecho, creo que nunca había oído el término. Igual de extraño me resultaba el término "tribus de las colinas". No sabía qué esperar, pero un viaje en tren hacia el norte, a las montañas más frías, para buscar algunas buenas escenas para el vídeo sonaba demasiado bien como para dejarlo pasar. Me acomodé en la cama para dormir bien, sin saber que en 24 horas mi vida cambiaría por completo. De hecho, lo que estaba a punto de ver y experimentar me afectó tan profundamente que cuando volví a casa, mi mujer, desde el punto de vista de la personalidad, ya no me reconocía. Estaba a punto de descubrir mi destino y de ser bautizado en la realidad de por qué Dios me había hecho nacer.

Quienes me conocen y conocen Final Frontiers saben que servir a los predicadores nacionales es mi propósito en la vida, pero en ese momento, en 1986, nunca había oído el término y no sabía lo que significaba. La curiosidad se apoderó de mí, e hice arreglos para viajar con ellos esa misma semana a la ciudad norteña de Chiang Mai, una pintoresca ciudad amurallada que fue una antigua capital de Siam, así como el hogar del primer converso tailandés, que posteriormente fue quemado vivo después de su conversión. Ahora, 25 años después de mi llegada, Chiang Mai es un bullicioso y contaminado centro de negocios de más de dos millones de habitantes y probablemente el primer lugar turístico de Tailandia. Su clima caluroso es mucho más suave que el de Bangkok, y por eso el 80% de los misioneros de Tailandia viven allí.

Deja que esas cifras se graben en tu mente por un momento. En un país de casi 60 millones de almas (en aquella época), el 80 por ciento de todos los misioneros vivían en una ciudad de solo 2 millones. Odio ser sarcástico (y ciertamente no conozco la mente de Dios), pero encuentro increíblemente interesante cómo Dios parece llamar casi siempre a los misioneros a servir en los lugares que son más cómodos. Francamente, creo que se culpa a Dios de muchas cosas que deberían achacarse al deseo humano básico. Pero estoy divagando.

Mirando hacia atrás, no recuerdo si viajamos en autobús o en tren, pero sí recuerdo que después de llegar, me presentaron a Samuel Mani (pronunciado Sam-well), su cuñado Jimmy Tachinam, y su amigo Luke Bee. Estos nombres, por supuesto, son todos occidentales, nombres adoptados. Jamás se me ocurrió preguntar por los verdaderos nombres de Samuel y Jimmy, pero descubrí que el verdadero nombre de Luke es Boonroat Premsanjaint. Decir "Luke" es mucho más fácil, ¿no te parece? Es de la tribu (o nación) Lisu. Samuel y Jimmy eran ambos Rawang del norte de Birmania, ahora llamada Myanmar. Ambos eran yernos de un predicador llamado Javong, que pertenecía a la tribu Lahushi.

Jimmy era muy musical y había enseñado a sus conversos a cantar en armonía a cuatro voces. Pasaba mucho tiempo traduciendo canciones del inglés o de su lengua materna a las lenguas de las tribus a las que ministraba. Hablaba casi diez idiomas. Samuel dominaba una docena de idiomas y también sabía hebreo y griego. Los tres tenían emisiones de radio de onda corta a través de la FEBC en múltiples idiomas, con más de 300.000 oyentes en Tailandia, Birmania, Laos, Vietnam y China.

Al llegar a Chiang Mai y conocer a estos hombres, me despedí de Charlie y Lourdes y me fui con Samuel, Jimmy y Luke para viajar más al norte, al Triángulo de Oro, a la región de Chiengrai. Durante el viaje, pude conocer mejor a estos hombres escuchando sus historias y experiencias ministeriales. Todos llevaban más de 20 años sirviendo a Dios y eran un poco mayores que yo. Samuel y Jimmy eran de una región del norte de Birmania, donde se unen China y el Tíbet. Esta zona fue conocida durante la Segunda Guerra Mundial como "la joroba". Muchos pilotos fueron derribados allí y nunca fueron encontrados debido a la densa selva. La mayoría de su tribu era cristiana y tenía un sano espíritu misionero. De jóvenes, se habían ofrecido como voluntarios para dar su vida a las tribus que vivían al sur de ellos. Sus ministerios se desarrollaban principalmente entre las tribus Lisu, Lahu y Akha. Llevaban tanto tiempo viviendo allí que eran como uno más de las tribus y se habían casado con las hijas de Javong.

Como todas sus lenguas procedían de la misma raíz, aprender otras lenguas era como si un español nativo aprendiera francés o italiano. Para ellos, era fácil. Sin embargo, la mayoría de estas lenguas no tenían escritura en aquella época, por lo que adoptaron lo que se conoce como "escritura de Fraser "[1] para enseñar a la gente sus respectivos alfabetos. Después de evangelizar un pueblo, su método consistía en enseñarles a leer su propia lengua hablada y luego traducirles canciones y porciones de la Biblia. En ese momento, la tribu akha no tenía ni una sola página de la Biblia que conocieran en su propia lengua.

De camino a Chiengrai, pasamos por una zona llamada Mae Suay que habían empezado a evangelizar. A corta distancia a pie de la carretera principal y situada en la cima de una colina había un pueblo que más tarde se conocería como la Colina de Sión. Para mí, se convirtió en tierra sagrada.

Al pie de la colina tuvimos que abandonar nuestro camión y empezar a caminar. Todo lo que podía ver en ese momento era la hierba alta y las cimas de las cabañas de bambú en las colinas distantes. Pronto pude ver a gente caminando con trajes de colores, pero aún estábamos demasiado lejos para distinguir algún detalle. Mi corazón latía con fuerza, no por la caminata, sino por lo que estaba viendo. Al llegar a la cima, pasamos por delante de algunos ídolos tirados en el suelo a ambos lados del camino y de algunos tótems que marcaban el límite del pueblo. "Fuera" de la puerta de la aldea, donde nos encontrábamos, estaba el dominio de los espíritus. Los tótems servían para identificar los límites entre el mundo de los espíritus y el mundo humano y para servir como una especie de "espantapájaros" para mantener alejados a los espíritus malignos.

---

[1] James O'Fraser (1886-1938) fue un misionero escocés que trabajó con la China Inland Mission entre la tribu Lisu de China. Empleó las letras del alfabeto inglés y asignó la pronunciación tonal de la lengua lisu para crear las letras de su alfabeto. Las letras inglesas individuales (en apariencia) se convirtieron en la pronunciación de la lengua lisu. Debido a que su idioma tiene más sonidos que el inglés, en algunos casos una letra puede aparecer como una "A" al revés. Esto se convirtió en una práctica habitual para los lingüistas que evangelizaban a otras tribus de la región, y la escritura Fraser sigue utilizándose actualmente.

En un momento nos encontramos caminando por un sendero muy trillado que pasaba por delante de cabañas de bambú, la mayoría de las cuales estaban abiertas por un lado. Las gallinas corrían por el camino delante de nosotros, seguidas de cerdos panzudos. Los perros atados con cuerdas a los postes de las cabañas elevadas ladraban salvajemente, enseñando los dientes. Comienzo a ver a la gente que nos mira a través de las grietas de sus cabañas de bambú. Los niños empezaron a llorar mientras las mujeres gritaban y llamaban a sus vecinos. Salían corriendo de sus casas, agarraban a sus hijos como un águila en vuelo agarrando a su presa, y luego corrían a esconderse. Los hombres, vestidos con lo que parecían pijamas negros, empezaron a salir a toda prisa de las casas y a subir por los senderos que subían desde los arrozales que teníamos debajo.

Pronto se acercaron a mí con sus largos cuchillos en la mano que utilizaban para cosechar sus cultivos de arroz. Jimmy y Samuel les dijeron algo en su idioma y parecieron detenerse en seco. Miré a mi alrededor con asombro. Nunca había visto algo así en mi vida. Era como si hubiera retrocedido en el tiempo.

Cuando era un niño en Atlanta, me tumbaba de espaldas en la hierba y miraba los aviones sobrevolando, preguntándome a dónde se dirigían y cómo eran las tierras lejanas. Leía historias de exploradores y misioneros y me lamentaba de que no quedaran civilizaciones "por descubrir". Pero en ese momento supe que me había equivocado. Me había adentrado en un mundo tan primitivo que las palabras apenas podían describirlo, pero si sigue leyendo, se hará una idea.

Por un momento me quedé congelado en aquella ladera, preguntándome si estaba a punto de ser invitado a un banquete, no como invitado de honor, sino como plato principal. Algo en las palabras de mis amigos había hecho que los hombres se detuvieran mientras agarraban con fuerza sus largos cuchillos en las manos. La sensación de amenaza parecía haber pasado, y sus expresiones se convirtieron en curiosidad.

Jimmy me miró y, en su inglés chapurreado, me dijo que les predicara y que él traduciría. Los hombres saltaron hacia atrás horrorizados cuando abrí mi Biblia y pronuncié mis primeras palabras, pero su asombro los mantuvo cautivos. Se pusieron de pie cuando empecé a hablarles de las calles de oro del Cielo. "¡¿Qué?!"

Como predicador, les contaré un pequeño secreto... A veces, cuando estamos predicando, también estamos teniendo una conversación en nuestra mente con nosotros mismos diciendo cosas como: "¿Qué acabo de decir?" o "¡Tengo que darme prisa!". Mientras nos escuchan declarar la Palabra de Dios, en realidad podemos estar pensando en otra cosa. Lo digo para explicar que mientras les hablaba de las calles de oro, pensaba para mí mismo: "Jonny, ¿qué estás haciendo? Esta gente no tiene ni idea del Cielo ni de Jesús ni de nada, y tú, idiota, para ser su primer contacto con la Palabra de Dios, ¡estás hablando de calles de oro!" Pero como ya había empezado, tenía que terminar.

Sorprendentemente, mis oyentes parecían interesados y empezaron a acercarse a mí, hasta que finalmente me rodearon y los de atrás no pudieron verme, a pesar de que les superaba en altura. Jimmy me detuvo y sugirió que lleváramos el "servicio" a una cabaña situada a unos metros. La sala, de unos 6 metros por 6 metros, se llenó rápidamente y los que no pudieron entrar se quedaron fuera mirando por los huecos de las ventanas y la puerta. El techo estaba hecho de hierba larga y ramas de palma, y las paredes eran de bambú tejido. El suelo también era de bambú tejido. Al pasar mi peso de un pie a otro, resbalaba por las grietas y tropezaba, pero su evidente interés me hacía seguir adelante. Fui avanzando en el tema, desde las calles de oro hasta la Creación, pasando por la caída del hombre, la expiación en el Antiguo Testamento, el sacrificio perfecto y completo de Cristo en el Nuevo Testamento, y su venida de nuevo para llevarnos al Cielo, donde hay (sí, lo han adivinado) calles de oro.

Era probablemente media tarde cuando llegamos a la aldea, y les prediqué hasta las 2:00 a.m. En la multitud había tanto Akha como Lahu, ya que dos aldeas Lahu estaban cerca, y de alguna manera se había corrido la voz sobre nuestra llegada. Su curiosidad les había llevado a vernos. Por lo tanto, cada frase tuvo que ser traducida a dos idiomas. Las dos lenguas, aunque provienen de una raíz común, son bastante diferentes en su forma de expresarse. Un párrafo en inglés se traduce en lo que parece una sola frase en lahu; pero para los akha, un párrafo en inglés parece convertirse en un libro entero en su idioma. Ahora se entiende por qué tardamos tanto en enseñarles.

Finalmente, le dije a Samuel que estaba demasiado cansado para continuar. Unos hombres nos llevaron a una casa cercana con un porche a unos dos metros del suelo. Un poste inclinado y con muescas que iba desde el suelo hasta el porche servía de escalera. Subimos por el poste de uno en uno, poniendo un pie delante del otro (debía de parecer un balón de playa subiendo por una paja), y nos siguieron varios de los ancianos del pueblo, así como algunos otros predicadores tribales que habían venido a recibirnos. Querían saber más sobre mí. Entramos en la sala central de la cabaña, donde se encendieron algunas velas para que pudiéramos ver.

Las casas akha suelen tener una habitación central que sirve de lugar de reunión y cocina, una habitación a un lado donde duermen las mujeres y los niños pequeños, y a veces una habitación al otro lado donde duermen los varones. Estas habitaciones están divididas por una cortina de bambú. Mientras escuchaba a los ancianos y a los predicadores charlar, tuve que preguntarme sobre la conveniencia de utilizar velas en una cabaña de bambú y hierba seca.

Al cabo de unos momentos, unas señoras subieron la escalera y trajeron comida: piñas, mangos, pequeños plátanos asiáticos y lo que llaman cariñosamente "arroz pegajoso" para nosotros en bandejas de ratán. Uno por uno, cada hombre metía la mano en la olla de arroz y sacaba un tapón, lo mojaba en una salsa hecha con pimientos negros picantes, entre otros ingredientes, y se lo llevaba a la boca. Nadie se había lavado. De hecho, los akha no se lavaban. No tenían jabón, ni champú, ni nada con lo que limpiarse. Tampoco tenían papel higiénico, ya que evidentemente para eso Dios creó la mano izquierda. Pero sí tenían abundantes piojos, suciedad, mugre y utensilios comunales para beber y comer. Pero no me importaba. Era parte de la aventura. Para ser sincero, la comida era excelente y me reanimó un poco.

Recuerdo que pensé que las setas que estaba comiendo eran las más jugosas que había probado nunca. Al comentarlas, me dijeron que no eran setas, sino sanguijuelas.

Decidí que me saltaría el resto de la ensalada y pasaría directamente a los dados de filete, que me parecieron bien cocinados y picantes. Me pregunté cómo podían tener un filete tan bueno en medio de la nada. Luego me dijeron que no era filete, sino perro. Tengo que admitir que estaba bueno.

Años más tarde, mi mujer y mis hijos se darían el gusto de comer lo mismo en el mismo pueblo. Desde entonces disfrutamos de la carne de perro. Incluso hoy tenemos tres corriendo por la casa. No, no te preocupes, ¡son mascotas! (Además, los chihuahuas solo sirven de sabroso aperitivo).

Al comer, empezamos a conocernos mejor. Les pregunté por qué habían actuado con tanto miedo cuando entré por primera vez en su pueblo. Me dijeron que nunca habían visto a un hombre blanco y que no sabían que existían. Pensaban que yo era un mono albino y que habían venido a matarme y comerme. Cuando empecé a hablar, se aterrorizaron mucho. Querían saber de dónde era, así que les dije "América", a lo que respondieron: "¿Dónde está ese pueblo?".

"Está al otro lado del mundo", respondí.

Se acurrucaron un momento y luego uno preguntó: "¿Cómo haces para no caerte?".

Les expliqué débilmente: "El mundo es redondo", y aceptaron amablemente mi razonamiento, aunque tuve que preguntarme si realmente me creían.

Un anciano me preguntó: "¿Cuánto tiempo has tardado en llegar aquí?".

Respondí: "Unos tres días".

"¿Por qué tanto tiempo?", preguntó.

"Tardé mucho porque tuve que cruzar el océano". Entonces preguntó: "¿Qué es un océano?".

A estas alturas comprendí perfectamente que no entendían del todo mis términos, así que traté de explicarlo de una manera que pudieran seguir. "El océano es un río muy ancho", aventuré.

Él respondió: "¿Cómo cruzó un río tan ancho?".

Cuando empecé a decirles que había volado, me di cuenta de que les iba a impactar de sobremanera, y que tal vez querrían tirarme del porche, ¡solo para ver si de verdad podía volar! En lugar de eso, cambié rápidamente de tema y les pregunté: "Cuando llegué aquí hoy, al principio todos teníais miedo de mí. De repente, vuestro miedo se convirtió en curiosidad. ¿Por qué?"

Respondieron que mi mención de las calles de oro les tranquilizó.

"¿Por qué?" fue mi pregunta lógica.

Su increíble respuesta todavía resuena en mi cabeza. Uno de los ancianos tomó la palabra y dijo: "Hace años todos los hombres vivían en un solo pueblo y adoraban al Creador". Interrumpí el comienzo de la narración para preguntarles si conocían el nombre de la aldea, y así fue. En su idioma se llamaba "la aldea donde crecen las mostazas "[2].

Continuó: "Allí vivíamos todos juntos como un solo pueblo hasta que empezamos a disgustar al Creador. Él bajó de los cielos y, enfadado, nos dividió en diferentes grupos y dio a cada grupo su propia lengua. De ahí vienen las diferentes tribus. Entonces nos separó unos de otros y dio a cada tribu un libro sobre Él en su propia y nueva lengua".[3]

Volví a interrumpir para preguntar si tenían ese libro. Con semejante hallazgo arqueológico, creo que podría haber financiado la evangelización de todo el mundo. Lamentablemente, respondieron que no lo tenían. Dijeron que sus antepasados fueron descuidados con él y, al ver que las otras tribus perdían sus libros, decidieron comerse el libro para que las palabras del Creador estuvieran dentro de ellos y su pueblo nunca perdiera el contacto con Él. Desde entonces habían perdido el conocimiento del Creador. Entonces uno de los ancianos habló y dijo: "Por eso nos llamamos akha".

"¿Por qué? ¿Qué significa *Akha*?" pregunté.

Respondió: "Significa 'estúpido'".

Me quedé asombrado, reflexionando momentáneamente sobre su respuesta. En nuestra cultura, si un hombre no tiene

---

[2] La Biblia habla de una ciudad llamada Babel situada en la llanura de Sinar. Increíblemente, la palabra Shinar en su idioma original significa "mostaza".

[3] Los lisu dicen que su libro estaba hecho de papel de arroz y que durante una hambruna se lo comieron. Desde entonces perdieron el conocimiento del Creador. Los lahu dicen que el suyo estaba escrito en cuero y que sus antepasados dejaron que los perros se lo llevaran por descuido. Los perros lo hicieron pedazos, así que desde entonces no tienen el Libro.

conocimiento de Dios o niega su existencia, se le considera inteligente, y se le llama "profesor". En su sociedad, perder el conocimiento de Dios significaba ser "estúpido".

"¿Cuál de nuestras culturas", me pregunté, "es realmente la primitiva"?

Mientras continuaba con su lección de historia, continuó diciendo que desde que habían perdido su libro, se habían alejado cada vez más de Dios (al que llaman *Guishaw*) y se habían convertido en esclavos de los espíritus demoníacos. Sin embargo, la leyenda de su tribu les decía que algún día alguien les traería de nuevo el libro sobre el Creador, y que éste les hablaría del pueblo en el que vive y en el que todos los caminos están hechos de oro. Y concluyó: "Cuando hoy has empezado a hablarnos de los caminos de oro, supimos que el Libro había llegado por fin a nosotros una vez más".

Me quedé asombrado por lo que acababa de oír. Entonces empecé a comprender que Dios me había permitido ser el mensajero que trajera de vuelta la Palabra de Dios a este pueblo que había estado sin ella desde la Torre de Babel. Incontables generaciones de su tribu habían entrado en la eternidad sin el Libro y sin el Salvador. Nunca había soñado que me utilizarían de esa manera. Era el mayor honor de mi vida. Ahora sentía que tenía la tarea de asegurar que cada akha vivo pudiera saber que "la Palabra" había llegado. Esta experiencia cambió mi vida para siempre.

Resultó interesante escuchar algunos de los atisbos de verdad que habían conservado y que se habían contaminado con el tiempo. Sabían del Cielo, y sabían del Infierno. Su salvación dependía, de hecho, de su hijo mayor. Me explico. Cuando un padre moría, la familia sacrificaba un búfalo de agua, y en ese momento el hijo mayor tenía que citar toda la genealogía del padre, así como todas las aldeas en las que había vivido hasta el primer Akha. Consideran que el primer Akha es el primer hombre, Adán. El hijo tiene que ser capaz de citar cada una de ellas, y es increíble que alguno de ellos pueda realmente citar sus generaciones teniendo en cuenta que son agricultores de "tala y quema" que se trasladan cada pocos años después de que se agoten los nutrientes del suelo, y que un hombre puede vivir en una docena de aldeas en su vida.

Una vez completada la cita, si el hijo se acordó con éxito, el espíritu del padre muerto montará el espíritu del búfalo sacrificado en el Cielo. Si el hijo no tenía éxito, el infierno sería el hogar de su padre fallecido. La salvación dependía de su hijo mayor, al igual que nuestra salvación depende de nuestro "hermano mayor", Jesucristo. El viaje se realiza en un ataúd tallado en los árboles del bosque que se asemeja a un barco. Los akha son notablemente temerosos de los ríos y solo se acercan para sacar agua. No obstante, son "salvados", si se quiere, por una barca, al igual que Noé.

Tal vez recuerdes que mencioné que los aldeanos tenían una puerta a la entrada de sus pueblos. Una persona solo está a salvo de los espíritus malignos cuando entra por la puerta. La salvación dentro de la puerta la proporciona su hijo mayor. Una creencia extraña, teniendo en cuenta que el Hijo "mayor" de Dios es también la puerta del hombre al Cielo. Muchas de estas analogías o perversiones de la Verdad existen en sus leyendas y costumbres como en todas las demás del mundo. Encontrar y explicar la verdad de ellas abre la puerta al testimonio. Pero de nuevo, divago.

Después de algún tiempo, empecé a cambiar mi conversación hacia los predicadores tribales que también se habían reunido con nosotros ese día, para conocer sus ministerios. Me enteré de que cada uno de ellos pastoreaba tres, cinco o incluso siete iglesias y que, además, tenían que trabajar todo el día bajo el ardiente sol, cultivando arroz para que su familia comiera y lino o cáñamo para que sus esposas hicieran su ropa en telares caseros de bambú.

Mi plan había sido recaudar fondos para mi amigo misionero, pensando que con 1.000 dólares al mes se mantendría en el campo y no tendría que volver a casa con permiso. Empecé a preguntarme si no sería mejor dar el dinero a estos hombres que podían llegar a los que mi amigo no podía. Después de todo, como misionero estadounidense, podía recaudar todo el apoyo que quisiera con sus propios esfuerzos, pero ¿quién hablaría por estos siervos de Dios?

A través del intérprete pregunté si podían vivir con 1.000 dólares al mes. Me pregunté si tal cantidad sería suficiente para cada uno de estos hombres. Se acurrucaron por un momento y luego uno preguntó: "¿Qué significa eso de

1.000 dólares?"". No me había dado cuenta de que vivían en una sociedad que no usaba dinero. Hacían trueque por todo lo que tenían. La gente no tenía ni idea de cuánto dinero eran 1.000 dólares. Empezamos a hablar de sus necesidades de comida, ropa, etc., y determinamos que para que pudieran dejar el arroz y estar a tiempo completo en el ministerio, ¡cada uno necesitaba solo 1 dólar al día!

Cuando volví a mi iglesia, llevé el mensaje de que por un dólar al día un pastor nacional tendría todo el apoyo que necesitaba. En el momento de escribir este artículo, casi 1.400 de estos hombres en 84 países han fundado colectivamente más de 36.000 iglesias. Estas iglesias tienen una media de entre 30 y 40 nuevos conversos al iniciarse. Todos están documentados para aquellos que puedan dudar de tal milagro.

Muchas veces, en muchos pueblos, este mismo escenario se ha repetido una y otra vez, no por mí, sino por los predicadores y estudiantes que fueron entrenados en Zion Hill. He visitado muchas aldeas que ya no tienen tótems ni estantes de espíritus; en cambio, ¡tienen una iglesia! Y si saben que vienen visitantes, se alinean a ambos lados del camino y cuelgan cuerdas de flores alrededor del cuello de los visitantes mientras cantan canciones de alabanza al Señor Jesús que fueron escritas o enseñadas por Jimmy. De vez en cuando, incluso inventan sus propias canciones alabando a Dios por hacer crecer su arroz y por ahuyentar a las ratas de sus campos (que, por cierto, viajan en manada y alcanzan el tamaño de un perro). Cantan canciones alabando a Dios por la lluvia que los lava y por el Libro que ha vuelto a llegar a ellos. Esta gente canta con el corazón. No saben tanta teología como los estadounidenses, pero hacen más con lo que saben de lo que se puede imaginar.

Me he quedado en Zion Hill y sus alrededores muchas veces desde entonces, ya sea con mi familia o lejos de ella durante semanas. Incluso contraje allí la fiebre tifoidea varios años después. La estructura en la que se celebró el primer servicio se convirtió finalmente en un aula y más tarde en un comedor para el instituto bíblico que se inició. La casa donde nos reuníamos y dormíamos se convirtió en el dormitorio de los hombres. Muchas veces, en esos pueblos, yo, al igual que Robert Moffat, el famoso misionero escocés en África, salía al porche por la noche y miraba el valle y las cimas de las colinas, para ver las hogueras de decenas de pueblos que aún esperaban oír que el Libro había llegado.

Hoy en día, si visitan la Colina de Sión conmigo, la tumba de Jimmy Tachinam se encuentra en el mismo lugar donde abrí el Libro para predicar por primera vez. Ya no está con la gente; probablemente esté bailando por las calles de oro, sin duda enseñando a los ángeles a cantar en armonía a cuatro voces. Con él están Javong y su esposa; la esposa de Paulu, nuestro primer pastor akha; A-Ju y su esposa; A- So; y tantos otros. En sus funerales no se mataba a ningún búfalo porque ellos y todo su pueblo sabían que Cristo era su sacrificio, sacrificado por su pecado.

Hoy me han dicho que más del 95% de los pueblos Akha de Tailandia se consideran ahora cristianos. Este pueblo lleva el Evangelio a sus hermanos de Laos, Myanmar, China y Vietnam. Los predicadores siguen recorriendo los senderos de la selva, esquivando a los tigres en tierra y a los cocodrilos en los ríos. Estos predicadores cruzan las fronteras nacionales como nosotros cruzamos una calle de la ciudad y llegan a donde ningún misionero estadounidense puede llegar. Estos hombres de Dios lo hacen sin dinero en sus bolsillos, sin seguro médico, sin cuentas de jubilación y sin pensión. No viajan en aviones, ni en autobuses, ni en trenes; van a pie. No duermen en hoteles; duermen en el suelo o en pisos de tierra. Comen lo que les proporcionan los pueblos en los que entran como primeros mensajeros del Evangelio que se aventuran allí. A menudo pasan hambre, se mojan y son perseguidos, pero siguen adelante.

- **¿Su objetivo?** Que todos sus "primos" escuchen el Evangelio.
- **¿Su visión?** Ganar almas y fundar iglesias.
- **¿Su esperanza?** Que de algún modo, de alguna manera, algún día, alguien dé un paso adelante con un dólar al día para que puedan alimentar a sus familias mientras están ocupados en la viña del Maestro.

Esa también es mi esperanza, y para ello he trabajado durante los últimos 25 años. Por eso existe una organización llamada Final Frontiers. Estoy agradecido por todos los que han ayudado, y también estoy avergonzado por todos los que pudieron y debieron hacerlo pero no lo hicieron. ¿Cuánto de lo que ha acumulado en los últimos 25 años llevará consigo a la eternidad? Actualmente tengo cerca de 400 predicadores en lista de espera que siguen sirviendo mientras esperan el patrocinio, y algunos incluso están muriendo mientras esperan que alguien les ayude a ser siervos de Dios más eficaces.

Actualmente, en esa región quedan varios predicadores fieles y ancianos de las etnias akha, lahu y lisu, así como de otras tribus. Entre ellos está Cainan, que vive en China. Cuando comenzó su apoyo en 1986, ya había servido durante 40 años sin recibir un solo centavo de apoyo. Muchos de estos predicadores que hoy tienen más de cuarenta años eran solo jóvenes adolescentes cuando los conocí. Algunos estaban entre los primeros que se pararon a mi alrededor cuando hablé de las calles de oro. Todos ellos están predicando fielmente donde los estadounidenses no pueden hacerlo y viven de una manera que la mayoría de los estadounidenses no haría. Personalmente agradecería cualquier ayuda para que puedan alcanzar a cada miembro de su tribu para Cristo.

Confío en que estas ilustraciones muestren de manera convincente lo que realmente son las misiones. No es construir iglesias; es plantar iglesias. Todo lo demás es ministerio, pero no son misiones. Por supuesto, la tentación es decir que si uno está haciendo trabajo de apoyo para los misioneros, entonces él es en efecto, un misionero. Pasaré las próximas páginas de este libro tratando de convencerte de lo contrario, pero no con el propósito de menospreciar el ministerio de nadie; más bien, quiero dejar las cosas claras. Las misiones están rotas, y si nos negamos a admitirlo, a verlo, o a discutir la posibilidad de hacerlo, entonces ¿cómo se arreglará?

¿Ser contratado por los Atlanta Falcons, como seguramente desearían todos los jugadores de fútbol americano, le convierte en un jugador de fútbol americano? No. Porque el empleado puede ser un conductor de autobús, un aguador, un entrenador, un entrenador asistente, el director general, una secretaria o incluso el propietario. Si bien cada empleado está involucrado en el negocio del fútbol y cada uno cobra un cheque de la misma cuenta, solo aquellos que están dotados, probados, experimentados y apartados como jugadores pueden vestir el uniforme, salir al campo, cobrar un gran cheque y llamarse a sí mismos jugadores de fútbol. El trabajo del entrenador es importante y también el del aguatero, pero no son jugadores y no deben llamarse jugadores. Son *ministros* (que significa "servidores") de los jugadores, ayudándoles a hacer mejor lo que están dotados y entrenados para hacer. Los ministros son necesarios en el campo; se les debe llamar así porque merecen el título y el honor que conlleva.

Capítulo 2

¿Qué es un misionero?

¿Sabías que en el año 100 d.C. había una congregación por cada 12 grupos de personas no alcanzadas? Hoy en día hay más de 416 congregaciones por cada grupo étnico no alcanzado.

¿Cómo puede una persona ser misionera si no sabe lo que significa el término?

Las *misiones*, y por asociación, el *misionero* y el *campo misionero*, son quizás los términos más incomprendidos en el cristianismo moderno.

Lester Roloff, un maravilloso pastor y evangelista de los años pasados, operó un amplio ministerio para jóvenes co problemas y salvó muchas vidas con la ayuda de su personal. Pilotaba un avión que a la postre fue su perdición y llevaba semanalmente a chicos y chicas adolescentes a las iglesias de todo Estados Unidos para que cantaran, citaran las Escrituras y le ayudaran a recaudar los fondos necesarios para su ministerio. La gestión de los hogares Roloff requería más de lo que su iglesia individual podía proporcionar.

Lester Roloff nunca se refirió a sí mismo como misionero. Se dirigía a él como "Pastor Roloff", "Evangelista Roloff", "Dr. Roloff" y "Hermano Roloff", pero nunca como "Misionero Roloff". ¿Por qué no? Sencillamente, Lester Roloff no era un misionero. Sin embargo, el hecho de que no fuera un misionero en sí mismo no impidió ni limitó su ministerio ni la recaudación de fondos. Imagino que si el Dr. Roloff estuviera vivo hoy, se le llamaría "Misionero Roloff", lo que seguramente confundiría a los miembros de su iglesia en Corpus Christi, Texas, ya que ellos pagaban su salario y él predicaba en su púlpito semanalmente. Es sorprendente que nunca expresara ningún arrepentimiento o insulto por no ser llamado misionero. ¿Será que estaba orgulloso y satisfecho con el llamado que Dios le había dado?

Durante siglos, la definición de misionero ha sido tan obvia como definitiva. Solo en las últimas décadas del siglo XX la definición se ha transformado en cualquier cosa que alguien quiera hacer fuera del empleo en la iglesia local en lo que respecta al ministerio y a ganarse la vida haciéndolo. O sea, que los que actualmente ejercen el ministerio no vinculado directamente a una iglesia local se presentan ahora con el título de "misionero". Los servidores del ministerio de carrera que en días pasados realizaban funciones de apoyo como maestros, mecánicos de aviones, asistentes de internados, etc., se han convertido ahora en "misioneros" según nuestra definición actual, cultural, pero no bíblica.

Los hombres competentes que pastorean iglesias cerca de las bases militares estadounidenses se refieren a sí mismos como "misioneros para los militares", como si el personal militar cristiano no tuviera el concepto o no pudiera o no quisiera diezmar o apoyar a su propio pastor. Simplemente, si un hombre pastorea a los militares en Fayetteville, Carolina del Norte, se le llama "pastor"; si pastorea a los militares en Frankfurt, Alemania, se le llama "misionero". Ambos pastorean el mismo ejército, con el mismo rango, viviendo con la misma familia, aprendiendo la misma doctrina, diezmando del mismo salario; pero tienen títulos diferentes. ¿Por qué es así? La respuesta es, en la lengua vernácula de nuestros amigos inmobiliarios, "ubicación, ubicación y ubicación". La implicación es que aunque un misionero para los militares pueda estar viviendo en una nación extranjera, su grupo objetivo no son los ciudadanos de esa tierra, sino el personal estadounidense que vive allí. Francamente, estas ilustraciones revelan el hecho de que el término *misionero* se ha convertido en la palabra más incomprendida del cristianismo moderno.

Hubo un tiempo en que el uso de la palabra *misiones* implicaba hacer un trabajo misionero, es decir, plantar una iglesia, formar a un nacional para que se hiciera cargo de esa iglesia como pastor, y luego pasar a la siguiente ciudad y repetir el proceso. Pero hoy en día las misiones se definen en cualquier número de escenarios, y francamente, la palabra se ha usado y abusado tan a menudo que muy rara vez tiene algo que ver con hacer un trabajo misionero real y bíblico -no es que ninguna de estas otras funciones sean en sí mismas incorrectas, malas o innecesarias. Tal vez sean en su mayoría de naturaleza valiosa, pero no hacen o requieren un misionero.

Tomemos por ejemplo lo que comúnmente se conoce como la "misión de rescate", que a menudo se encuentra en las zonas más pobres de las ciudades modernas. Se trata de lugares de refugio habitados por hombres y mujeres que han sucumbido y han sido vencidos por el alcohol y las drogas. Como resultado, estos "down and oututers" han perdido la vida normal que llevaban antes. Acuden a la misión de rescate para estar con sus amigos, recibir instrucción y ánimo, conseguir comida, refugio y, con suerte, recuperar su vida algún día. Estos lugares se denominan misiones de rescate porque el objetivo de los fundadores o líderes de estas misiones es rescatar a aquellos que están en extrema necesidad de dicha ayuda. Así que, en este sentido, la palabra misión puede referirse a una lucha o a un reto que se ha puesto ante la gente.

Pero bíblicamente hablando, en referencia a la palabra *misiones*, me refiero al *trabajo de los misioneros*, que es la plantación de iglesias y la formación de otros para el ministerio. Por esa razón, muchas personas ya no asocian el trabajo misionero con el de ser un misionero. Así, por ejemplo, las misiones de hoy incluyen, pero no se limitan a, las misiones de jóvenes, las misiones a los ancianos, las misiones a los comedores de beneficencia, y las misiones que incluyen la enseñanza en colegios bíblicos, el trabajo en orfanatos, centros de alimentación, e incluso hacer el trabajo mecánico para los misioneros que son pilotos. Las misiones se han transformado en cualquier número de lugares.

Ninguna de estas áreas de servicio está mal en sí misma; de hecho, son ministerios muy valiosos que necesitan ser realizados y deben ser apoyados. La cuestión es que quizás deberían llamarse "ministerios", no misiones. Uno podría preguntarse si es tan importante tomarse la molestia de hacer un punto sobre la distinción de ser llamado misionero que alguien como yo podría escribir un libro entero sobre el asunto. Después de todo, es solo semántica, ¿o no?

Quiero ilustrar por qué creo que el abuso del término es un error doctrinal que ha traído un daño irreparable a la causa de Cristo. La mayor parte de la cristiandad todavía opera bajo la creencia de que el cargo de pastor debe estar reservado a un hombre. Soy consciente de que en la cultura actual, el siglo XXI, esa creencia ofende a algunos. Sin embargo, en lugar de preocuparme por lo que es ofensivo para el hombre, me preocupa más lo que es ofensivo para Dios; ya sabes, como la gula, el chisme, la siembra de la discordia... ooops, me salí del tema.

¿Dónde estaba? Oh sí, la Biblia dice en I Timoteo 3:2 que un pastor debe ser esposo de una sola mujer. Obviamente, esta Escritura enseña que una mujer no debe ser pastora porque no puede ser marido de una sola mujer. ¿Significa eso que Dios es antifemenino? No. ¿Significa que las mujeres no son capaces? No. ¿Significa que una mujer no puede ser tan buena pastora como un hombre? No. ¿Significa que ella no puede estudiar la Palabra de Dios con tanta profundidad como un hombre? No. Simplemente significa que Dios Todopoderoso, por cualquier razón que fuera importante para Él, aunque ya no lo sea para la cultura de Estados Unidos, determinó que la posición de pastor que Él creó debía dejarse a un hombre calificado, no a una mujer.

¿Cuál es el punto que estoy tratando de hacer al abordar este tema? Simplemente que las mujeres en nuestras iglesias bíblicamente sólidas hoy en día están extremadamente dotadas para la enseñanza. Las mujeres con múltiples dones son maestras, pero nunca se dirigirían a ellas como "Pastor". A la "Hermana Jones" no se le llama la pastora de la clase de la escuela dominical de tercer grado; se le llama la maestra. Por la misma razón, el hermano Jones es el maestro de la clase de la escuela dominical de quinto grado; también se le llama maestro. ¿Por qué no se les llama pastores? Después de todo, están enseñando, y eso es lo que hace un pastor. También están instruyendo, orando y cuidando a los miembros de su clase como lo haría un pastor, pero no se les llama pastores. ¿Por qué? Porque no son pastores y porque a los pastores no les gusta compartir el título que se han ganado con tanto esfuerzo con aquellos que no han hecho el esfuerzo de ganarse esa posición. Por último, porque simplemente no son pastores; son maestros.

Tenemos hijos, amamos a nuestros hijos y somos buenos padres. Sin embargo, nunca podré ser la madre de mis hijos. Puedo llamarme a mí mismo su madre, e incluso puedo pedirles que me llamen "mamá", pero aun así nunca seré su madre.

Cuando murió mi primera esposa, intenté desempeñar el papel de padre y madre, pero fracasé estrepitosamente. Me sentí incapaz de cumplir el reto que tenía ante mí. ¿Significa esto que una madre ama más que un padre? No. ¿Significa que una madre se preocupa más que un padre? No, simplemente significa que un hombre no puede ser una madre. Puede hacer el trabajo de una madre, puede estar en el lugar de una madre, pero no puede ser una madre.

Muchas mujeres sabias y maravillosas han construido grandes ministerios. El Nuevo Testamento enumera a varias, incluyendo a Priscila, la esposa de Aquila, que ayudó a su marido a formar a Apolos, uno de los líderes de la Iglesia primitiva. No se da ninguna diferencia en la Escritura entre la influencia que Priscila tuvo sobre Apolos en comparación con la influencia que Aquila tuvo sobre él. Eran, a todos los efectos prácticos y por lo que revelan las Escrituras, iguales. Es posible que Priscila tuviera incluso una mayor influencia sobre él que su marido, pero la Escritura no nos lo dice. El punto es que la semántica es importante porque la semántica puede cambiar el significado de una palabra.

Quisiera compartir otro ejemplo. Una diferencia semántica en la religión moderna es la definición del término *bautismo*. Yo soy bautista, y los bautistas creen que el bautismo debe hacerse por inmersión. Otros creen que puede hacerse por aspersión o colocando literalmente una gota de agua en la cabeza del converso. Algunos cuestionarían si eso es o no un gran problema. Bueno, para los que no estudian la Palabra de Dios o para los que no atribuyen preeminencia o autoridad a la Palabra de Dios, quizás no sea importante. Para aquellos que dan más valor a la cultura y/o a la tradición que a la Escritura, tal vez no sea importante. Pero para los que buscan y anhelan la verdad y quieren saber cómo se definió y se realizó algo, supone un mundo de diferencia. ¿Cómo se puede saber cuál es la verdadera forma de bautizar?

La respuesta es muy sencilla: mirando el lenguaje en el que se escribió la Escritura. Al hacerlo, el estudiante descubrirá que la palabra para *bautismo*, o el verbo, *bautizar*, en el idioma griego en el que se escribió el Nuevo Testamento, significa literalmente "sumergir, mojar, o hacer que se moje completamente". Esta directriz solo puede cumplirse a través de la forma de bautismo conocida como inmersión, en la que alguien se mete en un estanque de agua o en un río o en un lago o en un océano y se sumerge literalmente, totalmente, al 100% en el agua. Cualquier otra cosa no es literalmente bautismo.

La gente puede llamar a su método bautismo. Pueden querer que se conozca como bautismo. Pueden cambiar la definición del verbo para convertirlo en bautismo desde un punto de vista moderno y cultural. Pero cambiar su práctica nunca borrará el hecho de que no es el bautismo como fue diseñado y decretado por el Espíritu Santo. No obstante, hay millones -si no decenas de millones, o incluso cientos de millones- de personas vivas en este planeta hoy en día que creen que han sido "bautizadas" porque fueron rociadas o porque un sacerdote les puso una gota de agua en la cabeza cuando eran bebés. Estas personas bien intencionadas no han sido bautizadas según la Biblia.

Cuando todos estemos frente a Dios algún día, ¿por la definición de quién crees que Él determinará si una persona fue bautizada o no? ¿Crees que gobernará por la definición que dio cuando inspiró la Escritura? ¿O crees que se remitirá a la definición de los hombres que, por intención o ignorancia, decidieron cambiar el significado de la palabra por sus propias razones teológicas?

Cuando enseño en cualquier parte del mundo, explico el cambio de terminología/definición de la siguiente manera: Puedo llamar mesa de ping-pong al micrófono que utilizo para amplificar mi voz. Entonces puedo ir al extranjero, donde la gente nunca ha visto un micrófono o una mesa de ping-pong, mostrarles el micrófono y decirles: "Esto se llama mesa de ping-pong". Puedo llegar a ser tan eficaz en mi persuasión que, con el tiempo, todo el mundo en ese país creerá que un micrófono se llama, de hecho, mesa de ping-pong. Algún día, tal vez incluso el mundo entero lo llame mesa de ping-pong, pero la realidad es que, independientemente de cómo lo llame, sigue sin ser una mesa de ping-pong; es un micrófono.

¿Qué relación tienen estas ilustraciones con la definición de las *misiones* y los *misioneros*? Una misión es simplemente el acto de llevar el Evangelio a grupos de personas (tribus o grupos étnicos) que nunca antes habían escuchado el Evangelio. Cada vez que se lleva a cabo ese plan, se ha realizado el acto de las misiones. Cada vez que se hace algo menos que eso o diferente a eso, no está mal. Sin embargo, eso no es hacer misiones.

¿Está mal alimentar a personas hambrientas? No. Final Frontiers alimenta a miles y miles de personas hambrientas cada semana. En la actualidad, se proporciona más de un cuarto de millón de comidas al mes. ¿Es un pecado que nuestro ministerio haga eso? No, pero alimentar a personas hambrientas no es una misión; es un "ministerio" de las iglesias locales en las que participamos, y las familias y las iglesias también deberían ayudar a financiarlo. Final Frontiers realiza este "ministerio" porque alguien fue allí como "misionero" y dio a luz una iglesia local desde la que otros pueden ahora "ministrar".

En otras palabras, las misiones eran el acto de ir a esa aldea que, hasta donde se sabía, nunca había tenido una presentación clara del Evangelio y establecer una iglesia local, autopropagada, creyente en la Biblia y que enseñara la Biblia, y equiparla para hacer el trabajo del ministerio que incluye cuidar a la viuda y a los huérfanos y alimentar a los que tienen hambre, visitar a los que están en prisión, etc. ¿Cómo se logra este objetivo? Los misioneros son enviados a predicar el Evangelio a personas que nunca han escuchado el mensaje, a convertirlas, a bautizarlas y a procurar que se les enseñe a fondo la Palabra de Dios. El propósito principal es equipar a estos aldeanos para que hagan lo mismo en las aldeas de más allá. En esta forma de hacer la obra misionera, la aldea A oye el Evangelio, luego la aldea B lo oye, y la aldea C, y así sucesivamente hasta que toda la región queda expuesta a la Palabra de Dios, así como al mensaje de la gracia y la gloria de

Dios. Este proceso misionero comienza con los misioneros y termina con los ministros.

¿Realmente importa? Sí, creo que sí. Las palabras tienen significados, y los significados tienen consecuencias.

Mi padre fue operado hace años de un by-pass en el corazón. Para llegar a su corazón, los médicos tuvieron que usar un bisturí para cortar su pecho; luego partieron su esternón y lo separaron. ¡Ay! ¿Era necesario un cardiocirujano para cortar esa capa externa de piel? Por supuesto que no. Por otro lado, supongamos que el cirujano hubiera pedido a un interno o a una enfermera que cortara la piel (y es muy posible que lo hiciera). ¿Convierte eso al interno o a la enfermera en un cirujano cardíaco? Por supuesto que no. Es cierto que ambos cortaron la piel; sin embargo, un miembro del equipo médico hizo mucho más que los demás porque estaba capacitado, equipado y tenía experiencia.

Siguiendo esa lógica, supongamos que todos los puestos médicos fueran etiquetados como "médico". No realizan ninguna tarea diferente. Siguen pesando a los pacientes, tomándoles el pulso y la presión sanguínea, e incluso cambiando las bandejas de la cama. La única diferencia que se observa es una diferencia en el título. Ahora todos se llaman "médicos". ¿Cuál será el resultado final? Nadie tendrá idea de quién es el verdadero "médico" o, peor aún, qué es un verdadero médico. La importancia y la necesidad del "verdadero" médico disminuirán. Las personas no cualificadas causarán estragos en los pacientes de todo el mundo. Los costes serían astronómicos e inasequibles porque cada puesto de trabajo tiene ahora el salario de un médico, en lugar del de una enfermera, un técnico o un caramelero. Me imagino cuál sería la factura si todos fueran médicos.

Lo mismo ocurre con ser misionero. El hecho de que una persona reparta un tratado, construya un orfanato o repare el motor de un avión o de un Range Rover no le convierte en misionero, aunque los misioneros también realicen ese tipo de tareas. Puede calificarlo como pasante o asistente, pero no como misionero.

¿Por qué es importante? Quiero expresarlo así: ¿Por qué importa que dos hombres o dos mujeres no puedan "casarse" entre sí? Después de todo, el *matrimonio* es solo una palabra, y las palabras no importan, ¿verdad? Cuando dos personas "viven juntas", no se les llama "casadas"; más bien se dice que "viven juntas". ¿Por qué? El *matrimonio* es solo un término. Estas distinciones se hacen porque las palabras tienen significados, los significados tienen consecuencias, las consecuencias cambian la cultura y, en última instancia, el mundo. Abusar del uso de una palabra puede cambiar su propia definición, y el mismo acto de cambiar la definición hoy cambiará la cultura (o la doctrina) mañana.

Debido a que se ha abusado de la definición del término *misionero* en las últimas décadas, también se ha abusado de la posición, el carácter y las calificaciones de este don preliminar de Dios a la iglesia. Las verdaderas misiones han sido sustituidas por cualquier número de ministerios bien intencionados, necesitados y loables, hasta el punto de que la mayoría de los misioneros que sirven hoy en el mundo ni siquiera son predicadores. Lamentablemente, estadísticamente, la mayoría de los misioneros no plantarán una nueva iglesia ni entrenarán a otro hombre para el ministerio en toda su carrera. Cuando esa presencia misionera se va, nadie ha sido entrenado para tomar su lugar, excepto otro "misionero" extranjero. La iglesia nacional, que no tenía ningún concepto de la definición bíblica, está ahora produciendo, por ejemplo, "ministros" en lugar de "misioneros" y es totalmente inconsciente de su error.

La iglesia de Dios deja de expandirse porque los expansores han sido reemplazados por los mantenedores. Los mantenedores no salen en busca de pueblos o tribus no alcanzadas. Se quedan en sus propias iglesias y hacen carrera predicando en las cárceles los domingos o repartiendo folletos en las calles. Hacen lo que vieron hacer a su "misionero", y el mundo sigue sin ser alcanzado.

A esto hay que añadir el hecho de que los fondos de las misiones para los verdaderos misioneros están siendo consumidos por los misioneros no misioneros en lugar de ir a los plantadores de iglesias. Desde luego, ese gasto es perfectamente aceptable para aquellos que quieren utilizar sus fondos misioneros de esa manera. Sin embargo, el dilema de dónde utilizar el dinero de las misiones es una gran parte de la causa que ha creado un vacío en la financiación de la plantación de iglesias. En los últimos años las estadísticas revelan que solo 1 de cada 100 dólares que se dan a las iglesias en Estados Unidos se utiliza realmente para financiar a los misioneros. El ochenta por ciento de esos dólares destinados a las misiones se destinan en realidad a apoyar causas sociales en lugar de fundar nuevas iglesias. De los 20 centavos restantes, 19 se utilizan para financiar a los misioneros que están sirviendo en tierras que tienen alguna exposición al Evangelio, y solo un centavo se utiliza para financiar a los misioneros que van a predicar al mundo Una población que nunca ha oído el nombre de Jesús.

¿Todavía te preguntas si es importante abusar del término *misionero*? En lo que resta de este libro, por favor, comprenda que siempre que se habla de misiones, me refiero a la definición bíblica, en contraposición a la definición moderna, cultural y secuestrada. Una vez más, quiero subrayar que no me opongo a la labor que realizan otras personas; las aplaudo. Final Frontiers también realiza su ministerio a través de los auspicios de la televisión cristiana, la radio, o escribiendo tratados y libros (como éste). Final Frontiers también lleva a cabo otros ministerios, como el establecimiento de institutos y colegios bíblicos o la enseñanza en escuelas primarias o la instrucción de las madres en materia de higiene en estos lugares más pobres. Del mismo modo, nuestros otros ministerios también se involucran en la alimentación de niños y viudas hambrientos (de hecho, actualmente proporcionamos más de un cuarto de millón de comidas al mes en todo el mundo), o en la prestación de atención médica y dental, o en el contrabando de Biblias en países islámicos y cerrados.

A los que están ministrando de diversas maneras, por favor, sigan haciéndolo, hagan más, animen a otros a unirse a ustedes, y háganlo para la gloria de Dios. Sin embargo, por favor, no lo llamen *misiones*; más bien, refiéranse a ello con orgullo y honestidad por lo que es: ministerio. Hacer lo contrario diluye el término y debilita la definición que Dios dio a las *misiones*. Aquellos que llaman a su trabajo ministerial *misiones* niegan el propio don y llamado de Dios en su vida porque, como ya he explicado, Él no llamó a todos a ser misioneros. Un misionero es llamado a plantar la iglesia, pero el proceso de maduración del creyente pertenece al evangelista, al profeta (predicadores y maestros), y a los pastores que entrenan a los convertidos para hacer el trabajo del "ministerio" y llevar a la gente a la madurez espiritual. Después de todo, si todo el mundo quiere ser llamado el mariscal de campo, entonces ¿quién llamará la jugada en el huddle?

Los chefs profesionales no permiten que sus pasantes sean llamados "chef", ni un pasante se atrevería a llamarse a sí mismo. En primer lugar, sería reprendido por el chef y, en segundo lugar, sabe que desmerecería el propio término porque no está cualificado para ostentar el título. Un cirujano no permite que su interno se llame "cirujano", ni el interno se atrevería a hacerlo por las mismas razones. Este punto es válido para los soldadores, la policía, los militares y casi todos los oficios. Los ayudantes del Congreso están orgullosos de ser lo que son, y algunos pueden incluso saber más sobre el trabajo que el congresista recién elegido al que sirven. Aun así, no se refieren a sí mismos como congresistas, y se avergonzarían de trabajar para un jefe que no se llamara a sí mismo congresista. Los equipos de boxes son personas muy cualificadas y motivadas que se sienten honradas de ocupar y tener sus puestos, pero nunca se llamarían a sí mismas conductoras. Saben que no pueden hacer lo que hace el piloto, y son plenamente conscientes de que él no puede hacer lo que hace el equipo de boxes.

Creo que llamar a todo el mundo misionero que hace un trabajo ministerial fuera de una iglesia local o en un área que no es donde viven degrada la posición y la definición de los *misioneros*. Después de todo, estos supuestos misioneros pueden tener un llamado diferente en sus vidas. No me gustaría que me llamaran "pastor", y no creo que los pastores quieran ser llamados "misioneros" tampoco.

Quiero compartir un ejemplo. Cuando era un niño, quería aprender a dar testimonio a la gente. Un laico de mi iglesia, la Iglesia Bautista de East Lake en Atlanta, llamado Bobby Oswalt tenía una gran carga por los hombres que estaban en las cárceles. Todos los domingos, después del almuerzo, iba a varias prisiones o cárceles en el área de Atlanta para testificar a los prisioneros. Una vez preguntó si alguno de los chicos de su clase de escuela dominical quería ir. Yo no estaba en su clase, pero mi hermano mayor, David, sí, y David mencionó la invitación. Yo tenía muchas ganas de ir, pero aún no tenía la edad suficiente. Por alguna razón, ninguno de sus alumnos de la escuela dominical pudo ir, pero yo tenía tantas ganas de ir que me dolía.

Todas las historias que recordaba eran de un anciano, como Moisés o Abraham, sirviendo a Dios. Recuerdo que pensé: "No puedo esperar a ser viejo y canoso para poder servir a Dios también". De la nada parecía llegar esta oportunidad de visitar al Hermano Oswalt, pero, por desgracia, yo era todavía demasiado joven. Desesperado, finalmente le pregunté: "¿Puedo ir?". Esperaba que dijera que no porque no tenía la edad suficiente para estar en su clase. Para mi sorpresa, aceptó llevarme si mi padre lo aceptaba. Afortunadamente, tenía un padre que nunca hizo nada en su vida para desanimar a ninguno de nosotros a servir a Dios, así que le dio una alegre afirmación al Sr. Oswalt. Los dos comenzamos a ir a las cárceles.

Semana tras semana lo escuchaba testificar a los prisioneros y lo veía llevarlos a Cristo. Finalmente, varios meses después, solo él y yo nos aventuramos en un día, y había más celdas de las que él podía visitar. Tenía muchas ganas de atacar e imitar lo que había aprendido de él, pero era tan tímido, tan nervioso y tenía tanto miedo. Por unos momentos, como Jacob en una colina polvorienta, luché con el Señor, y a cada golpe de excusa que daba, Él me contragolpeaba, tirándome al suelo, por así decirlo. Me balanceaba de un lado a otro, queriendo moverme pero con miedo, hasta que finalmente me alejé del Hermano Oswalt hacia el ruido que podía oír procedente de una celda en la que había siete hombres en el fondo del edificio.

Asustado como un niño de 12 años, llevé mis primeras almas a Cristo ese día. Cinco de los siete hombres aceptaron al Señor. Uno de ellos rechazó con lágrimas a Cristo, negándose a aceptarlo, aunque sabía que debía hacerlo. Uno de ellos se durmió durante toda la presentación del Evangelio. (¡Todavía es común que la gente se duerma durante mis sermones 43 años después!) Bobby mantuvo este horario todos los domingos durante años, desde que lo conocí. No he visto a

Bobby Oswalt en probablemente 40 años, y por lo que sé, si todavía está vivo, sigue visitando las cárceles, ganando almas para Cristo. Bobby nunca, que yo sepa, fue a una iglesia y pidió a la gente que lo apoyara en su ministerio en las prisiones. Que yo sepa, nunca se refirió a sí mismo como un misionero en las prisiones. Verás, el término *misionero* aún no había cambiado su significado en 1968. La idea de que un misionero es un plantador de iglesias no empezaría a desintegrarse hasta dentro de diez o quince años.

Hoy en día, en toda América, cientos de hombres trabajan para conseguir apoyo como misioneros en las cárceles. La idea detrás de la búsqueda de apoyo es: "Debes apoyarme para que pueda dejar mi trabajo secular y estar a tiempo completo en el ministerio de predicar en las cárceles". Los que le apoyan suponen que lo hace cada día (y estoy seguro de que algunos lo hacen). ¿Está mal apoyar a estas personas como misioneros en las cárceles? Yo creo que sí. No creo que esté mal apoyarlos; creo que está mal apoyarlos como misioneros. ¿Por qué? Porque no son misioneros, son evangelistas. No van a un lugar y probablemente ni siquiera a un pueblo y ciertamente no a un grupo de personas que nunca han sido expuestas al nombre de Jesucristo y al Evangelio de nuestro Salvador. Eso es lo que hace un misionero.

Entonces, ¿por qué se llaman "misioneros"? Por una de dos razones: la primera es la ignorancia y la segunda es la realidad de que piensan que ninguna iglesia los apoyará como "evangelistas", pero que serán fácilmente apoyados como "misioneros". A ellos les diría: "Recuerden el ejemplo de Lester Roloff".

Hablar a los que no se habla es lo que hicieron Pablo y Timoteo, entre otros que son ejemplos de misioneros en el Nuevo Testamento. Usted podría decir: "Bueno, ¿y qué hay de Santiago?". ¿Qué pasa con él? No era un misionero; era el pastor de la iglesia de Jerusalén, y Jerusalén ya no era un campo de misión.

Como K.P. Yohannan afirma con precisión en su libro *Revolution in World Missions*, Jerusalén dejó de ser un campo de misión después de Pentecostés y se convirtió en una parroquia. La gente iba a la iglesia todos los días, de casa en casa. La gente de allí conocía la Palabra de Dios porque a los judíos se les había enseñado en sus escuelas desde la infancia; todo el mundo en Jerusalén sabía quién era Jesús, incluidos los romanos y los visitantes del mundo conocido. Todos los que vivían allí sabían lo que había ocurrido semanas antes de Pentecostés. Sabían cómo Jesús había sido crucificado y resucitado. Jerusalén no era un campo de misión. Pretender ser un misionero en Jerusalén en los días después de Pentecostés sería comparable a entrar en la Primera Iglesia Bautista de Atlanta y testificar a los miembros, pensando que eres un misionero. ¡No, no lo eres! Eres un predicador o quizás un evangelista o un exhortador. Eres cualquier cosa que seas, pero no eres un misionero-aunque hayas venido de Corea o Kenia para hablar a esta gente de la iglesia. El lugar de donde vienes comparado con el lugar donde estás sirviendo no es lo que te hace un misionero.

Mi punto es este: cuando el título de misionero es usado tan libremente por cada persona que hace cualquier ministerio fuera de una iglesia local, lo que un misionero realmente es y hace ha sido disminuido.

❖

Ya he mencionado a mi amigo Tommy Tillman, que es un misionero entre los leprosos del sudeste asiático. Él, junto con Bobby Oswalt, tuvo la mayor influencia en mi vida en el ministerio. Bobby fue usado en mi vida cuando era un niño, y Dios usó a Tommy en mi vida cuando era un adolescente.

Con la personalidad tan divertida que tiene, Tommy decidió escribir una carta de broma a las iglesias que le apoyaban. Ya sabes cómo son los bromistas. Utilizó un nombre loco, típicamente sureño, que solo a Tommy se le podía ocurrir. El ímpetu de su carta era algo así: "Me llamo Bubba Bodunkas. Vivo en el sur de Luisiana y he estado paseando por la playa. Me inquieta la visión de las gaviotas muertas que aparecen en la orilla. Todas han recibido disparos de perdigones, y he visto a un hombre caminando por la playa con una escopeta, disparando a las gaviotas que vuelan por encima. Estoy tan preocupado por la destrucción de las gaviotas, que he decidido convertirme en un misionero de los asesinos de gaviotas. Ese es mi propósito al enviar esta carta a su iglesia. Quiero que consideren apoyarme en este esfuerzo".

Hay que tener en cuenta que se trataba de una carta de broma que Tommy envió desde su propia oficina con un membrete inventado que decía: "Bubba Bodunkas, Misionero de los Asesinos de Gaviotas, Nueva Orleans, Luisiana". Obviamente, cualquiera que fuera realmente observador se habría dado cuenta de que la dirección del remitente era suya. ¿Creerías que recibió tres cheques en el correo de tres de sus iglesias de apoyo? Tres iglesias diferentes enviaron su apoyo a un "misionero de los asesinos de gaviotas", ¡sin haberlo visto!

Todo tipo de "misionero" busca apoyo. Es hora de que las iglesias de Estados Unidos vuelvan a lo que realmente es el apoyo a las misiones y no a lo que su ignorancia o su ego quisieran que fuera.

❖

Era el 18 de octubre de 1992, cuando me encontré en la ciudad de Londonderry, New Hampshire. George Bush acababa de ser derrotado por Bill Clinton, que había jurado su cargo. Me habían invitado a ser el orador en la conferencia de la misión que se celebraba en la Londonderry Bible Church. No estaba solo, ya que había otros siete u ocho misioneros presentes con sus familias. Esto fue en los primeros años de nuestro ministerio. El término *predicador nacional* estaba empezando a ser aceptado en la jerga de nuestra iglesia como un término con significado. No obstante, la mayoría aún no había comprendido que todos los pastores son pastores nacionales. Cuando oía a los otros misioneros presentes hablar de mí en voz baja y burlarse de mí, no podía evitar lamentar el hecho de que mientras reprendían a los *nacionales*, también se reprendían a sí mismos sin darse cuenta.

En la conferencia había una joven pareja, Mark y Laura Glodfelter, que parecían escuchar con entusiasmo todo lo que tenía que decir y estaban intrigados por nuestro método de hacer misiones. Antes de que terminara la semana, les propuse trabajar para Final Frontiers. Estaba encantado de haber conseguido nuevos "conversos", pero su entusiasmo se disolvió pronto cuando su pastor de cabecera les dijo que evitaran Final Frontiers porque nunca había oído hablar de nosotros. Obedientemente, se fueron a Inglaterra como misioneros, durante menos de un trimestre y regresando a casa desilusionados por las prácticas poco éticas del misionero al que habían sido enviados a ayudar. Ese misionero en particular, ahora divorciado y fuera del ministerio, estaba gastando su tiempo y consumiendo su apoyo, no en la predicación y la plantación de iglesias, sino en viajar por toda Europa y comprar antiguos manuscritos bíblicos que luego vendía con un gran beneficio. Mark regresó a casa desanimado, pero con razón, diciendo que no había ido a Inglaterra a vender Biblias, y que si eso era lo que iba a tener que hacer, más le valía volver a casa.

Probablemente, el pastor de Mark nunca ha oído hablar de Final Frontiers, excepto por aquel evento en el que Mark nos presentó. Sin embargo, a pesar de ser desconocidos, ahora estamos operando en más países que cualquier otra organización misionera bautista y tenemos más misioneros en el terreno que cualquier otra organización bautista, excepto la Convención Bautista del Sur. Y me atrevo a hacer una distinción entre tener misioneros que están de permiso o deputación en contraposición a los que están sirviendo en el campo en un momento dado. Verán, la mayoría de las agencias misioneras tendrán al menos un 20% de sus misioneros de permiso en un momento dado y al menos ese número o más de "misioneros" que están empezando o todavía en deputación (y puede que nunca lleguen al campo). Además, muchas agencias cuentan a los esposos como dos. Nosotros no lo hacemos. Podríamos, pero no lo hacemos. ¿Por dónde iba? Ah, sí...

Esa semana, durante los servicios vespertinos, cada noche se asignó a un misionero diferente para que enseñara una clase combinada de niños mientras yo hablaba cada noche a los jóvenes y adultos en el auditorio. El "salón de la confraternidad" estaba decorado por las exposiciones de los misioneros en mesas que se alineaban en la circunferencia del salón. Cada noche, después del servicio, todos nos colocábamos obedientemente junto a nuestros expositores, con la esperanza de hablar a los miembros que se reunían para tomar un café y un aperitivo. Una de esas noches, cuando la mayoría de los miembros de la iglesia se habían marchado, Mark y su mujer vinieron a verme y comentaron que los demás misioneros se burlaban de mi "expositor".

Verán, yo no tengo ninguna. Todo lo que hago, como muchos ya saben, es colocar en mi mesa carteras de varios predicadores que necesitan apoyo y copias de nuestro *Informe de Progreso*. Supongo que podría hacer una exhibición, pero estoy allí con un propósito, y ese propósito no es entretener con baratijas, "enlatados" extranjeros y fotos de trampas para turistas. Mi trabajo es conseguir que los predicadores estén patrocinados, nada más, nada menos, nada más.

La última noche de la conferencia, el pastor hizo que toda la iglesia se reuniera en el auditorio y pidió a los niños que mostraran los dibujos que habían hecho basándose en las historias que los misioneros les habían enseñado. Sin embargo, había seleccionado a la clase de niños de tercer o cuarto grado para que escribieran un resumen de "Lo que hacen los misioneros". Recuerden ahora que esto debía hacerse con sus propias palabras, basándose en las lecciones que les habían enseñado y en los testimonios que habían escuchado cada noche en sus clases combinadas de niños.

Mientras el programa continuaba, todos admiramos las imágenes y disfrutamos de las canciones misioneras que habían aprendido. Entonces, un niño se acercó al micrófono y anunció con orgullo que durante la semana habían aprendido todo lo que hacen los misioneros. Luego resumió todo lo que había escuchado en una lista de tres cosas. Estoy seguro de que sus padres y todos los demás esperaban con expectación lo que sus hijos habían aprendido y no podían dejar de preguntarse cómo este conocimiento afectaría o podría afectar al resto de sus vidas. Haciendo una pausa para tomar aliento, el joven dijo: "Las tres cosas que hacen los misioneros son… número uno, matan serpientes; número dos, trabajan en el jardín; y número tres, no consiguen que venga suficiente gente a la iglesia".

La congregación se quedó atónita, y durante un breve momento que pareció una eternidad, la tumba de un faraón tuvo más sonido y movimiento que aquella iglesia. Quedé impactado al pensar en lo que aquellos niños habían deducido de todos los testimonios de los misioneros y, al mismo tiempo, me sentí avergonzado por ellos. Y luego, me enfadé -no con los niños, ni siquiera con los misioneros- sino con la realidad de que esta es la materia de la que está hecho el fracaso.

No es de extrañar que nuestros jóvenes no se ofrezcan como voluntarios para las misiones si esta es la imagen que les presentamos. Es una imagen de pereza, holgazanería e incompetencia. No es que esas descripciones sean merecidas, pero por lo que se les enseñó durante cinco noches, eso es lo que los niños se llevaron. Merecida o no, esa fue la imagen que dieron de la vida y el ministerio de un misionero.

Cuando crecía, los misioneros me eran presentados como los héroes de la fe. A mis ojos, eran gigantes -como Paul Bunyans espirituales- que se lanzaban a las puertas del infierno. Eran los dueños de sus tierras, los supervisores de los viñedos de Dios, los embajadores del Cielo. Podían, como el rey David, atravesar una tropa o saltar un muro. Eran los "hombres poderosos" de Dios.

Cuando hablaban en nuestra iglesia, yo intentaba sentarme junto a ellos o detrás de ellos. Mi familia los llevaba a comer o los recibía en nuestra casa, y yo me quedaba sentado durante horas en la noche escuchando sus historias de conquista espiritual. Nunca esperé que un misionero pudiera siquiera deletrear la palabra *fracaso*, y mucho menos que lo fuera.

Tuvimos la bendición de conseguir el patrocinio de varios predicadores esa semana. Algunas de esas mismas familias siguen apoyando fielmente a sus predicadores nacionales cada mes, aunque muchos se han trasladado a otras iglesias en otros estados. ¡Qué fruto tan abundante han almacenado en sus cuentas celestiales después de estos muchos años! Mark ahora pastorea la Iglesia Bautista de Walnut Avenue en Pensacola, Florida, y ha llevado a su iglesia a apoyar a varios predicadores y niños a través de nuestro ministerio. Siempre le digo que algún día se reconciliará con Dios y volverá a las misiones. Nuestras puertas están abiertas para él cuando llegue ese día.

¿*Sabías* que el 91% de las actividades de divulgación de los cristianos no se dirigen a los no cristianos, sino a otros cristianos en los países del mundo C?

¿*Sabías* que la mayoría de los grupos de personas no alcanzadas se encuentran en países de acceso restringido? Los misioneros occidentales ni siquiera pueden llegar a ellos.

CAPÍTULO 3

¿Qué es un campo misionero?

¿Sabías que aproximadamente el 80 por ciento de todo el dinero donado a las misiones por los creyentes norteamericanos se utiliza específicamente para la financiación de causas sociales, pero no para la predicación directa del Evangelio?

¿Dónde se puede encontrar un campo misionero?

Ahora que he abordado lo que realmente es (o debería ser) un misionero, quiero examinar con más detalle lo que es un campo misionero. Tal vez los tres segmentos de esta unidad - "qué son las misiones", "qué es un misionero" y "qué es un campo misionero"- podrían haberse abordado como un solo tema, pero por favor, tengan paciencia conmigo de nuevo mientras toco lo que es un campo misionero y dónde se puede encontrar uno.

Como ya he dicho, Jerusalén dejó de ser un campo de misión después de Pentecostés y habría sido mejor clasificarla como parroquia. No hay constancia de que las primeras iglesias enviaran "misioneros" a Jerusalén. Muchos de ellos (denominados apóstoles) residían en la ciudad, por lo que se puede argumentar que Jerusalén era un campo.

Personalmente, no estoy de acuerdo. Los apóstoles de Jerusalén vivían allí y en los pueblos de los alrededores antes de que se diera la Comisión. Jerusalén era lo que yo llamo base de operaciones. Lo que ocurría en Jerusalén por lo menos por un corto tiempo era evangelismo de saturación, como declara

Hechos 5:42 *"Y todos los días, en el templo y en todas las casas, no cesaban de enseñar y predicar a Jesucristo".* Jerusalén, es decir, la iglesia ubicada dentro de la ciudad se convirtió en el centro del cristianismo por un tiempo y fue la sede de su dogma y liderazgo a nivel mundial.

Después del año 70 d.C., cuando se cumplieron las profecías de Cristo sobre la destrucción de Jerusalén en Mateo 24, ese "centro" de la ciudad, o lo que quedó de él, se trasladó a Antioquía. Las "iglesias" consolidaron su autonomía individual y crecieron de forma natural sin una organización central ni ningún organismo dirigente internacional. Continuaron expandiéndose mediante el envío de misioneros a regiones que aún no habían sido expuestas al Evangelio.

No obstante, algunos de sus remanentes pervirtieron posteriormente la doctrina y las prácticas originales al fusionarse con la idolatría, el dogma y el ritual paganos e introducirlos. Estos restos se convirtieron en la Iglesia romana con sus ramificaciones en Siria, Egipto, Armenia, Rusia, etc.

Hasta ese momento, Jerusalén y los judíos eran en cierto modo como las naciones occidentales de hoy en día, en lo que respecta a la evangelización. Se encontraban encerrados en una filosofía y unos métodos que solo podían romperse con la vara de la diáspora. No querían, o quizás no podían, adaptarse a nuevos métodos y filosofías para alcanzar a los gentiles en lugar de dirigirse solo a los judíos, hasta que el Señor les obligó a hacerlo. Dios utilizó a un celoso Pedro con un sueño repetitivo para iniciar esta evangelización. Después de todo, se necesitó la influencia y el carisma de un Pedro para "llevarlo a cabo"; pero incluso él fue inicialmente reprendido por su infracción de la etiqueta cuando se atrevió a entrar en la casa de un gentil y dar testimonio a un oficial romano.

Mientras que Pedro "metió el dedo del pie en las aguas de la evangelización de los gentiles", Pablo se lanzó de cabeza a las profundidades. Él también sufrió los rumores, las acusaciones y las maldiciones de los "ancianos", tanto en la fe como fuera de ella, pero gracias a que se mantuvo fiel a su vocación, yo estoy escribiendo estas palabras hoy, y tú las estás leyendo. De lo contrario, podríamos seguir adorando a Thor y a sus secuaces como hicieron nuestros padres hasta que Pablo o uno de sus discípulos los convirtieron.

¿Cómo se ha seguido su ejemplo? Los cristianos que ganan almas tienen por costumbre desde hace décadas iniciar sus esfuerzos evangelizadores con la pregunta: "Si murieras hoy, ¿sabes con seguridad que irías al cielo?" Como esta cultura está tan arraigada en las Escrituras, no es una pregunta confusa. Sin embargo, los misioneros, tanto entonces como ahora, deben encontrar una forma de iniciar su testimonio que sea culturalmente comprensible y aceptable. Los judíos conocían a fondo el Antiguo Testamento y sus profecías mesiánicas y comprendían que muchos de su propia raza ya habían aceptado a Jesús como el Mesías prometido, antes y ciertamente después de Pentecostés. Incluso Aristóbulo (también llamado Eubulo) el hermano menor de Herodes Agripa, (y también suegro de Pedro) no solo lo había aceptado sino que también estaba entre los 70 que fueron enviados por Jesús y estaban sirviendo como misioneros en ese momento (Romanos 16:10; II Timoteo 4:21). Entonces los judíos tendrían que elegir entre aceptar o rechazar esa afirmación, y por lo tanto, testificar para ellos era el acto de probar desde el Antiguo Testamento que Jesús era de hecho el Mesías. Conocían las ramificaciones de rechazarlo, si de hecho era *Emanuel*, "Dios con nosotros". Estaban rechazando a Dios mismo, al igual que sus antepasados habían hecho repetidamente.

Pero los misioneros no podían comenzar su testimonio ante un gentil de la misma manera. Para los griegos, la muerte era definitiva; no existía el concepto de resurrección. De hecho, según Hechos 17, la mera mención de la resurrección era motivo de burla y rechazo de todo el Evangelio en sí. Para Pablo, hacer la pregunta "si fueras a morir hoy" no habría tenido sentido para ellos. La muerte estaba en manos de los dioses, y ningún hombre podía especular sobre cuándo llegaría su día, a menos que hubiera estado en el Oráculo de Delfos o que, como Sócrates, estuviera esperando un día señalado de ejecución. El Cielo era, a su entender, completamente desconocido para ellos, por lo que no había ningún deseo de ir allí y ningún temor de pérdida por no ir allí. El infierno, o el Hades, como lo llamaban, y como se menciona a menudo en el Nuevo Testamento, era simplemente el lugar o la morada de los muertos. El Hades no era un lugar alegre, pero ciertamente no era un lugar de fuego y azufre.

Por la misma razón, en el celo de un ganador de almas por testificar de Cristo hoy en día, no comprende que este método puede ya no ser culturalmente aceptable o incluso sabio en algunas culturas. En esta época de terrorismo y crímenes sin sentido, imagínese acercarse a un extraño hoy en día, mirar a ese hombre a los ojos y hacerle la pregunta "si fueras a morir hoy". Ahora agrave el efecto imaginando que el que hace la pregunta es un cristiano de piel aceitunada, pelo negro y aspecto "árabe" que trata de dar testimonio en la "Zona Cero" de la ciudad de Nueva York el próximo 11 de septiembre. Si el hombre al que se dirige nunca ha oído la pregunta, puede confundir al ganador de almas con algún tipo de loco asesino en serie o terrorista suicida.

Me doy cuenta de que muchos todavía utilizan este método de testificación y tienen buenos resultados, pero he estado en muchos lugares en los que hacer tal pregunta implicaría que estabas a punto de matar a la persona a la que estabas hablando. La mayoría de esos lugares estaban fuera de los confines civiles de los Estados Unidos, pero algunos estaban en los guetos de las principales ciudades estadounidenses. El testimonio simplemente debe adaptarse a la cultura. Después de todo, la salvación es el resultado del mensaje, no del método para transmitirlo.

❖

Entonces, ¿qué es un campo de misión? -Bueno, si las misiones son el acto de llevar el Evangelio a aquellos que nunca han escuchado el mensaje de salvación, entonces un campo de misión sería el lugar donde viven esas personas. La ciudad de Nueva York no es un campo de misión. Sé que esta afirmación decepcionará e incluso enfadará a algunas personas, especialmente a las que les gusta llevar a sus grupos de jóvenes a un "viaje misionero" de verano a la ciudad de Nueva York. Quiero explicarles.

Me gradué de la universidad bíblica en 1977 y me mudé al área de la ciudad de Nueva York con un grupo de personas para comenzar una iglesia. Algunos de los que hicieron este movimiento ya se han ido a estar con el Señor. (El líder y pastor de nuestro grupo era Max Helton, quien más tarde fundó Motor

Racing Outreach. Con nosotros estaba su familia, la familia de Bob Ross, Melba Largent, Barb Czuhajewski, y varias otras damas). Salimos solos, sin apoyo ni diputación. Mientras estábamos allí, conocí a otras personas que habían llegado a la ciudad de Nueva York más o menos por la misma época, y uno de ellos era un joven con el que había crecido personalmente de mi iglesia natal, la Forest Hills Baptist Church, pastoreada por Curtis Hutson.

Acepté un trabajo de profesor en una escuela cristiana al otro lado del río Hudson, en Saddlebrook, Nueva Jersey, para poder comprar alimentos. Mi padre y mi madre me dieron una tarjeta de crédito de gasolina para que pudiera tener gasolina para mi coche. Hasta algún tiempo después, nunca se me ocurrió pedirle a la gente que me apoyara.

Cuando empecé a reunirme con algunos de mis amigos que también estaban en esa zona, me enteré de que se habían ido de diputación para conseguir apoyo como misioneros a la ciudad de Nueva York antes de mudarse allí. Ese concepto me pareció algo extraño, pero me di cuenta de que les permitía estar a tiempo completo en el ministerio. Después de un semestre más o menos de enseñanza, me dije a mí mismo: "No he venido aquí a enseñar en la escuela; he venido a fundar una iglesia. Estoy teniendo que pasar tantas horas enseñando y conduciendo de ida y vuelta a la escuela que no estoy consiguiendo hacer nada". Así que decidí entonces que dejaría de enseñar y viviría por fe. Escribí unas cuantas cartas, las envié y conseguí suficiente apoyo para vivir. Recibía unos 500 dólares al mes en concepto de ayuda, y en 1978 podía sobrevivir aunque solo el alquiler consumía casi un tercio de ese dinero de ayuda.

Estos amigos míos, que eran todos buenos chicos, recibían apoyo en 1977 y 1978 como "misioneros en la ciudad de Nueva York". Algunos de ellos siguen siendo apoyados como misioneros en la ciudad de Nueva York en 2011. Para mí, este escenario es un poco ridículo. Ellos están testificando a las personas, llevándolas a Cristo, haciendo que se bauticen y enseñándoles la Palabra de Dios. Una parte de la Gran Comisión-enseñanza-incluye enseñar a los miembros sobre el diezmo y las ofrendas para apoyar el trabajo del ministerio y para apoyar al pastor. Sus propias iglesias deberían haber estado pagando su salario como pastor- no las iglesias de toda América.

Entonces, ¿por qué las iglesias de Omaha y Dallas y San Diego y Augusta y Minneapolis necesitan seguir apoyando a estos supuestos misioneros en la ciudad de Nueva York? Después de todo, ¿son las iglesias de toda América las que le dan su salario a su pastor, o es su iglesia la que le da su salario a su pastor? La respuesta es simple: las iglesias continúan apoyándolos porque generalmente, una vez que alguien es agregado a la lista de apoyo de una iglesia, se queda allí hasta que muere o hasta que otro pastor entra en escena con una agenda diferente. En ninguna iglesia gusta dejar de apoyar a un misionero por el sentimiento de culpa que se produce al hacerlo. Sin embargo, si el misionero les da a las iglesias que lo apoyan una excusa para hacerlo al no escribir, al cambiar de doctrina o, Dios no lo quiera, al mudarse a un nuevo "campo", entonces la mayoría de las iglesias saltarán ante la oportunidad de purgarlo de su lista de apoyo y salvar los siempre menguantes fondos misioneros.

❖

¿Qué es un campo misionero? Un campo misionero es un área donde hay gente (y literalmente una cultura o subcultura) que no ha sido expuesta al Evangelio. El argumento no es que muchas personas en la ciudad de Nueva York no hayan escuchado el Evangelio. He conocido personalmente a personas en las cárceles que no han escuchado el Evangelio, y he conocido a personas que viven a una cuadra de una iglesia bautista que nunca han escuchado el Evangelio. Eso no es lo que estoy diciendo. No es que estas personas no hayan escuchado personalmente el mensaje del Evangelio, sino que no ha habido exposición a ese mensaje. Un misionero es alguien que va y lleva el Evangelio a aquellos que nunca han sido expuestos a él.

Por ejemplo, el hombre de Macedonia que se le apareció a Pablo en un sueño en Hechos 16:9 diciendo: *"Pasa a Macedonia y ayúdanos"*. No sabía nada del Evangelio. El centurión que envió a los sirvientes a buscar a Pedro y traerlo de vuelta para predicar a su casa solo había tenido una visión del Evangelio, y quería ser expuesto a él. Como resultado, él y toda su familia se convirtieron. El carcelero de Filipos no sabía nada del Evangelio, salvo lo que había oído cantar a Pablo y Silas en la cárcel. Cuando se dio cuenta de lo que ocurría, preguntó en Hechos 16:30: *"Señores, ¿qué debo hacer para ser salvo?"*. Y los llevó a su propia casa, y toda su familia se convirtió. Existen multitud y multitud de ejemplos de verdaderos campos de misión.

En realidad, todos los países del mundo a los que se envían misioneros pueden no ser necesariamente campos de misión como países, pero pueden ser o contener algunos regionalmente o como tribus o clanes individuales. Por ejemplo, hace años un misionero en China llamado Hudson Taylor inició la Misión Interior de China. Como misionero en estos primeros días del "Movimiento Misionero Moderno", reconoció el hecho de que la mayoría de los misioneros se quedaban a salvo a lo largo de la costa de China en Hong Kong y en Shangai, aventurándose tal vez hasta el interior de Guangzhou (ahora conocido como Cantón). El hecho de saber que no se adentraban en China marcó en su corazón la necesidad de llegar a las masas que vivían en el interior del país. Así que fundó la Misión Interior de China y se hizo famoso por lo que pudo hacer en la evangelización de China. Como resultado, otros le imitaron y empezaron la Misión Interior de África, la Misión Interior de Sudán, y así sucesivamente.

¿Por qué? ¿China nunca había escuchado el Evangelio? Sí, la gente que vivía a lo largo de la costa había tenido contacto con el Evangelio, pero todos los pueblos del interior no. ¿No tenía Hudson Taylor una carga para los que vivían en la costa? Por supuesto que sí. ¿Había recibido cada persona en cada aldea, pueblo y ciudad a lo largo de la costa un testimonio personal de "si fueras a morir hoy"? Por supuesto que no. Entonces, ¿por qué Taylor abandonó a las masas de la costa en las ciudades más grandes y en la región más poblada de China para ir al interior, a los chinos nativos, a los pueblos tribales, a las masas incultas y analfabetas? Hudson Taylor comprendió que estas personas también necesitaban el Evangelio y que nadie más estaba dispuesto a llevarles el mensaje. Su carga revivió una doctrina que había sido malinterpretada y enseñada incorrectamente en los seminarios de la cristiandad, la comprensión de que la Comisión está dirigida a la evangelización y a la plantación de iglesias entre cada nación, definida literalmente como "grupos étnicos", y no a las fluctuantes fronteras geográficas.

Por cierto, en un esfuerzo por parecerse a los chinos para poder llegar mejor a ellos, Taylor abandonó su estilo europeo de vestir y se puso la ropa del "coolie", un trabajador ordinario. Llevó el tradicional gorro de cráneo, se dejó crecer el pelo y lo llevó en la "cola" (coleta), el peinado tradicional de un coolie. También abandonó la relativa seguridad del recinto misionero y vivió con un chino en una pensión para poder dedicar toda su atención a aprender y "convertirse" en chino. El resultado fue que su junta misionera le despidió y todas las buenas iglesias le dejaron de apoyar. Aun así, perseveró e hizo historia.

Ahora aquí hay una pregunta para ti: la mayoría de los cristianos conocen el nombre de Hudson Taylor, pero ¿puedes nombrar a uno solo de los misioneros veteranos "espirituales" de la junta que lo despidió?

❖

Tengo un cariño especial por la nación de Honduras, que ciertamente ha sido expuesta al Evangelio. Conozco siete canales de televisión cristianos en Honduras, o al menos en la capital. Probablemente todo el mundo tiene acceso al Evangelio. Si realmente han escuchado el mensaje del Evangelio o no, es una cuestión diferente. Fuera de la ciudad y después de viajar en burro o a pie, se pueden encontrar personas que no han sido expuestas al Evangelio. Por lo general, conocen el nombre de Jesús debido a la educación católica de los últimos 500 años en el país de Honduras. Sin embargo, no saben la primera cosa acerca de Quién es Cristo realmente o lo que Él ha hecho por ellos y lo que Él quiere hacer por ellos. No tienen idea de cómo Él sacrificó Su vida por ellos para que pudieran escapar de la condenación eterna y vivir con Él y Su Padre en el Cielo para siempre. No conocen estas verdades, por lo que se trata claramente de un campo misionero que existe dentro de un "país" que tal vez ya no califique como campo misionero. Típicamente, mientras existan grupos de personas o regiones que no han sido expuestas, ese país sigue siendo referido como un campo misionero. Tal vez el "país" en sí no deba ser clasificado como campo de misión; esa decisión depende de cada uno. Por otro lado, se debe informar que en Honduras todavía hay cinco grupos étnicos apenas alcanzados o no alcanzados. Estos pueblos son definitivamente un campo de misión.

En Guatemala, decenas de pueblos de grupos étnicos (tribus) de ascendencia maya no han tenido ninguna exposición al Evangelio. Todavía llevan sus trajes tribales, comen la comida de sus antepasados preparada de la misma manera y hablan el idioma de sus padres. De hecho, muchas de estas personas no hablan español; por lo tanto, no han tenido ninguna exposición a Cristo.

Lo que hay que hacer para cumplir la Gran Comisión es empezar a ver el mundo como un conjunto de grupos étnicos, no de naciones. Mi primer ministerio fue con el pueblo Akha en Tailandia, pero los Akha también viven en Myanmar, Laos, Vietnam y China. Cada uno es un subgrupo de la unidad. Su cultura es básicamente la misma, al igual que sus tradiciones, porque no están separados por fronteras geográficas, aunque éstas sean claramente visibles en un mapa. Los akha son una nación, al igual que los cherokees, los apaches y otros nativos americanos fueron denominados "naciones". ¿Dejaron los judíos de ser una nación cuando fueron llevados al cautiverio por Nabucodonosor? No. Adoptaron el estilo de vida, la vestimenta, el idioma y la cultura babilónica, luego meda y luego persa, pero siguieron siendo judíos hasta tal punto que Ciro pudo reimplantarlos fácilmente en su propia patria 70 años después.

Tal vez habría que separar las ovejas de las cabras en este punto describiendo bíblicamente lo que no es un campo de misión. No es la feria del condado. No es la cárcel del pueblo. No es la sala de justicia o el palacio de justicia. Estos son lugares donde los creyentes deben ir y evangelizar y ejercer una influencia, pero no son campos de misión. Son lugares de necesidad y oportunidades de ministerio, pero una vez que una cultura ha sido expuesta al Evangelio y ha comenzado a ingerirlo, esa cultura ya no es un campo de "misión". Es un campo de servicio. Es más bien un lugar que necesita al evangelista, al predicador, al pastor y al maestro. La buena obra ya ha comenzado; los cimientos ya han sido puestos. Ahora es el momento de levantar la estructura.

Una vez leí que alrededor del 85% de los misioneros que sirven hoy en día están trabajando en 13 países. Esta estadística, de ser cierta, es increíble. Apoya el punto que estoy tratando de hacer en cuanto a lo que es un campo de misión. Esa estadística significa que todavía hay 181 países del mundo (194 menos los 13), y todos los grupos étnicos que viven dentro de estos países, que todavía no están expuestos al Evangelio. Este conocimiento de las etnias no alcanzadas es lo que ha impulsado las misiones desde los tiempos de Pablo. Hudson Taylor vio que a los chinos de la costa se les presentaba el Evangelio una y otra vez, mientras que los del interior no estaban expuestos. Ni un solo misionero estaba dispuesto a aventurarse en las regiones del interior para alcanzar a los chinos a los que los misioneros supuestamente tenían tanta carga de alcanzar. ¿Era posible que sus patrocinadores solo quisieran que llegaran a los de la desembocadura del río Amarillo, pero no a los de su cabecera? Aunque Taylor encendió un fuego misionero que aún arde, el problema persiste; el mismo concepto anquilosado de las misiones contra el que tuvo que luchar, sigue apareciendo hoy en día.

❖❖

Cuando los pastores me hablan de una estrategia misionera para su iglesia, una de las cosas que más recomiendo es dirigirse a los grupos étnicos, no a los países. De lo contrario, los más necesitados -que están esperando que algún futuro samaritano considere su causa lo suficientemente digna como para interrumpir su agenda, lo suficientemente grave como para gastar su fortuna, y lo suficientemente lamentable como para dejar el suave camino por el que está viajando para ir a ellos donde están y como son- seguirán siendo pasados por alto -ignorados y no alcanzados.

La mayoría de los cristianos de hoy no conocen la verdadera definición de un misionero. Creen, como yo siempre creí, hasta que me involucré en el trabajo misionero, que un misionero es simplemente alguien que va de "aquí" a "allá" a predicar o alguien que deja su país para ir a otro país a comenzar y pastorear una iglesia. Por supuesto, hay excepciones con aquellos que se quedan en su propio país pero van a otras regiones o estados para ser misioneros. Es por eso que los predicadores de Georgia van a Wyoming, y los predicadores de Wyoming van a Alaska, y los predicadores de Alaska van a Maine. Se les llama "misioneros", mientras que los otros predicadores que ministran en esos mismos estados se llaman "pastores". La única diferencia real es que los pastores son financiados por su propia congregación o por una obra secular, y los misioneros son financiados por las iglesias de toda América. De hecho, he estado en iglesias en las que los miembros no sabían que su pastor se refería a sí mismo como "misionero" y tenía ingresos de iglesias de toda América.

Hace aproximadamente un año, un joven y su esposa vinieron a la iglesia a la que asisto en Augusta, Georgia, y pidieron a nuestra iglesia que los apoyara como misioneros en un suburbio de Atlanta. En Atlanta hay más de 5.000 iglesias bautistas, por no hablar de otras iglesias creyentes en la Biblia. Uno puede prácticamente pararse en el porche de cualquier iglesia y lanzar una piedra a la siguiente, atravesando toda la metrópolis.

Este joven dijo que fue llamado a ser un misionero en Atlanta. Yo cuestionaría la necesidad de que Atlanta tenga otra iglesia, pero si Dios ha llamado a ese joven a ser misionero en Atlanta, ciertamente tiene que hacer lo que Dios le ha llamado a hacer. Pero llamarse a sí mismo misionero en Atlanta no solo raya en lo absurdo, sino que salta a las aguas profundas de la incomprensión total de la definición de lo que es realmente un misionero.

Si me traslado de Augusta a Atlanta para fundar una iglesia, ¿soy un misionero? ¿Y si me mudo del suburbio de Decatur al suburbio de Stone Mountain, a solo diez millas de distancia? ¿Ese traslado me convierte en un misionero? Si me mudo del lado sur del condado de Fulton, donde está el aeropuerto, al lado norte o al centro de la ciudad y vivo en un apartamento de gran altura, ¿eso me convierte en un misionero? ¿Qué pasa si simplemente cruzo la calle y le doy un tratado a un hombre? ¿Repartir un tratado me convierte en un misionero? La respuesta a todas estas preguntas es un rotundo "no", sin embargo, los pastores suelen decir a su gente que cuando testifican o reparten un tratado, son misioneros. ¿De verdad? Por esa misma lógica, si yo enrosco una nueva bombilla, eso me convierte en un electricista. Cuando corto el pavo de Acción de Gracias, me convierte en un carnicero. Y cuando le doy a mi esposa una cucharada de jarabe para la tos, me convierto instantáneamente en un médico.

¿Qué es entonces un misionero? Un misionero es alguien que lleva el Evangelio a alguien que nunca ha escuchado el mensaje del Evangelio. Un misionero no es alguien con pelo rubio y ojos azules que va a predicar a alguien con pelo negro y ojos marrones. Eso no son las misiones. Conozco a personas que se fueron de Estados Unidos hace 30 años para fundar una iglesia en un campo misionero, y todavía sirven en esa misma iglesia. Puedo decir, en mi humilde y a menudo incorrecta opinión, que no son misioneros. Son pastores en un país extranjero porque un misionero no es un pastor permanente. Un misionero es un plantador de iglesias que pastorea por un tiempo limitado y luego entrega esa obra de la iglesia a otra persona que está llamada a pastorear; luego hace lo que está llamada a hacer: ser un misionero. En otras palabras, deja la iglesia, camina por el camino del pueblo o se sube a su vehículo, o lo que sea el caso, y va al siguiente pueblo que pueda encontrar que nunca ha tenido una exposición al Evangelio. Entonces se planta allí por un día, una semana, un mes, un año, o tal vez seis años como algunos dicen que hizo Pablo en Corinto. Cuando esa iglesia está establecida y él ha desarrollado hombres que están calificados para pastorear ese rebaño, él se lo entrega a ellos, y se mueve para comenzar el proceso de nuevo. Ese proceso es el trabajo bíblico de un misionero.

Algunos señalan que las palabras *"misionero"* y *"misiones"* ni siquiera están en la Biblia. Es cierto, no lo están. Este hecho me lleva a plantear tres preguntas:

- ¿Qué estamos haciendo?
- ¿Por qué lo hacemos?
- ¿De qué estamos hablando?

De hecho, las *misiones*, como término, están en la Biblia, pero con otro nombre. Eso no significa que se cambie el nombre; un micrófono no se llama mesa de ping-pong. Pero cuando se tradujo la Biblia, se tradujo y se transliteró, dependiendo de la disponibilidad de la palabra. *Traducir* significa "convertir una palabra en un idioma a otro idioma". La *transliteración* se produce cuando la palabra que se va a convertir a un idioma diferente no existe en ese idioma de destino. En ese caso, la palabra original se adapta a la cultura de la otra lengua. Por ejemplo, la palabra inglesa para *water* se traduce como *agua* en español. La palabra inglesa *nation* se translitera a *nación* en español. Se trata de la misma palabra con el mismo significado pero con una ortografía o pronunciación ligeramente diferente debido a una simple y diminuta diferencia cultural/gramatical. De hecho, casi todas las palabras inglesas que terminan con "tion", terminan con "ción" en español. Enhorabuena. Acabas de aprender un centenar de palabras en español en el tiempo que has tardado en leer este párrafo.

El libro de Efesios enumera los dones que han sido dados al cuerpo de Cristo así como a las congregaciones locales individualmente. Estos dones dados por Dios ayudan a las personas a madurar en la fe, a crecer, a evangelizar y a reproducirse: en esencia, las directivas de la Gran Comisión. Se enumeran cuatro cargos: apóstoles, profetas, evangelistas y pastores, pero algunos añadirían un quinto, los maestros. Hoy en día muchos agrupan al pastor y al maestro, creyendo que la enseñanza es la función del pastor, en lugar de ser una posición separada. La gente generalmente conoce y entiende las funciones del pastor y del maestro, pero a menudo encuentro que pocas personas entienden las funciones del apóstol, el profeta y el evangelista.

La palabra griega *apóstol* fue traducida posteriormente como "misionero". En otras palabras, la palabra española *misionero* viene de la palabra griega *apóstol*. Esta traducción realmente confunde a muchos cristianos, especialmente a los bautistas, porque algunos bautistas no creen que los apóstoles existan hoy en día. Los bautistas creen que los apóstoles tenían una posición temporal en la iglesia primitiva solamente, y que para que un hombre sea un apóstol, se deben cumplir ciertas calificaciones. Esas calificaciones se toman principalmente del libro de los Hechos cuando los discípulos bajo el liderazgo de Pedro buscaban nombrar a alguien como apóstol para tomar el lugar de Judas después de que éste había traicionado a Cristo y se había suicidado. En esa disertación en particular, Pedro dio las calificaciones para lo que un apóstol debe ser en su opinión. (1) El hombre tenía que haber sido enseñado personalmente por el Salvador y (2) El hombre tenía que ser un testigo de la resurrección de Jesucristo. Sin embargo, muchos teólogos modernos también creen que un apóstol tenía que tener una parte en la escritura del Nuevo Testamento también.

Quiero compartir por qué creo que estas calificaciones son erróneas. Primero, estas calificaciones fueron dictadas por Pedro. Fueron definidas por Pedro, y en ninguna parte la Biblia dice que Dios le dio a Pedro estas calificaciones, que Dios las aprobó, o que Dios estuvo de acuerdo con las normas de Pedro. De hecho, el mismo hombre que fue escogido sobre la base de los distintivos de Pedro fue luego aparentemente revocado por Dios cuando Él personalmente llamó y designó a Pablo como apóstol de los gentiles.

Cuando se elige entre dos hombres echando una pajita larga y otra corta, la persona asume automáticamente que quien se queda con la pajita designada es el ganador. Al ser las dos únicas opciones, una de ellas será elegida, pero eso no significa necesariamente que Dios haya elegido realmente al ganador. Todo lo que ese escenario significa es que había dos hombres y dos pajitas y que una estaba destinada a ser elegida, bien o mal. De hecho, el Cristo resucitado se le apareció a Pablo, Jesús le enseñó personalmente en el desierto durante un período de tiempo, y Pablo escribió una parte de las Escrituras.

Mi segundo desacuerdo es que en ninguna parte de la Biblia dice que solo los apóstoles escribieron la Escritura. No había apóstoles antes de la era del Nuevo Testamento, e incluso durante la era del Nuevo Testamento, algunos de los hombres que escribieron porciones de la Escritura no eran apóstoles. Lucas, por ejemplo, no era un apóstol, y hasta donde se sabe, nunca ha sido nombrado como tal. Sin embargo, escribió los libros de Lucas y Hechos.

Otro punto a considerar es que algunos hombres que fueron apóstoles no escribieron nada de la Biblia. Por ejemplo, Bernabé, a quien se le llamó apóstol, no escribió ninguna Escritura; y hasta donde se sabe, nunca fue enseñado por Cristo y ni siquiera conoció a Cristo.

El punto que estoy tratando de hacer es que muy posiblemente no entendemos realmente lo que es un apóstol.

Si es así, es hora de dejar de llamar a un micrófono una mesa de ping-pong y ver lo que Dios tiene que decir en el Nuevo Testamento sobre el ejemplo del apóstol o el misionero.

¿Quién era el misionero? No fue Pedro, ni tampoco Santiago. El ejemplo de misionero en el que nos fijamos en el Nuevo Testamento fue Pablo, que resultó ser, por elección de Dios, un apóstol.

Entonces, ¿qué es exactamente lo que tiene que hacer un misionero? ¿Cuál es su misión? ¿Cuál es la clasificación de su trabajo? Un misionero bíblicamente es alguien que lleva el Evangelio a personas que nunca antes lo han escuchado, gana a la gente para Cristo, los bautiza, los organiza en una iglesia local, los discipula, entrena a hombres entre ellos para hacer lo mismo, y luego se mueve y comienza de nuevo, llevando a algunos de esos hombres con él para ayudarle en ese proceso. Eso es lo que un misionero está diseñado por Dios para hacer.

El siguiente don que se le dio a la iglesia fue el profeta. Generalmente, la palabra *profeta* evoca la imagen de alguien que predice el futuro, pero esa definición no describe exactamente el papel de un profeta. En algunos casos, algunos profetas sí predijeron el futuro. Cuando el profeta Natán se enfrentó a David por su pecado con la mujer de Urías el hitita y su posterior plan para asesinar a Natán, no estaba prediciendo el futuro. Más bien, Natán estaba exponiendo el pasado oculto y proclamando un hecho de juicio venidero. Fue directo y al grano, y dijo: "¡David, has pecado ante Dios! Has cometido adulterio con una mujer casada y has hecho matar a su marido para encubrirlo. Dios te va a castigar por ese pecado".

Incluso en la época del Nuevo Testamento, los profetas no eran necesariamente los que decían el futuro. Generalmente, eran aquellos que declaraban la Palabra de Dios de forma contundente y audaz, y de nuevo, particularmente a aquellas personas que tenían algún entendimiento de Quién era Dios y lo que Él requería. Estos profetas habían sido expuestos al Evangelio, habían aprendido acerca de Cristo, y tal vez incluso tenían un trasfondo en la historia judía y sabían más sobre ella que la mayoría. Pero estos profetas no tenían la Palabra de Dios completa; de hecho, puede que ni siquiera tuvieran el Antiguo Testamento en su idioma. Así que el profeta sigue al apóstol, que es el plantador de la iglesia, y comienza a declarar la Palabra de Dios a esas personas, ayudándolas a crecer en su fe. No predice la palabra de Dios, sino que la declara y la explica con más detalle a los que tienen oídos para oír.

El evangelista es otra mesa de ping-pong, si es que alguna vez hubo una. Hoy en día en América, muchos hombres usan el término *evangelista* para denotar su posición como predicador itinerante.

❖

Cuando fui expuesto por primera vez al trabajo misionero en Asia, en mi primera noche de conversación con algunos predicadores nacionales que no tenían ninguna exposición a América, me preguntaron qué hacía. En ese momento les dije que era pastor. Entonces pregunté a cada uno de los cinco hombres: "¿Qué eres?". Cada uno de los hombres respondió que era un evangelista. A través del intérprete respondí comentando: "Oh, pensé que todos ustedes eran pastores".

A esta afirmación respondieron: "Somos pastores". Los hombres testificaron que todos eran pastores de varias iglesias. El que menos tenía pastoreaba cinco; otro hombre pastoreaba siete. Me confundió que estuvieran pastoreando tantas iglesias y sin embargo se llamaran a sí mismos evangelistas.

Así que, siendo inquisitivo, pregunté: "Si eres pastor, ¿por qué te llamas evangelista?".

Su respuesta, "Porque evangelizamos", me sorprendió. Debí parecer realmente confuso porque uno de ellos me dijo: "¿Qué hacen los evangelistas en su país?". Pensé un momento y, con toda claridad y sinceridad y sin intención de sarcasmo, respondí: "Normalmente, en mi país un evangelista es un hombre que solía ser pastor. Está retirado de ser pastor y ahora va a predicar a las iglesias que pastorean sus amigos. Eso es lo que llamamos un evangelista".

Se acurrucaron en un rincón de la pequeña cabaña de bambú, hablaron entre ellos durante un momento, y luego uno de ellos se volvió para mirarme y preguntó: "Si un hombre es un evangelista, ¿por qué va a predicar en las iglesias si la gente de la iglesia ya ha sido evangelizada?".

Fue como si un meteorito me hubiera golpeado en la cabeza. Su pregunta cambió mi vida para siempre y me hizo empezar a cuestionar todo lo que me habían enseñado sobre el ministerio. Su pregunta, aparentemente tan simple, era tan profunda.

El suyo era un punto válido. ¿Por qué un evangelista predicaría en una iglesia local cuando los no salvos están fuera de la iglesia local? ¿Estoy diciendo que está mal ser un evangelista al estilo americano? No. ¿Estoy tratando de menospreciar a los hombres que lo hacen? ¡No! ¿Estoy tratando de hacer que se sientan culpables o que parezcan tontos a los que leen este libro? ¡No! Mi propósito es hacer un punto, específicamente que la definición de los términos se cambian constantemente, y cuando lo hacen, la oficina y la importancia de la definición original se diluye hasta el punto de que finalmente se disuelve.

Verter jarabe de Coca Cola puro en un vaso de agua con gas en una proporción inadecuada producirá una bebida que sabe horrible. Sin embargo, diluirlo en la proporción correcta produce una bebida con un sabor maravilloso. Por otro lado, si se diluye continuamente la mezcla de sirope de Coca Cola y agua con gas, se acabará produciendo una bebida que no se parece en nada a una Coca Cola. ¿Sigue teniendo Coca Cola? Sí. ¿Sigue debiendo su base o su raíz a la Coca Cola? Sí. ¿Pero es una Coca Cola? No. Es una Coca Cola que se ha diluido hasta el punto de no ser reconocida. Eso es exactamente lo que se ha hecho con las misiones. Todo y todos los que se relacionan con las misiones, el misionero y el campo misionero, han sido tan manchados que ni siquiera saben lo que son o fueron bíblicamente destinados a ser.

Esto me lleva al punto de este tema. ¿Cómo puede uno ser misionero si no sabe lo que significa el término? A decir verdad, supongo que la respuesta a esa pregunta es que no puede ser un misionero, a menos que le ocurra por accidente.

Hace unos 2.000 años, Cristo dio la Gran Comisión, su mandato de despedida, no una sugerencia. Su deseo era dejar a los creyentes con el privilegio y la responsabilidad de cumplir la Gran Comisión. Sin embargo, ninguna generación de la iglesia de Cristo ha cumplido ese mandato desde que fue dado. Hoy creo que debido a la era de la tecnología en la que vivimos, debido a las cargas y convicciones, y debido a las herramientas disponibles para nosotros (por falta de un mejor término), los creyentes ahora tienen no solo la capacidad de cumplir este mandato, sino que también experimentarán la realidad de hacerlo en su vida. Mientras escribo esto hoy, tengo 55 años. Si vivo una vida normal, tengo la convicción y la creencia en mi corazón de que antes de que yo muera, el Evangelio habrá sido dado o expuesto a cada grupo de personas en este planeta.

Foto: Una choza de barro tribal en el centro de Ghana, cerca del río Volta. Este pueblo en particular ya ha sido alcanzado con el Evangelio.

[Foto tomada en febrero de 2011]

Examinando
los problemas
que han
causado
el fracaso en el
cumplimiento de la
Gran Comisión

Ingresos anuales de los cristianos a nivel mundial en dólares estadounidenses en 2006: 15.930.000.000.000

- Total de ingresos anuales estimados dados a las iglesias y ministerios paraeclesiásticos: 360.000.000.000 dólares
- Dados a las misiones extranjeras: 21.000.000.000 de dólares, lo que supone el 5,8% de las donaciones a todas las causas cristianas
- Coste por bautismo en todo el mundo: 349.000 dólares

Curiosamente, se calcula que se perdieron 22.000 millones de dólares debido a "delitos eclesiásticos" (malversación de fondos, etc.) Eso es más dinero del que se gastó en misiones.

Introducción

¿Sabías que se estima que menos del uno por ciento de todos los estadounidenses que se ofrecen como misioneros llegan a "salir al campo"? De los que lo hacen, menos de la mitad regresan para un segundo mandato.

La Gran Comisión no se ha cumplido en este tiempo de vida principalmente por tres problemas principales que yo llamo los "Tres Grandes":

- Problemas de mano de obra
- Problemas de dinero
- Problemas de mentalidad

Si estos tres problemas pueden ser correctamente abordados y superados, entonces el Evangelio puede avanzar en todo el mundo. Los trabajadores cristianos podrían pasar el resto de sus vidas viendo como las puertas del infierno se derrumban frente a ellos.

Número de no cristianos por misionero en servicio:

Tribal/Otro 17,000
Hindú 179,000
No-religioso 82,000
Musulmán 306,000
Budista 176,000

El 86% de los hindúes, musulmanes y budistas del mundo no conocen personalmente a ningún cristiano.

❖

Disminución de los misioneros de carrera en Estados Unidos:

1988 65,000
2008 35,000

En los últimos 20 años, el número de misioneros de carrera enviados por las agencias misioneras estadounidenses ha disminuido en más de un 45%.

CAPÍTULO 1

Los problemas relacionados al personal

¿Sabías que de los 24.000 grupos de personas conocidas que existen en la tierra hoy en día, la mitad nunca han tenido una presentación del Evangelio o incluso han escuchado el nombre de "Jesús" una vez?

El 12 de septiembre de 2007, Avon anunció con orgullo en su sitio web que había adquirido más de cinco millones de representantes en todo el mundo. Son cinco millones de timbres. ¿Cómo se compara ese número con el número de misioneros que hay en todo el mundo?

La verdad es que, desde un punto de vista bíblico, como ya he exagerado, la mayoría de las personas a las que se llama misioneros no lo son realmente. La capacidad en la que sirven es la de realizar un trabajo ministerial, pero nos referimos a ellos como misioneros en lugar de ministros, y recaudan apoyo para su ministerio llamándose a sí mismos misioneros.

Es un hecho que la mayoría de los misioneros no son plantadores de iglesias, aunque ciertamente hay algunas excepciones gloriosas. Por ejemplo, el Compañerismo Bíblico Bautista ha exigido tradicionalmente a sus misioneros que funden una iglesia durante su primer mandato. Sin embargo, otras juntas misioneras, como New Tribes Missions e incluso Campus Crusade for Christ no permiten que sus misioneros inicien iglesias. Es más, algunas juntas despiden a un misionero si planta una iglesia. La razón de esta actitud es que algunas juntas sienten que han sido formadas para otro propósito, ya sea evangelismo o enseñanza. Para uno de sus misioneros plantar una iglesia sería dejar ese llamado principal. No tengo nada que objetar al funcionamiento de estas juntas. Hay muchas partes del cuerpo, y cada miembro debería averiguar para qué función fue creado y hacerlo.

Lo que me preocupa es por qué las iglesias están apoyando a personas como misioneros que están siendo supervisados por una junta directiva que los despedirá si hacen el trabajo de un misionero. Para ser justo con estas dos organizaciones (ya que me he atrevido a mencionarlas), el propósito de Campus Crusade, según entiendo, es ganar al individuo para Cristo, discipularlo y colocarlo en una iglesia local. Ciertamente no hay nada malo en ese objetivo. New Tribes Missions se especializa en la traducción de las Escrituras a idiomas que aún no tienen la Biblia en formato impreso. ¿Podría haber una causa más noble? Creo que cualquier hombre que sirve en cualquier capacidad que edifica y construye el cuerpo de Cristo es digno de apoyo, solo creo que esa persona debe ser apoyada por lo que es, no por lo que no es.

La mayoría de los pastores y ciertamente la mayoría de los miembros de la iglesia no son conscientes de estos problemas en las misiones hoy en día. Mucha gente piensa que todos los misioneros salen a abrirse camino a través de la selva con un machete en una mano, esperando encontrar una aldea de gente semidesnuda que nunca ha oído hablar de Jesús y llevando una Biblia en la otra con la que evangelizar esa aldea. Esperan que un mes después el misionero haya producido un edificio con un campanario. Esperan que todos los hombres nativos estén vestidos con camisas blancas y corbatas, y que todos canten "Amazing Grace". Ese es el concepto típico que tienen las iglesias estadounidenses con respecto a los misioneros.

La simple verdad del asunto es que la mayoría de los misioneros no plantarán una iglesia porque la mayoría de los misioneros no son plantadores de iglesias. Nadie discute el hecho de que la mayoría de los que son enviados como misioneros hoy en día están cumpliendo con otras capacidades necesarias del ministerio. Por ejemplo, pueden ser maestros de escuela, trabajadores de orfanatos, mecánicos de aviones o pilotos. En definitiva, estos trabajos no son negativos, y tampoco son funciones que no deban realizarse. Todos son dignos y nobles y necesarios, pero no son misiones desde el punto de vista bíblico.

Quiero afirmar una vez más: si una persona está satisfecha con llamar misiones a cualquier cosa que lleve a alguien del punto A al punto B, entonces probablemente esté contenta con la forma en que se manejan las misiones. Pero si realmente quiere volver a la definición bíblica y al modelo bíblico de las misiones, entonces no puede negar el hecho de que los métodos actuales, así como los motivos, han fracasado. El objetivo debería ser llevar el Evangelio a cada grupo étnico del planeta en esta vida. Además, la próxima generación y la siguiente deberían tener exactamente el mismo objetivo hasta que, como dice la Escritura en Habacuc 2:14, *"Porque la tierra será llena del conocimiento de la gloria de Jehová, como las aguas cubren el mar"*. Esa es la meta final, y hasta que no se haya alcanzado, esta generación no ha tenido éxito como generación de la Gran Comisión.

¿Cómo se alcanzará esa meta si no se siguen los métodos, los principios y los protocolos establecidos en las Escrituras? Demasiados cristianos parecen pensar que pueden hacerlo a su manera y que su manera es mejor.

Esta actitud arrogante me recuerda a la época del Antiguo Testamento en la que se describía al pueblo judío como si cada uno hiciera lo que era correcto a sus propios ojos. Así es exactamente como hacemos las misiones hoy en día. Hacemos las misiones como creemos que debemos hacerlas, y las iglesias apoyan a quienes creen que deben apoyar, con poca o ninguna comprensión de los criterios que califican al candidato como misionero.

La verdad es que hoy en día hay menos misioneros que en décadas pasadas. El celo por las misiones está muriendo, y yo, por mi parte, creo que una buena razón para esta lenta muerte es porque se ha ignorado el modelo de responsabilidad bíblica, ordenado por Dios, de un misionero.

De joven, me cautivaban las historias de los misioneros, lo que hacían, lo que lograban y las luchas que tenían que pasar. Pero las historias de hoy giran en torno a la necesidad de comprar un nuevo Land Rover o la necesidad de un determinado plan de estudios para la escuela hogar de los niños o la financiación necesaria para un contenedor más grande para que la familia misionera pueda llevar todas sus pertenencias al campo con ellos. Las peticiones y los informes de hoy en día tienden a ser así. El trabajo misionero se ha convertido en nada más que el trabajo de la iglesia en el otro lado del mundo o el trabajo de la iglesia en otro país o estado.

Algunos misioneros ni siquiera viven en el país al que han sido "llamados". Es un hecho poco conocido que la mayoría de los "misioneros a México" viven en la frontera dentro de los Estados Unidos. ¿Qué mensaje da eso a los miembros de la iglesia dentro de México cuando su misionero/pastor reside en Estados Unidos? ¿Dónde está su responsabilidad? ¿Qué mensaje da eso a los jóvenes que quieren ser misioneros en cuanto a cómo serlo, la importancia del llamado, y la necesidad de renunciar a todo, si es necesario?

En realidad, es posible que Estados Unidos ya no sea el líder mundial en el envío de misioneros. A lo sumo, Estados Unidos es apenas el número uno, seguido por la pequeña nación peninsular de Corea del Sur, que lidera el resto del mundo en el número de misioneros enviados. ¿Por qué? El pueblo estadounidense se ha obsesionado con el materialismo en lugar de con el servicio. Los estadounidenses, e incluso algunos misioneros estadounidenses, sienten que merecen sus pertenencias y que no pueden o no deben vivir sin ellas.

Políticamente, el pueblo estadounidense tiende a condenar a los que se sienten con derecho, pero el mismo pueblo estadounidense que deplora esos privilegios especiales exige esos derechos para sí mismo. Espiritualmente o religiosamente, los cristianos actúan igual que el mundo. Los cristianos creen que tienen derecho a una buena casa, varios coches, televisores, reproductores de DVD y videojuegos. Tienen derecho a todas estas comodidades, y solo después de adquirir todas estas cosas los cristianos están dispuestos a hablar de renunciar a algunas de ellas para el servicio del Señor. ¡Qué ridículo! ¿Qué persiguen los cristianos en sus vidas? ¿Es el camino de Dios o el de ellos?

Es un hecho que Pablo no se sentía con derecho a hacer nada más que lo que Dios le decía que hiciera. En varias de las epístolas a varias iglesias, Pablo se vio y se describió como un siervo y como un esclavo de Jesucristo.

En las últimas décadas se ha enseñado mucho en los púlpitos de Estados Unidos sobre la posición del creyente en Cristo como un hermano mayor y que todos los creyentes son los amados receptores de su redención. A los cristianos se les dice que son especiales y que Dios los ama tal como son. Pero los cristianos tienden a no mirar sus otras posiciones en Cristo.

Es cierto que yo, Jon Nelms, soy ahora un hijo de Dios. He sido adoptado por Dios Todopoderoso en su familia porque he aceptado el sacrificio que su Hijo pagó en nombre de toda la humanidad cuando derramó su sangre en la Cruz y murió por sus pecados como sacrificio por el hombre.

La Biblia me dice que tengo derecho a ser hijo de Dios porque he creído en Jesucristo como mi Salvador. Cierto, cien por cien cierto. No lo dudo en absoluto. Pero eso no quita el hecho de que no solo soy su hijo; también soy su siervo, y también soy su esclavo.

Los cristianos de hoy en día en los Estados Unidos tienden a centrarse en las posiciones "positivas" o "elaboradas" que tienen en Cristo y tienden a ignorar el hecho de que también están llamados a tomar su cruz y sufrir. Los cristianos también están llamados a dar su vida por el Señor. También están llamados a poner a los demás por delante de sí mismos. Los creyentes están llamados a ser sus siervos, a ser sus esclavos.

Jesús no compró a la humanidad en una subasta. No los conquistó en una batalla y los asignó como esclavos del imperio. Pero los que han pedido su salvación han pedido ser sus esclavos. Los cristianos sienten que le deben algo; es su servicio razonable para Él. Pero la mayoría de los americanos no entienden lo que significa ser un esclavo o ser un siervo.

El cristiano está llamado a ser su esclavo y siervo, y un siervo no le dice al amo a dónde quiere ir, en qué condiciones viajará o en qué circunstancias servirá. Un siervo escucha lo que el amo dice y obedece. No cuestiona ni se queja. No pregunta los motivos o la motivación de su amo. No pregunta cuánto tiempo va a estar fuera, o cuánto tiempo va a estar fuera, qué tiene que empacar, o qué tiene que dejar atrás. Un siervo recibe una orden de su amo y obedece. Eso es lo que deben ser los misioneros: siervos de Jesucristo.

El mandato de Dios es que sus siervos lleven el Evangelio a todos los grupos étnicos del planeta, en esta generación. Ya sea que vaya como siervo o envíe a los que van, el enfoque, la meta y el llamado de cada cristiano sigue siendo el mismo: ver que cada grupo étnico del planeta reciba el Evangelio. Sin embargo, cuando uno observa la forma en que las iglesias gastan el dinero y cómo las sobras se destinan a las misiones, es muy obvio que a los miembros de la iglesia no se les está enseñando la importancia de la Gran Comisión. Se les habla a los cristianos de las misiones y de los misioneros, pero asumen incorrectamente que están viviendo en todo el mundo alcanzando a los perdidos. Sin embargo, el 40 por ciento de toda la financiación de las misiones en el extranjero está siendo utilizada por los misioneros en solo diez países "sobresaturados". ¡Diez!

No sé si esta estadística es exacta o no, pero un misionero en Filipinas me dijo hace unos 15 años que, después de la Segunda Guerra Mundial, más de 350 misioneros bautistas estaban sirviendo allí. Pero en 1995 había menos de 30. Alrededor de 1987 leí (no recuerdo en qué libro) que para el año 2000, debido a la jubilación forzosa, más del 50% de los misioneros que servían en ese momento (1987) estarían jubilados y no tendrían reemplazos. Así, mientras la población mundial crecía, la fuerza misionera disminuía.

Estas noticias -verdaderas o no- encendieron en mí el fuego para conseguir el apoyo de tantos misioneros nacionales como pudiera, y ese impulso no ha terminado hasta hoy. En aquel momento apoyábamos a predicadores en dos países: Tailandia y Laos. Hoy estamos ayudando a los siervos de Dios en más de ochenta países.

En 1988, mucho después de que la tendencia a la reducción de la fuerza misionera estuviera bien encaminada, todavía había unos 65.000 misioneros de carrera sirviendo, pero en 2008 ese número se había reducido a solo 35.000. Esto supone una disminución de más del 45% en solo 20 años. Parece que la "profecía" era desgraciadamente cierta después de todo. Y me hace preguntarme qué nos depararán los próximos 20 años.

Aunque hay un problema de mano de obra, se puede superar simplemente animando a los jóvenes a servir a Dios, a dar unos años de su vida en servicio para Él, a ir a algunos viajes misioneros, y a apoyar a las misiones y a los misioneros para que éstos puedan hacer lo que otros no pueden hacer o lo que otros no están dispuestos a hacer. La mano de obra es un gran problema, pero no es el único. Es solo el primero de los "tres grandes".

Asignación de fondos para misiones dados por las Iglesias:

87% Se destina a la labor misionera entre los que ya son cristianos o están plenamente expuestos al Evangelio (Mundo C)

12% Se destina a la labor misionera entre los que tienen un acceso limitado al Evangelio (Mundo B)

1% Para el trabajo misionero entre los grupos étnicos no alcanzados

CAPÍTULO 2

Problemas económicos

¿Sabías que si cada persona de una congregación de 100 personas diera un centavo cada día, esos centavos combinados podrían mantener a un predicador nacional a tiempo completo?

Al comenzar a abordar el segundo de los "Tres Grandes", quiero referirme de nuevo a los términos "Mundo A", "Mundo B" y "Mundo C".

Según un informe titulado *The State of World Evangelism in 2008*, de una ofrenda típica de 100 dólares dada por una iglesia del Mundo C (que incluye a Estados Unidos), 99,90 dólares se gastan en esa iglesia local en la membresía y/o en otros ciudadanos-cristianos y/o en causas locales de una forma u otra. ¡Ya he abordado el hecho de que el 80% de todos los "misioneros" se quedan en casa! Difícil de creer, ¿verdad? Así que examinemos si esta afirmación es cierta o no.

Mira a los "misioneros" que tu iglesia está apoyando y ve cuántos de ellos viven y trabajan aquí mismo, en los viejos Estados Unidos. ¿Te asusta la cifra? Abróchate el cinturón porque la siguiente estadística te va a dejar boquiabierto. De 1974 a 2000, nueve de cada diez misioneros enviados fueron enviados a evangelizar y discipular entre aquellos que tienen pleno acceso al Evangelio dentro de sus propios países, como Estados Unidos, Australia, Inglaterra, etc. Eso significa que no fueron a ninguna parte. Se quedaron en su propia tierra haciendo el trabajo de la iglesia y lo llamaron misiones.

Para ser justos, hay que decir que muchas de estas tierras son "cristianas" solo de nombre, y muchos que se llaman a sí mismos con el nombre de Cristo no tienen conocimiento de lo que significa nacer de nuevo. En efecto, necesitan oír el Evangelio, pero si no lo oyen es porque han decidido no escuchar. El Evangelio está siempre presente y disponible en esos países. Estas personas tienen acceso a iglesias cristianas, grupos de estudio bíblico cristianos, cafés cristianos, conciertos cristianos, Biblias cristianas, tratados cristianos, revistas cristianas, periódicos cristianos, blogs cristianos, librerías cristianas, universidades cristianas, escuelas cristianas, guarderías cristianas, estaciones de televisión cristianas, películas cristianas, telenovelas cristianas, camisetas cristianas, joyas cristianas, felpudos cristianos, e incluso el testimonio ocasional de (lo adivinó de nuevo) una persona cristiana. Estas personas no tienen excusa.

Entonces, si 99,90 dólares de los 100 dólares que se dan en una iglesia típica de Mundo C se utilizan en las mismas naciones evangelizadas por Mundo C, ¿dónde o cómo se utilizan esos diez centavos restantes? Se destina a las misiones extranjeras. (¿No te alegras de que tu iglesia no sea la típica?)

Si crees que eso es repugnante, solo espera; creo que se pone mucho peor. Nueve centavos (de los diez centavos que tan generosamente se entregan para cumplir la Gran Comisión de Cristo) es la cantidad que se da para evangelizar a los países del mundo que ya tienen el Evangelio, ya tienen misioneros, y ya tienen una iglesia nacional creciente y autosuficiente. Solo que aún no son considerados países "cristianos". Estos países comprenden el 39% de la población mundial, y los 9 centavos combinados de todas las iglesias financian el 17,5% de la fuerza misionera mundial que reside en esas tierras. Son el Mundo B.

¿Están haciendo lo suficiente los cristianos de Estados Unidos? Absolutamente no. Algunos países en el "Mundo B" que se consideran cubiertos con el Evangelio todavía tienen grupos de personas (tribus) que viven dentro de ellos que tienen poca o ninguna exposición al Evangelio. México es un buen ejemplo. En 1995 la ciudad de Puebla en México ya tenía cuatro ministerios cristianos establecidos que imprimían folletos, literatura del Evangelio y porciones de la Biblia por cientos de miles. En otras partes de México hay tribus que no tienen un solo versículo de la Palabra de Dios traducido en su idioma, y muchos de ellos, especialmente las mujeres, no hablan español. Es obvio que estas tribus necesitan más misioneros, ya sean americanos o mexicanos.

Hay suficiente fruta para todos. La realidad es que parte de ese 80 por ciento de la fuerza misionera que se queda en casa en la comodidad de Estados Unidos necesita ir a algunas de estas otras tierras y entrenar a los conversos de allí para hacer lo que están entrenando a los conversos de aquí. Después de todo, la última vez que lo comprobé, los pastores, los pastores asistentes, los evangelistas, los maestros de la escuela dominical, los trabajadores de la juventud, los trabajadores de los autobuses, los ganadores de almas y los laicos piadosos son perfectamente capaces de hacer el trabajo que el misionero está haciendo aquí en los Estados Unidos.

¿Qué pasa con el único y solitario centavo que queda de los 100 dólares? ¿Qué se hace con ese centavo? Ese centavo es lo que queda para difundir el Evangelio al 28 por ciento de la población mundial que nunca ha escuchado el nombre de Jesús. Solo un centavo se destina a evangelizar a casi 2 mil millones de almas que viven en el "Mundo A". Solo el 2,5 por ciento de los que se ofrecen como voluntarios para ser misioneros en el extranjero van a trabajar entre estos grupos étnicos.

¿Por qué utilizo la palabra *trabajar* en lugar de decir "ir a predicar" a estas personas? Sencilla y tristemente, porque muchos, si no la mayoría, de los "misioneros" no son predicadores; son laicos necesarios, bien intencionados, trabajadores, dedicados, que ganan almas y que eligen utilizar sus habilidades en el extranjero en una capacidad de servicio en lugar de quedarse en casa.

Me quito el sombrero ante estos siervos de Dios, y al hacerlo, muestro humildemente mi brillante calva para que todo el mundo la vea. Son campeones y dignos de honor. El único problema es que la filosofía de financiar a estos "misioneros" de "servicio de apoyo" agota los recursos disponibles al pagar *sus* salarios en lugar de utilizar los mismos fondos para apoyar a los predicadores y plantadores de iglesias. En la práctica, la mayor parte de los diez centavos que se dan a los fondos de las misiones se gastan en todo lo que necesita el misionero en lugar de en los misioneros. ¡Qué vergüenza!

❖

Hace poco vi el sitio web de un respetable ministerio que trabaja en todo el continente africano. Su sitio presenta un video sobre sus diversos misioneros que incluyen contadores, mecánicos, maestros, enfermeras, dentistas y constructores. No se menciona ni un solo evangelista, ni un plantador de iglesias, ni un predicador. Esta es una de las organizaciones misioneras más grandes y respetadas del mundo, ¡y Final Frontiers apoya más a sus plantadores de iglesias nacionales que a ellos! Eso es porque este ministerio no apoya a NINGUNO de ellos. Es legítimo preguntarse cuánto de los diez centavos de cada 100 dólares que se dan a las misiones va realmente a las verdaderas misiones bíblicas.

Los que me conocen saben que no me opongo al aspecto "social" del ministerio, y ciertamente no me opongo a que la gente vaya al campo a trabajar en cualquier capacidad que puedan. Como parte del trabajo general de Final Frontier, programas como Touch a Life, Bags of Hope, Daily Bread, etc., alimentan, visten y educan a la gente, construyen iglesias, construyen casas, cavan pozos y financian colegios bíblicos, entre otros esfuerzos. Todos estos programas de divulgación se realizan con personal nacional, no con costosos trabajadores exportados de Estados Unidos. Los nacionales pueden ofrecerse como voluntarios para hacer el trabajo en su propio tiempo, o si es necesario pagar, pueden hacer el trabajo por una fracción del coste que supone enviar y mantener a un extranjero para hacer ese mismo trabajo.

Quisiera ilustrar la inutilidad de la filosofía misionera moderna. Si un laico o pastor o evangelista quiere poner a su hijo en una escuela cristiana, paga la matrícula para que la escuela pueda contratar a un maestro. Los pagos de la matrícula pagan el salario del profesor. Pero si un misionero, que gana probablemente tanto como el promedio de los miembros de las iglesias que lo apoyan, quiere poner a sus hijos en una escuela cristiana, los inscribe, probablemente sin costo, y la escuela proporciona un maestro cuyo salario es pagado por las iglesias en América que apoyan a ese maestro como "maestro misionero." Hablando como misionero yo mismo, esta es la pregunta que hago: si el misionero está financiado, ¿por qué no puede pagar la educación de su propio hijo?

El mismo escenario se aplica al mecánico que repara su propio coche o avión, al contable que lleva su propia contabilidad, al manitas que repara la fontanería de su casa, y al electricista y al constructor que construye su casa y su iglesia. Todas estas personas en la fuerza de trabajo están siendo pagadas como "misioneros" para que el misionero no tenga que pagar por estas necesidades de su apoyo. Como resultado, las iglesias de Estados Unidos no tienen fondos para apoyar a un misionero real que está plantando iglesias y testificando día tras día.

Puedes llamarme loco, pero ¿por qué no puede el mecánico de aviones conseguir un trabajo en el aeropuerto o empezar su propio negocio y reparar los aviones de los misioneros gratis en el fin de semana en su propio tiempo? ¿Por qué no puede hacer lo mismo el manitas? ¿No es eso lo que hacen los laicos en Estados Unidos? Imagínate que una familia nacional en Perú, Kenia, Tailandia o cualquier otro país extranjero pudiera contratar a un estadounidense para que entrara en su casa y trabajara a precios "locales". Creo que aprovecharían la oportunidad de practicar su inglés con él y observarían con gran expectación el hecho de ver a un hombre blanco trabajar realmente con sus manos. ¡Imagínate las oportunidades de testificación para el empresario de servicios de apoyo! Imagínate el número de nuevos conversos que podría traer a la iglesia. Imagínate que, al contratar más trabajadores, podría discipularlos y ver cómo sus diezmos ayudaban a las iglesias locales a ser autosuficientes. (Será mejor que me detenga en este punto. La última persona que "imaginó" tanto fue John Lennon y ¡mira lo que consiguió!)

En verdad, es necesario abordar una serie de preocupaciones en el ámbito de las misiones mundiales de hoy. En primer lugar, hay que recordar a los creyentes que la Escritura dice en I Corintios 1:21 que la estrategia de Dios para la batalla es que *"...a Dios le agradó salvar a los creyentes por la locura de la PREDICACIÓN"*. (el énfasis es mío) Los servicios de apoyo están bien, pero cuando su presupuesto consume los fondos que bíblicamente deberían ser apartados para el predicador, entonces surge un serio problema.

La segunda preocupación es la estrategia de Dios para financiar la guerra, se aclara en Romanos 10:15 que dice: *"...¿cómo predicarán si no son enviados?"* (énfasis mío) Diez centavos de cada 100 dólares no es lo que Él tenía en mente, no creo.

Las juntas misioneras están pidiendo a las iglesias que aumenten sus donaciones a los misioneros porque el valor del dólar americano no es tan fuerte como antes. Como he vivido en el extranjero como misionero, puedo imaginar lo difícil que debe ser esa devaluación. Pero me pregunto si alguna vez se le ha ocurrido a alguien que mientras el misionero puede tener que gastar el 15% de sus ingresos en comida, los miembros de su iglesia nacional están gastando el 70% o más de sus ingresos para alimentar a sus familias porque ganan mucho menos, y no están comiendo ni de lejos al mismo nivel que el misionero. Algunos empiezan a afirmar que la disminución del dólar enviará a muchos misioneros a casa. Sin embargo, la verdad es que no es un dólar débil o fuerte lo que envía a los misioneros a casa; es la falta de deseo, carga y motivación.

En 1900 casi el 100% de los misioneros eran de Norteamérica y Europa, pero hoy menos de la mitad lo son. Actualmente, más del 35% de todos los misioneros extranjeros son de Asia. Ellos también han dejado sus hogares para ir a otros lugares a servir, no como mecánicos sino como predicadores. Y sí, el debilitamiento del dólar les perjudica, aunque su nivel de apoyo, si es que lo tienen, es generalmente el 1 por ciento de lo que recibe su homólogo estadounidense. Como ves, cuando van, suelen ir como "fabricantes de tiendas". Llegan al campo, encuentran un trabajo y adquieren sus primeros conversos entre sus compañeros de trabajo y vecinos. A partir de ahí, sus iglesias crecen.

La falta de fondos puede ser devastadora para el misionero. En las iglesias de Estados Unidos, cuando los fondos son escasos, el pastor se presenta ante la congregación, expone las necesidades y pasa el plato. Ni el misionero ni el predicador nacional tienen ese lujo. Mucha gente simplemente no está dando como antes, y le echan la culpa a la economía. Incluso la poderosa Convención Bautista del Sur despertó a la realidad después de alcanzar su objetivo presupuestario para las misiones en 2008 de 300 millones de dólares, cuando se enteraron de la innovadora noticia de que el videojuego "Grand Theft Auto IV" obtuvo 310 millones de dólares en ventas en su primer día de lanzamiento. ¡Toda la ofrenda anual de la CBS fue eclipsada por las ventas de un videojuego secular en un día! Trágicamente, muchos de sus miembros probablemente dieron más por un juego en un día que por las almas en un año. Y sin embargo, ¡recaudaron más dinero que todas las demás denominaciones de Estados Unidos! ¿Qué dice eso del resto de nosotros?

Realmente me han sorprendido dos tendencias totalmente opuestas que estoy viendo en los Estados Unidos.

(1) El número de buenas personas e iglesias que han decidido que ya no pueden apoyar a su predicador o hijo elegido debido a su situación financiera, y
(2) El número de personas e iglesias que han decidido que continuarán apoyando a su predicador o hijo elegido a pesar de su situación financiera y a pesar de todo el pesimismo que se transmite todos los días.

Hace unos momentos mi yerno Michael estaba hablando por teléfono con un padrino de Michigan. Le habíamos llamado porque el predicador al que apoyaba no se había presentado, y cuando eso ocurre, Final Frontiers recomienda dejar de apoyar. *("Sin informe, no hay apoyo"; esa es nuestra política).*

En años anteriores, cuando se hacía una llamada de este tipo, alrededor del 95% de los padrinos aceptaban de buen grado a otro predicador en lugar del que se había despedido. Sin embargo, esta cifra ha descendido hasta el 50%. Este patrocinador en particular compartió con nosotros que la empresa para la que trabaja está vinculada con GM y ha estado en bancarrota del Capítulo 11 durante más de tres años. Sin embargo, él decidió que por fe seguiría adelante y tomaría otro predicador para el apoyo de todos modos.

No soy un hombre de apuestas (traducción: no poseo acciones), pero si lo fuera, apostaría a que Dios cuidará muy bien de él en los próximos meses. Después de todo, la infalible Palabra de Dios dice claramente: *"Al que da a los pobres no le faltará; pero al que esconde sus ojos le caerá una gran maldición."* (Proverbios 28:27) Hmmm, maldición o bendición, ¿cuál elegiré?

Veo el lado positivo. Veo que las iglesias y las familias son ahora más cuidadosas en cuanto a quién y qué apoyan. Este cuidado es una reacción natural al hecho de tener menos que dar. Un millonario puede disfrutar de un caviar caro, pero el estadounidense medio recorta el cupón del periódico de usar y tirar para ahorrar 25 centavos en una docena de huevos.

Lo mismo ocurre en las misiones. Cuando hay abundancia, se tira el dinero al problema con la suposición de que el problema desaparecerá. Eso es precisamente lo que se ha hecho en el pasado con las misiones. Tristemente, se hizo evidente que no importaba cuánto dinero se diera, el número de almas perdidas seguía creciendo, y la fuerza misionera seguía disminuyendo. La gente que donaba a las misiones se desanimaba y gastaba esos fondos en sí misma.

Entonces vinieron los aguafiestas -un puñado que gritó "agárrense"; y esos aguafiestas se han esforzado por abrir los ojos y los corazones de los creyentes estadounidenses a un ejército de siervos de Dios entrenados, pero desconocidos, que están haciendo un trabajo "crackerjack" (otra expresión sureña que significa "fantástico") de ganar a sus propios compatriotas para Cristo, plantando iglesias, abriendo colegios bíblicos y evangelizando las regiones que nunca han tenido un testimonio del Evangelio. El problema es que esos billetes de 100 dólares no llegan a las misiones. En el mejor de los casos, las misiones reciben diez centavos de esos billetes de 100 dólares, y en el peor, un centavo.

Por alguna razón, mi ilustración de lo saturada que está América con el conocimiento del Evangelio mientras que otros nunca lo han oído, ha hecho que me convierta en un paria para algunos, en un traidor para otros, y en un chivo expiatorio para un montón de otros. ¿Amo a Estados Unidos? Claro que sí. ¿Me importan las almas de los Estados Unidos? Por supuesto que sí. He hecho más que hablar. He fundado dos iglesias en Estados Unidos, una en Nueva York y otra en California. He ganado y visto miles de conversos bautizados y he entrenado a un número de hombres que están en el ministerio. Tengo la confianza de que he hecho más que la mayoría en esa área. Pero todo lo que he hecho no cambia el hecho de que el diezmo de Dios se prodiga en nosotros mismos en lugar de seguir obedientemente su mandato. Los creyentes no están cumpliendo la Gran Comisión; al contrario, son culpables de perpetrar la Gran Omisión.

Quiero ilustrar mi punto a partir de un conocido pasaje de las Escrituras sobre la alimentación de Jesús a los cinco mil. ¿Qué pasaría si esa historia se leyera de manera diferente? ¿Qué pasaría si los discípulos de Jesús eligieran dar de comer las 5.000 raciones a las primeras 1.650 personas sentadas frente a él y enviaran a todos los demás a casa con hambre? (Las 1.650 de 5.000 son el 33% y equivalen al Mundo C, que es el 33% de la población mundial, lo que incluye al pueblo estadounidense). Alimentar a las primeras 1.650 personas habría sido más fácil, habría requerido menos trabajo y menos caminatas. Seguramente los amigos y familiares que tenían estaban sentados cerca. Seguramente porque estaban más cerca, merecían comer más que los de atrás. Y el hecho de que algunos estuvieran más cerca y tuvieran la oportunidad de conseguir una bolsa de comida no significa que la tomaran la primera vez que se les ofreció. Tal vez no estaban listos para comer, lo que obligó a los discípulos de la necesidad a ofrecerles continuamente comida hasta que finalmente estuvieron listos para un bocadillo. Tuvieron varias oportunidades de comer antes de que los discípulos finalmente se dirigieran a la parte de atrás. Y además, ¡esa gente de atrás tenía un aspecto diferente y olía mal!

¿No sería mi versión una historia extraña? Quiero decir, ¿cómo explicarías eso a los niños en la escuela dominical? De la misma manera, ¿qué explicación de lo que hacen o dejan de hacer darán los creyentes cuando se presenten ante Dios algún día?

Si mi versión fuera la verdadera, no tendría la misma fuerza, aunque el milagro hubiera sido el mismo. Después de todo, el milagro no consistió en que la gente comiera; sino en que Jesús tomara la cesta de pan y pescado, la bendijera y fuera capaz de alimentar no a un niño pequeño con su contenido, sino a más de 5.000 personas. Cinco panes y dos peces alimentaron a todos los presentes, no solo a los que fueron bendecidos por estar cerca del frente. ¡Y la comida no se agotó hasta que todos fueron alimentados!

"Tonto", dirás. Estoy de acuerdo. Pero mi historia no es más tonta que la forma en que se lleva el Pan de Vida al mundo hoy. No se comparte con el mundo; se lleva a los mismos países y a las mismas congregaciones una y otra vez, mientras se ignora a los miles de millones que viven en naciones y barrios que nunca han oído su nombre. Incluso mientras miles de millones son ignorados, nosotros como creyentes nos damos palmaditas en la espalda y nos decimos a nosotros mismos el buen trabajo que estamos haciendo.

"¡Te equivocas!", dice la gente. (No será la primera vez.) Quisiera entonces hacer una pequeña prueba. Me gustaría enumerar los nombres de algunos países y decirme si tú o tu iglesia apoyan a los misioneros allí (y probablemente yo también lo hago personalmente, así que no hay nada malo en ello):

- ¿Apoyas tú o tu iglesia a "misioneros" en Australia, Canadá, Nueva Zelanda, Inglaterra, Estados Unidos, Alemania, Japón, Corea del Sur?
- ¿Apoyas tú o tu iglesia a "misioneros" en el ejército estadounidense, en la cárcel, en la juventud?

Check ✓. Check ✓. Bien por ti (y por mí).
Próximas preguntas:

- ¿Apoyas tú o tu iglesia a algún misionero en estos países? Siria, Egipto, Myanmar, Nepal, Congo, Tailandia, Macedonia, Nepal, Bielorrusia, Bangladesh, India, Pakistán, Afganistán, Kazajistán, Kirguistán, Turkmenistán, Mustang, Bután, Yemen, Argelia, Cuba, Venezuela?
- ¿Apoyas a los "misioneros" en las cárceles, en el ejército, en la juventud en alguna otra nación además de Estados Unidos?

¡Ooops! ¿No hay checks aquí?
El primer grupo de países tiene una exposición o disponibilidad media-alta al Evangelio. En otras palabras, si todos los misioneros estadounidenses fueran expulsados de estos países, sus propias iglesias nacionales serían lo suficientemente fuertes como para sobrevivir y también continuar expandiéndose sin esa influencia misionera. Están entre las naciones que reciben la friolera de nueve centavos. (¡Ahora seamos pequeñas naciones buenas y compartamos!)

En el segundo grupo de países, el Evangelio es prácticamente desconocido, se necesitan misioneros y hay que formar a los predicadores nacionales para que lleguen a los suyos. Estas son las naciones en las que se está gastando ese solitario centavo, por decisión propia.

Sí, estos tiempos de angustia financiera pueden ser vistos como días de tristeza y desesperación, pero solo porque así es como están afectando la forma de vivir de los estadounidenses. Lo que el público estadounidense debe comprender es que, en lo que respecta a las misiones, estos tiempos de dificultades financieras son el único tipo de días que el resto del mundo ha conocido. Dios está brindando a los estadounidenses una breve oportunidad en el tiempo para experimentar ligeramente la desesperación que la mayor parte del mundo solo y siempre ha conocido. Es hora de enfrentarse a la realidad y dejar de ser niños malcriados. Los estadounidenses lloran porque el flotador de su tanque de inodoro está roto mientras que 1.200 millones de personas en el mundo no tienen ni siquiera madera de desecho con la que construir una casa. Si algo ha hecho esta crisis de la economía estadounidense es enseñarnos algunas lecciones importantes sobre la administración. La gente está pagando sus tarjetas de crédito a un ritmo récord, ahorrando su dinero y no gastando. Muchas iglesias ya no dan a las misiones por dar, sino que examinan cuidadosamente a quiénes dan y por qué. Por primera vez, las iglesias que dan exigen responsabilidad y resultados a quienes apoyan. Bien hecho.

Una iglesia en particular que ha estado luchando durante años nos escribió para decirnos que la situación financiera actual los ha abrumado, y que han reducido su apoyo a solo diez misioneros, pero que Final Frontiers es la primera en su lista para seguir apoyando debido a nuestros resultados y responsabilidad. No han sido los únicos en hacer esta observación. Final Frontiers no ha esperado a que llegara la crisis para exigir responsabilidad; esa ha sido la consigna de nuestro ministerio desde el primer día. Durante casi 25 años, hemos mantenido un estándar que nos ha hecho ganar una reputación de confianza. En efecto, incluso en estos días de déficit, los ingresos de Final Frontiers para el apoyo a los misioneros nacionales han crecido casi un 30%.

¿Un bajón temporal? Claro. ¿No has oído nunca "lo que baja tiene que subir" o algo así? No creo que esta espiral financiera descendente sea permanente. No sé si es un castigo o un flujo y reflujo natural de la economía o simplemente lo que es. Creo que es una prueba y una oportunidad de Dios para que los cristianos se revelen a sí mismos y a Él dónde están sus prioridades y qué es importante para ellos. Esta es la pregunta que debemos hacernos: ¿recortaremos los lujos para financiar el ministerio, o recortaremos el ministerio para financiar los lujos?

Aquellos que han pasado su vida amasando riquezas, almacenándolas, confiando en ellas a pesar de que Cristo les advirtió que no lo hicieran, ahora han perdido un gran porcentaje de esas riquezas. Esto ha proporcionado a muchos una buena oportunidad para evaluar su desobediencia y reconocer que Él estaba siendo bondadoso cuando amonestó al hombre a acumular tesoros en el cielo y no en la tierra (Mateo 6:19). Mientras la economía vuelve a la normalidad, es mejor no olvidar la lección que Dios quiere que el hombre aprenda. Fallar esta prueba podría significar tener que tomarla de nuevo.

Personalmente, me gusta considerar este período como una prueba; es solo un largo S.Y.T. (**s**ufrimiento **y t**ortura). Cuando el Maestro Celestial diga por fin "¡suelta el lápiz!" y las cosas vuelvan a la normalidad, quiero poder saber y recordar que durante este tiempo de prueba, estuve *"...firme, inconmovible, abundando siempre en la obra del Señor"* y que "mi trabajo" [las pruebas e incomodidades de las dificultades financieras] *no es en vano...."*. (I Corintios 15:58)

Hace años, cuando inicié Final Frontiers, tomé la decisión de que, en la medida de lo posible, quería invertir "mi" dinero en aquello que se moverá cuando suene la trompeta. Los ladrillos y el mortero, los campanarios de 10.000 dólares, los candelabros de 50.000 dólares y las furgonetas para jóvenes y ancianos de 40.000 dólares no se moverán ni un milímetro cuando Cristo vuelva. Simplemente se quedarán aquí para el uso del Anticristo. Obviamente, tener este tipo de cosas no es un pecado, pero tenerlas excluyendo la evangelización mundial, o usarlas como excusa para no contribuir a la evangelización mundial, o usarlas para vaciar las arcas, permitiendo así que crezca el abuso de estas "necesidades" en lugar de financiar la evangelización mundial es un delito espiritual. Creo que es cometer alta traición contra nuestro Rey; es una negligencia de nuestro deber dado por Dios.

No me malinterpreten. En mi oficina disfruto del aire acondicionado; tengo una silla bonita, cómoda y acolchada; utilizo ordenadores e impresoras en color; y la lista podría seguir y seguir. Como tú, yo también soy humano. Quiero estar cómodo mientras tomo mi cruz cada día y le sigo. Y realmente no creo que eso sea un pecado o que deshonre de alguna manera a Dios. Santiago 1:17 dice: *"Toda buena dádiva... viene de lo alto* [de Él]", y como suelo decir a la gente en las iglesias donde hablo, nunca debemos disculparnos por los dones que Dios nos ha dado ni sentirnos culpables por tenerlos.

Pero qué trágico es cuando Dios instruye a los creyentes para que den su don de la vida eterna a otros, pero no pueden permitirse hacerlo porque han gastado todo el dinero en sí mismos o se han endeudado tanto que se han convertido en esclavos de sus acreedores. El endeudamiento significa que ahora están trabajando para sus acreedores y no para Él.

Alguien visitó los Estados Unidos hace años, y después de regresar a casa, sus amigos le pidieron que describiera a los estadounidenses. Pensó por un momento, y luego nos resumió como "gente que gasta dinero que no tiene para comprar cosas que no necesita para impresionar a gente que no conoce".

Lo que me llevó a este punto de mi vida fue una conversación que tuve con un amigo abogado en 1984. Él era creyente, y a menudo hablábamos y nos aconsejábamos mutuamente. Me habló de un cliente particular que había adquirido y que había fallecido. Este cliente era un cristiano declarado, y había dejado más de 250.000 dólares en su testamento para una obra de caridad. Ahí estaba el problema. Este hombre había nacido y crecido en Pasadena, California, y le preocupaba el hambre. Evidentemente, disfrutaba del Día de Acción de Gracias y se entristecía por las personas sin hogar que no podían disfrutar de esa comida, así que dejó su patrimonio para proporcionar cenas de Acción de Gracias a las personas sin hogar. Suena bastante noble. Sin embargo, surgieron algunos problemas que hicieron que la herencia estuviera en un estado perpetuo de limbo. Lo que no había estipulado eran las instrucciones sobre cómo cumplir su objetivo.

- ¿Quién alimentaría a los indigentes?
- ¿Qué parte de la hacienda podría utilizarse para pagar a los cocineros y camareros?
- ¿Dónde se alimentaría a los indigentes?
- ¿Podría acudir cualquier indigente o solo los que vivieran en Pasadena?
- ¿Podría venir alguien de Pasadena que viviera en Los Ángeles y recibir una comida?

Las preguntas continuaban. Sin duda, aquel caballero cristiano tenía buenas intenciones, pero no ejerció el sentido común al establecer su voluntad. A menudo, los que todavía caminan entre los vivos no hacen un trabajo mucho mejor que el que él hizo.

- ¿Has sumado alguna vez cuánto dinero pagas en intereses cada mes solo por las deudas de tu tarjeta de crédito?
- ¿Qué podrían lograr los creyentes solos para Dios si sus pagos de intereses fueran liberados para financiar las misiones?
- ¿Te has dado cuenta de que con 100.000 dólares se podría dar a cada ciudadano de algunas naciones un ejemplar de la Palabra de Dios?
- ¿Sabías que lo que se gasta en un edificio típico de una iglesia estadounidense podría proporcionar instalaciones para 100, 200 o incluso más congregaciones en la India?

¿En qué gastan su dinero los individuos y las congregaciones? Sería un buen ejercicio para que cada familia se sentara y viera a dónde van sus dólares. Creo que si son como yo, se sorprenderán y se avergonzarán.

Los cristianos hacen tantas cosas en nombre de Jesús que realmente se parecen poco a su carácter o acciones. Uno de los mayores gastos en los presupuestos de las iglesias americanas son nuestros continuos programas de construcción. Y quiero apresurarme a decir que no hay nada malo en tener un programa de construcción. Las iglesias se apresuran a declarar que están construyendo para la gloria de Dios. ¿Lo hacen? Si lo hacen, entonces ¿por qué parece que solo quieren glorificar a Dios con edificios que llegan a habitar personalmente durante la semana en lugar de glorificarlo con edificios en todo el país y el mundo que nunca verán o nunca entrarán?

❖

Cuando pastoreaba en el área de Los Ángeles, era común ver a las iglesias más grandes y ricas erigir constantemente nuevos edificios o remodelar los existentes. "Todo por la gloria de Dios", decían. Pero siempre me molestó el hecho de que ninguna de estas iglesias ayudara nunca a una iglesia hermana del barrio a remodelar o construir. Compartían la misma doctrina y el mismo nombre denominacional, apoyaban a los mismos misioneros y daban a las mismas causas. ¿Por qué no ayudar a las congregaciones más jóvenes, más pequeñas y con problemas financieros, en lugar de derribar un granero para construir otro más grande?

Crecer en el Sur durante la época de los derechos civiles supuso la integración forzada en las escuelas unos 20 años antes que en el Norte. Como resultado, en la década de 1960 y en adelante, el movimiento de las escuelas cristianas cobró realmente impulso. No nos engañemos. Una gran parte del impulso fue mantener a los niños blancos separados de los niños negros. Si ese fue, de hecho, el motivo, que así sea. Pero, ¿por qué afirmar entonces que fue una directiva de Dios o incluso que se hizo por su gloria? Esa afirmación era descaradamente deshonesta, y los niños que asistían a las escuelas cristianas podían ver a través de ella.

Para muchos, la construcción de gimnasios o salas de aeróbic y pesas en sus iglesias se hace menos como un ministerio y más como una forma de mantener a sus hijos alejados de los niños "indeseables". Al final, la influencia del Evangelio ha sido eliminada de las escuelas públicas y de los patios de recreo, ya que los jóvenes cristianos son aislados en un ambiente cristiano estéril. No es mi tarea determinar si eso es bueno o malo o los motivos de por qué se hacen estas cosas. Ese es el trabajo del Espíritu Santo. Solo estoy exponiendo los hechos obvios.

Existe un problema de dinero, y debido a ello, algunas personas no podrán ir como misioneros porque otros no dan debido al endeudamiento, la falta de interés, la filosofía de "lo que veo-lo-quiero-y-lo-que-quiero-lo-obtengo", y el despilfarro. Francamente, nunca he entendido esa realidad, o debería decir, nunca la he aceptado.

Una gran preocupación que he escuchado sobre los predicadores nacionales a lo largo de los años es que si no se les paga, no trabajarán. No sé quién fue el "neurocirujano" que inició esa afirmación intolerante, ni por qué correría en tales círculos entre hombres de ese calibre, o por qué después de sus años de ministerio como misionero (pastor en el extranjero) eso fue lo mejor que él o sus cohortes pudieron producir. Ciertamente, los hombres con los que trabajamos sirven tanto si se les paga como si no. De hecho, ese es uno de los criterios para apoyarlos en primer lugar. Antes de que reciban el apoyo, se determina si lo merecen o no porque han servido y están sirviendo ya en calidad de plantadores de iglesias.

Pero seamos honestos y practiquemos la vieja regla de "lo que es bueno para el ganso es bueno para el ganso". Supongamos que un misionero viene a su iglesia y le dice que tiene la carga de ir al punto x del globo. Lo que está diciendo es: "Si recibo suficiente apoyo, iré". La otra cara de esa declaración es la realidad siempre tácita: "Si no consigo suficiente apoyo, no iré".

Pastores, ¿de cuántos misioneros han recibido alguna vez una carta que diga,

Estimado pastor,

Lamento que su iglesia no haya decidido apoyarme. Ojalá lo hubiera hecho. Solo pude recaudar el 10 por ciento de mi apoyo. Pero quiero que sepa que estoy en el campo misionero de todos modos. Mi familia y yo decidimos que esta era la voluntad de Dios para nosotros. Así que pedimos dinero prestado, compramos billetes de avión y volamos al país "x". Una vez que llegamos aquí, me enteré de que podía conseguir un trabajo en tal o cual fábrica (o en una plantación de plátanos o lo que sea). Así que estoy trabajando para mantener a mi familia mientras también planto una iglesia. Solo quería hacerles saber dónde estamos en caso de que puedan apoyarnos en el futuro.

Cuando fui pastor, nunca recibí una carta como esa. Nunca he tenido un pastor que me diga que ha recibido una carta así. Lo que hemos recibido son cartas que dicen,

Estimado pastor,
   Durante cuatro años he estado en la diputación, y solo he podido recaudar el 60 por ciento de mi sustento. Mi esposa y yo hemos decidido que no debe ser la voluntad del Señor que vayamos. Así que le pido a su iglesia que por favor deje de enviarnos apoyo. Gracias por todo lo que han hecho para ayudarnos. Sinceramente,
John Doe, Misionero.

¡Oh, Dios mío! El pensamiento que me vino a la mente la primera vez que leí una carta como esa fue: "¿Cómo malinterpretó la voluntad de Dios para su vida?".

Luego me pregunté: "¿Cómo malinterpretamos que Dios quería que lo apoyáramos, viendo que ni siquiera salió de los Estados Unidos?". Luego pensé: "¿Estamos apoyando a otros hombres como él y aún no lo sabemos?".

Luego, finalmente, me pregunté: "¿Cuánto dinero de nuestras misiones le dimos a este hombre que nunca fue al campo misionero?". ¡Ahora, multiplica eso por quién sabe cuántas otras iglesias que dieron dinero a misioneros que nunca llegaron al campo misionero! ¡Es un pensamiento aterrador!

Uno realmente quiere creer que esas son raras ocasiones, pero me temo que tal vez no lo sean. Las juntas compilan estadísticas sobre el número de misioneros que renuncian después del primer o segundo período, así como sus razones para renunciar, pero todavía no he encontrado una organización que haya compilado un análisis estadístico de cuántos de sus misioneros calificados y aprobados comenzaron la diputación pero nunca llegaron al campo misionero. ¿Por qué crees que las juntas directivas no llevan registros de este tipo? Creo que puedo decirte por qué. Sería un desaliento más allá de la capacidad de la mayoría de la gente para soportar, y así los hechos son simplemente barridos bajo la alfombra.

Estos siervos bien intencionados renuncian durante la deputación aunque lleven el título de misionero durante un año, o dos años, o tres años (seis es el más largo que he visto personalmente) mientras promueven con orgullo su llamado, su "plan de juego" y la junta misionera que los ha aceptado.

A menudo, las juntas están tan ansiosas por aceptar a cualquiera que diga verbalmente que Dios lo ha llamado al campo misionero que todo lo que necesita para su aceptación es presentar una carta de su pastor y una declaración doctrinal firmada. Entonces la junta añade dos misioneros más (si está casado) a su creciente lista. Algunas juntas tienen hasta un tercio de sus parejas "misioneras" que aún no han terminado la diputación, no conocen el idioma de la gente a la que pretenden ministrar y ni siquiera han visitado nunca el campo al que dicen ser llamados. La junta los llama misioneros por lo que planean hacer, no por lo que han hecho. ¿No te alegra que Delta exija más a sus candidatos antes de designarlos como pilotos y ponerlos en una cabina?

La junta directiva debería buscar la *calidad* por encima de la *cantidad*. Si las misiones se gestionaran como un negocio, eso es precisamente lo que se haría. Parece que el objetivo de muchas juntas directivas es tener más y más, ya sea dinero en el banco o misioneros en el campo, en lugar de tener más y mejor. Seguramente un misionero excelente puede lograr más que tres o cuatro misioneros nominales. Debido a los problemas de dinero, las iglesias no quieren invertir demasiado dinero en una sola persona, sino que quieren mantener la igualdad de condiciones.

Las iglesias suelen tener una cantidad estándar que se designa a cada misionero. No importa si el misionero tiene 22 años y nunca ha pisado un campo extranjero o si tiene 62 años y ya ha plantado 15 iglesias. Ambos recibirán la misma cantidad de dinero. Los sindicatos son condenados por esa práctica, pero se practica con la fuerza misionera sin condenación. ¿Por qué se hace así? ¿Lo enseña la Biblia? No. Todavía no he encontrado un versículo de la Escritura que instruya cómo repartir los fondos para los misioneros.

Me han dicho que cuando las juntas misioneras empezaron a surgir hace años, hubo que abordar una curva de aprendizaje. Una de las preocupaciones era cómo pagar a los misioneros. Razonaron: "Seguro que alguien que vive en París necesita más fondos que alguien en una aldea del Amazonas".

Finalmente, la cuestión llevó a investigar lo que se pagaba a un determinado nivel de empleado público, según el país en el que viviera, y a emular esa escala salarial. Por eso alguien que va a Costa de Marfil pide 6.000 dólares al año mientras que alguien que va a Japón pide 9.000 dólares al año. El problema es que el salario de un empleado del gobierno es mucho más alto que la renta media de los ciudadanos del país. El típico pastor nacional de Costa de Marfil estaría encantado de recibir 300 dólares al mes, y si lo hiciera, probablemente se convertiría en la fuente de envidia entre sus amigos pastores.

Los misioneros estadounidenses viven y trabajan entre esta gente y ganan 20, 50, 100 veces más, mientras que las iglesias que los apoyan no exigen ni el doble de trabajo ni ningún éxito. Todo lo que requerimos de los misioneros que nuestras iglesias apoyan es una carta una vez al mes o una vez al trimestre y el acuerdo con cualquier controversia pasajera que el pastor haya defendido. ¿Por qué se hace así? Se hace así porque siempre se ha hecho así. Y eso me lleva al siguiente punto.

El cambio del cristianismo

- En 1800, el 99% de la población cristiana mundial vivía en Europa y América del Norte, y el 1% en el Sur.

- En 1900, el 90% de la población cristiana mundial vivía en Europa y América del Norte, y el 10% en el Sur.

- En 2008, el 34% de la población cristiana mundial vivía en Europa y América del Norte, y el 66% en el Sur.

CAPÍTULO 3

Problemas de mentalidad

¿Sabías que 500.000 aldeas de la India están esperando escuchar una presentación del Evangelio por primera vez?

Las filosofías y mentalidades que impiden el cumplimiento de la Gran Comisión pueden dividirse básicamente en tres categorías:

- Las que impiden que el misionero pueda avanzar.
- Las que impiden que el misionero vaya a los lugares correctos
- Aquellas mentalidades incorrectas que impiden que el misionero que le impiden al misionero tener éxito una vez que llega.

Mentalidades que impiden que el misionero avance

❖

La mentalidad de "la-caridad-empieza-en-casa"

Estoy seguro de que muchos lectores que han leído hasta aquí están seguros de que he perdido la cabeza, pero no es esto lo que estoy tratando. A lo que me refiero es a la mentalidad que impide a los cristianos ir y dar.

Cuando era un joven misionero, uno de mis familiares me hizo el comentario de que no debía dar mi vida a "esa gente" porque merecían ir al infierno o si no ya serían cristianos. ¡Qué absurdo! Romanos 10:14 aborda esa preocupación: *"¿Cómo, pues, invocarán a aquel en quien no han creído? y ¿cómo creerán en aquel de quien no han oído? y ¿cómo oirán sin un predicador?"* ¿Por qué "esa gente" merece ir al infierno más de lo que yo merezco ir al infierno? Esa idea es casi como un karma cristiano: la filosofía de "esas personas no han tenido el

Evangelio porque no merecen el Evangelio" implica que de alguna manera algunas personas sí lo merecían.

Se sorprendería de lo típico, aunque disfrazado, que es este tipo de mentalidad en las iglesias fundamentales. Esa es una de las razones por las que las donaciones a las misiones son tan bajas y se reducen a medida que la economía empeora.

Esta pariente rara vez iba a la iglesia, nunca diezmaba, vivía con un cigarrillo entre los dedos, y trataba de decirme que no debía ir al mundo entero a predicar el Evangelio porque Estados Unidos merece el Evangelio pero el resto del mundo no. Su fanatismo se escudaba en el concepto de que la caridad empieza en casa. Algunas denominaciones enteras en el mundo bautista tienen sus propios vecindarios como su énfasis misionero completo-no el mundo-simplemente por el concepto de que la caridad comienza en casa. Es un error. La caridad comenzó en la Cruz, y a los creyentes se les dijo que llevaran esa caridad a todo el mundo.

Otros tienen la mentalidad de no ir porque dicen que la ida de los misioneros no logra ningún bien, ya que hay que enviar más misioneros, generación tras generación. A principios de los años 90, el parlamento de Tailandia aprobó una ley que entraría en vigor en el año 2000. Afortunadamente, la ley fue anulada posteriormente, pero lo que los funcionarios del gobierno tenían en mente era expulsar a todos los misioneros extranjeros a partir del año 2000. El país no promulgó esta ley por odio al cristianismo o por temor a que se perdiera su identidad nacional como nación budista. Más bien, determinaron que alrededor del año 2000, los misioneros cristianos habrían estado sirviendo en Tailandia durante 200 años. (Uno de los primeros fue el hijo de William Carey.) Si después de 200 años de trabajo, los tailandeses no habían abrazado el cristianismo hasta el punto de asimilarlo en su cultura y si sus propios pastores tailandeses no tenían la capacidad de propagarlo sin intervención externa, entonces el cristianismo simplemente no estaba destinado a los tailandeses. En resumen, había fracasado porque no era aceptado por el pueblo, sino que seguía siendo visto como una religión occidental. Gracias a Dios, esta decisión fue revocada.

Hay muchas razones por las que los misioneros deben seguir yendo a los mismos países. La más importante es el hecho de que muchos territorios geográficos están compuestos por grupos étnicos que viven en ellos. Mientras que un grupo étnico puede haber oído el Evangelio y haberse saturado de él, los demás no lo han oído o solo han tenido un ligero sabor de boca. Por lo tanto, es necesario apoyar a más misioneros hasta que todos hayan escuchado el Evangelio. Pero el "misionero" no tiene por qué ser estadounidense. Puede ser uno de sus propios ciudadanos. No es un misionero por su procedencia, sino por el lugar al que va, y va a llegar a los que nunca han oído el Evangelio.

❖

La mentalidad de "Dale-un-pez-a-un-hombre"

Otros, aunque bienintencionados, repiten un proverbio tan sobreutilizado que su validez parece ser incuestionable. Este proverbio se ha convertido en algo casi bíblico, como si la misma mano de Dios lo hubiera inscrito en las tablas de Moisés. Estoy tan cansado de oír a la gente repetir el viejo axioma de "dale a un hombre un pez y lo alimentarás durante un día; enséñale a pescar y lo alimentarás durante toda la vida". Todavía no he oído a nadie decirlo que haya dado realmente un pez a un hombre. Este axioma no es más que una forma políticamente correcta de excusarse por no hacer lo que Dios le ha llamado a hacer.

La idea de dar a un hombre un pescado y alimentarlo durante un día implica que hacerlo es malo. Los cristianos tienden a olvidar que Jesús lo hizo por 5.000 hombres en una ocasión y por 4.000 en otra.

A estas personas les diría: recuérdame cuando no tengas trabajo, cuando tengas dificultades, cuando tus hijos se vayan a la cama con hambre, porque me sentiré inclinado a ayudarte. Así que recuérdame que no te dé ese pescado por un día. Creo que entonces te sentirás diferente al citar ese proverbio. ¡Buscarás una red de peces!

Dales un pez; los alimentas por un día. Enséñales a pescar; los alimentas para toda la vida. ¿Ah, sí? Si le enseñas a un hombre a volar, ¿volará toda la vida? No, a menos que pueda permitirse alquilar o comprar un avión. Si le enseñas a un hombre a jugar al fútbol, ¿jugará al fútbol toda la vida? No, a menos que tenga un buen médico y un excelente seguro médico.

El hecho de que enseñes a un hombre a pescar no significa que automáticamente se alimentará durante toda su vida. ¿Y si no tiene una caña de pescar? ¿Y si no tiene un sedal o un anzuelo? ¿Y si no está cerca de un río para poder pescar? ¿Y si una sequía seca el lago? Sé que no es eso lo que dice la cancioncilla, pero también sé cómo se abusa de ella.

Hoy en día, en los círculos evangélicos, se propaga la idea de que si a un hombre se le da un pescado por un día, su dignidad queda destruida. Puedo llevarte por todo el mundo y mostrarte hombres a los que no les importa su dignidad. Están hambrientos. Busca en Internet la palabra clave "hambre" y encontrarás fotos de un niño hambriento y moribundo en cuclillas en el desierto con un buitre a menos de tres metros de distancia esperando literalmente a que ese niño muera para poder comérselo. Verás la foto de un hombre tan hambriento que está comiendo estiércol de vaca del ano de la bestia en un esfuerzo por mantenerse vivo. Observen las condiciones de vida de personas así y luego háblenme de dignidad.

❖

La mentalidad de "así-no-es-como-siempre-se-ha-hecho"

Para mí, la madre de todos los problemas de mentalidad es la absurda afirmación: "Así no se ha hecho siempre". Cierto. Lamentable, pero cierto. El método de misiones que sugiero no se ha hecho siempre. Sin embargo, las misiones se hicieron originalmente de esta manera. El pueblo americano se alejó de este método bíblico primero al no hacer misiones y luego al intentar hacerlas de manera ilógica. Por supuesto, incluso un método ilógico es mejor que nada. Todo lo que estoy sugiriendo es un retorno al patrón bíblico de las misiones, que no necesariamente significa enviar a alguien que se parece a mí a predicar a personas que no se parecen a mí.

Es cierto que la forma en que Final Frontiers realiza las misiones hoy no es la forma en que siempre se ha hecho, aunque sí es la forma en que se hizo por primera vez. No hay ninguna regla por encima de la puerta que diga que las misiones deben hacerse como siempre se han hecho. De hecho, si la hubiera, habría que arrancar esa placa y reescribirla para que dijera: "Es mejor no hacer las misiones como siempre se han hecho". Hay 124 millones de nacimientos cada año, pero las 4.000 agencias misioneras del cristianismo informan de que solo bautizan a 4 millones de personas al año. ¿Te parece que hacer misiones como siempre se ha hecho es productivo?

La verdad es que se hace muy poco como siempre se ha hecho. ¿Cuántos caballos y carros están aparcados fuera de las iglesias modernas? Después de los servicios del domingo por la noche, ¿hay que preocuparse por dónde se pisa? ¿Están los baños situados en la parte trasera de la iglesia? No, por supuesto que no. Cuando entras en la iglesia y pulsas un interruptor, las luces se encienden al instante. Hay calefacción, aire acondicionado, asientos acolchados, moqueta, un baptisterio interior con calefacción y micrófonos. ¿Es así como se ha hecho siempre?

Recuerdo que en Atlanta, en los años 60, las iglesias anunciaban en el periódico del sábado, en la página de la iglesia, que había aire acondicionado en su auditorio. El razonamiento era atraer a los visitantes a su iglesia con este invento "moderno". (Estos eran solo anuncios de verano, por supuesto.) Oh, algunos de los sermones que se predicaban sobre el "modernismo" y el "compromiso" incluían diatribas sobre los males del aire acondicionado y lo débil que era la fe de aquellos que dejaban que tal artilugio dictara dónde irían a la iglesia. Los sermones fueron legión hasta que una a una todas las iglesias pudieron permitirse instalar un sistema de aire acondicionado, y entonces también cambiaron su anuncio de la página de la iglesia de los sábados. ¿Quién podría culparles?

Cuando era niño y crecía en el pueblo de Wadley, Georgia, mi padre tenía un trabajo único. Todos los domingos por la mañana iba al sótano de la iglesia metodista y cargaba el horno con carbón para que el auditorio estuviera caliente cuando llegaran los miembros de la iglesia. No creo que nadie tenga ese trabajo en las iglesias de Estados Unidos hoy en día. Las iglesias tienen sistemas de megafonía, pianos, órganos, auditorios climatizados y asientos acolchados. Algunas iglesias incluso tienen música grabada. Algunas iglesias utilizaban cancioneros, pero ahora muchas ni siquiera los tienen; en su lugar, muestran la letra de las canciones en las paredes mediante sistemas de proyección. Esta fue otra invasión "pagana" del modernismo en las iglesias estadounidenses, hasta que, por supuesto, todos pudimos permitirnos tener un proyector de vídeo.

Cuando la familia media vuelva a casa el próximo domingo después de la iglesia, la esposa entrará en la cocina y abrirá una gran caja blanca. De esa caja, sacará una caja de cartón más pequeña. Después de abrir la caja pequeña, pondrá esa caja pequeña en una caja más grande de metal y cristal. Entonces girará un mando o pulsará unos botones y, en dos o tres minutos, la cajita saldrá bien caliente. La pone en la mesa y toda la familia se reúne alrededor, reza, come el contenido y disfruta de la comida.

Cuando la cena termine, ella recogerá los platos y los vasos, y los pondrá en otra caja, pulsará un botón, y listo, se lavarán.

Ahora bien, si le hubieras profetizado a tu abuela que ese tipo de comodidades estarían disponibles algún día, habría pensado que eras una bruja. Mi punto es este: Muy pocas cosas se hacen como siempre se han hecho. Entonces, ¿por qué los cristianos deben insistir en hacer el trabajo de Dios de la manera que siempre se ha hecho? Esa filosofía es errónea, y muestra que los cristianos no tienen el corazón propio de un administrador, o de un siervo, o de un esclavo. Pensar en hacer la obra del Salvador de una manera tan descuidada y anticuada cuando todo lo demás se hace de la manera más científica y tecnológicamente avanzada posible debería avergonzarnos. Esto muestra dónde está el corazón y la mente de muchos cristianos.

❖

La mentalidad de "el-dinero-americano-pertenece-a-los-misioneros- americanos".

Otra mentalidad perturbadora que frustra el objetivo de involucrar a más iglesias en el apoyo misionero es la creencia de que "el dinero americano pertenece a los misioneros americanos". Particularmente, me divierto mucho con esta idea errónea antibíblica. Mi primera pregunta es siempre: "¿En qué parte de la Biblia se lee el término dinero 'americano'?". Por supuesto, no está ahí. El Salmo 24:1 dice: *De Jehová es la tierra y su plenitud....".* ¿Puedo parafrasear ese versículo? Todo en este planeta pertenece a Dios. No me pertenece a mí, ni a una determinada iglesia, ni a una determinada denominación, y seguramente no pertenece a los Estados

Unidos de América. Puesto que pertenece a Dios, debe ser utilizado para cumplir los propósitos de Dios.

La Gran Comisión no fue escrita a las iglesias de los Estados Unidos, o a las iglesias británicas, o a las iglesias italianas. Fue escrita a todas las iglesias y exigió que el cuerpo de Cristo vaya a todo el mundo y predique el Evangelio a todas las personas. Ningún país está excluido; por lo tanto, el mandato no es inclusivo para ningún país. Si lo fuera, entonces se podría decir que "el dinero americano pertenece a los misioneros americanos". Como no lo es, debe decirse que el dinero de Dios pertenece a los misioneros de Dios. Obviamente, el mayordomo apropiado querrá encontrar al misionero más calificado y competente que pueda en quien invertir el dinero de Dios.

Cuando vas a comprar un coche nuevo para tu hija o hijo adolescente, ¿compras el más barato que puedas encontrar? Bueno, tal vez... Pero también quieres encontrar el coche más seguro que puedas encontrar. Cuando les compras ropa de invierno, ¿buscas algo que sea adecuado o algo que les mantenga calientes? Para los que amas, siempre intentas hacer lo mejor que puedes. ¿No debería hacerse la obra de Dios de la misma manera?

❖

La mentalidad de "si-les-das-dinero,-los-arruinarás-y-no-podrás-confiar-en-ellos"

Si le doy dinero a un veterano predicador nacional, lo arruinará, pero si le doy dinero a un novato, o incluso a un veterano misionero estadounidense, no lo arruinará? ¿No es intolerancia decir que la nacionalidad de uno lo mantendrá honesto, o es solo que nadie quiere creer que un hombre blanco puede arruinarse por el dinero, pero un hombre moreno o un hombre negro sí lo hará -no podría, sino que lo hará. Creo recordar un versículo de advertencia en Mateo 7:1: *"No juzguéis, para que no seáis juzgados"*. Cada año se pierden más de 22.000 millones de dólares en nuestras iglesias debido a los delitos eclesiásticos. Obviamente, algunos de nosotros, los "blancos", tampoco somos muy honestos.

¿Puede alguien explicarme estas cuestiones? Ya sé lo que vas a decir: "Los 100 dólares que das a un misionero estadounidense son una gota de agua en comparación con lo que realmente recibe, así que no le van a afectar. Pero los mismos 100 dólares que se dan a un predicador nacional podrían ser todo su salario mensual. Así que, sí, se verá afectado". Si esa es tu respuesta, entonces acabas de demostrar mi punto de vista. Si dar 100 dólares a un misionero estadounidense no significa nada para él, entonces ¿por qué dárselos? ¿Por qué no dárselos a alguien para quien signifique un mundo de diferencia?

No estoy sugiriendo que se pague un salario completo a los predicadores nacionales; y del mismo modo, tampoco estoy sugiriendo que se pague un salario completo a los misioneros estadounidenses. "Lo que es bueno para el ganso es bueno para el ganso", solía decir mi padre. Si se espera que el predicador nacional trabaje y reciba alguna ayuda por su ministerio, también se debería esperar e incluso exigir que el misionero estadounidense trabaje mientras recibe alguna compensación por su ministerio. Pero abordaré este tema en un capítulo posterior, porque al contrario de lo que se ha dicho a los cristianos, no es ilegal que un misionero americano reciba un sueldo de su iglesia.

Los misioneros moravos fueron ejemplos a seguir para todos nosotros. Nunca practicaron el arte de la diputación; simplemente iban donde Dios los guiaba y llevaban consigo las herramientas de su oficio (al igual que William Carey). Trabajaron con sus manos mientras "misionaban", al igual que Pablo. Y cuando en el Caribe se les negó el acceso a los esclavos que vivían en las plantaciones de azúcar, algunos se vendieron como esclavos y vivieron en barracas para poder llegar a aquellos por los que Dios les había encomendado.

Esta idea de "arruinarlos" ha llevado a que los creyentes nacionales sean denominados "cristianos del arroz", lo que significa que servirán mientras sean alimentados. Pero cuando se les corte el sueldo, dejarán de servir. Estoy seguro de que eso puede ser correcto en algunos casos, pero no tiene nada que ver con su nacionalidad y sí con su carácter. Además, ¿cuántas veces has oído hablar de un misionero que haya perdido toda su manutención pero que se haya quedado en el campo de todos modos? Nunca.

Para mí, esta filosofía es extremadamente insultante. Conozco y he conocido a cientos de cristianos nacionales que han sufrido por el nombre de Cristo. Han enterrado a sus hijos; han soportado palizas, mutilaciones y quemaduras; han sido disparados, apuñalados y arrojados desde los tejados; han pasado hambre y han sido privados de ropa. Han visto a sus esposas violadas, a sus hijos decapitados o arrebatados para ser esclavos. Estos hombres han servido con fe antes de haber visto un dólar, ¡y luego algunos se atreven a calificarlos de cristianos del arroz! Son hombres de los que el mundo no es digno. Como dice el viejo himno, son hombres que "lucharon para ganar el premio y navegaron por mares sangrientos". Aquellos que los injurian en nombre de Cristo nunca han sufrido, rara vez se han sacrificado, y serán "llevados a los cielos en lechos fluidos de facilidad".

Poco después de iniciar Final Frontiers, fui reprendido por el presidente de cierta junta misionera bautista fundamental e independiente. Me dijo en términos inequívocos que apoyar a los nacionales era un error porque no se podía confiar en ellos. Sabía que no eran de fiar porque el ministerio que dirigía había empezado apoyando a los nacionales y tuvo que cambiar de canoa en medio del río. Quiero compartir en mis propias palabras lo que me relató.

Varios de nosotros habíamos ido a ___ (cierta isla del Caribe) para realizar una cruzada. Esa semana acudieron cientos de personas a nuestras reuniones, y muchos se convirtieron. Como todos éramos pastores y teníamos que volver a casa, necesitábamos encontrar a alguien que pudiera fundar una iglesia y pastorear a esas personas. Decidimos poner un anuncio en el periódico local y pedimos que se presentaran quienes estuvieran interesados en ser pastores y estuvieran dispuestos a trabajar para nosotros. Muchos hombres se presentaron, y seleccionamos al que nos pareció más cualificado. Regresamos a casa y comenzamos a enviar miles de dólares para Biblias, folletos, la construcción de una iglesia y su salario. Más o menos un año después, volvimos y, para nuestra sorpresa, no había iglesia, ni edificios, ni Biblias. En cambio, este hombre había comprado coches y se había construido una hermosa casa. Ves, Jon, no puedes confiar en los nacionales.

Yo era mucho más joven que él, y quería sazonar mi respuesta con gracia. Sentí que tenía que señalarle que el error no estaba en el predicador nacional; eran los pastores americanos quienes habían roto los principios del orden de Dios para nombrar pastores para la iglesia.

- En primer lugar, la instrucción de I Timoteo 5:22 dice que no hay que imponer las manos a nadie de repente. Ellos se apresuraron a nombrar un pastor.
- Segundo, I Tesalonicenses 5:12 dice que conozcan a los que trabajan entre ustedes en el Señor. Ellos contrataron a un hombre que ni siquiera conocían.
- Tercero, I Timoteo 3:7 dice que un pastor debe ser un hombre de buena reputación y no debe servir por ganancia financiera como se ordena en I Pedro 5:2.

En lugar de observar estos mandatos, contrataron a un hombre malo que respondió porque un periódico publicó un anuncio para un puesto asalariado.

La verdad es que muchos hombres se ponen gustosamente el disfraz de pastor si el dinero es bueno. Pero afirmar que es común entre los extranjeros y dar a entender que tal cosa nunca ocurre en los Estados Unidos es una hipocresía. Al fin y al cabo, todos los pastores son pastores nacionales.

Final Frontiers tiene mucho cuidado de investigar completamente al predicador antes de involucrarse en su apoyo. En esencia, hacemos nuestros deberes por adelantado para no sentirnos avergonzados después. Compartiré más sobre este asunto en otro capítulo.

❖

La mentalidad de "complacencia"

Uno de los mayores peligros para la conquista del mundo para Cristo es la complacencia del cristiano típico. Es sorprendente cuántos cristianos pueden citar los promedios de bateo, los horarios de la televisión y las diez mejores películas, pero apenas pueden citar un versículo de las Escrituras. Si la Palabra de Dios fuera quitada, como lo ha sido de numerosas culturas a través de la historia, ¿cuántos pasajes llevaría el cristiano promedio en su corazón? La complacencia es un cáncer que corroe el alma de la fe.

Alrededor del año 2004 me detuve en una librería cristiana de la zona. Recorrí sus muchos pasillos de libros de autoayuda que me abrumaban con cómo ser un mejor padre cristiano, un mejor esposo cristiano, un mejor empleado cristiano, y ciertamente, cómo ser un mejor cristiano. Si mi billetera hubiera sido lo suficientemente profunda, podría haber salido con suficientes baratijas para llenar una tienda por departamentos en Navidad. Las baratijas incluían pegatinas cristianas para el parachoques, marcadores de libros cristianos, tazas cristianas, vajilla cristiana, placas cristianas, insignias cristianas para la solapa, camisetas cristianas, lápices cristianos e incluso un felpudo cristiano con el siempre presente contorno del pez cristiano. (Ese símbolo fue supuestamente utilizado por la iglesia primitiva para que un creyente secreto reconociera a otro, aunque en realidad no fue "inventado" hasta el siglo IV). ¡Qué increíble! Solo en la cultura actual se podría pensar en hacer dinero induciendo a los creyentes a limpiarse el barro del mundo en un símbolo de Cristo antes de entrar en las casas cristianas. ¿Cuál podría ser la motivación para un producto así? En una palabra, el lucro. Me sentí abrumado por todo lo que vi y, para ser honesto, me pregunté cuánto podría llevarme a casa. Muchos artículos eran hermosos y, en muchos casos, me levantaron el espíritu con sus palabras de alabanza.

A medida que avanzaba en mi exploración en busca de determinados CD, decidí echar un vistazo a la sección "Misiones". Después de todo, las misiones son el alma de la iglesia. Dios nunca ordenó al hombre ir por todo el mundo y construir librerías cristianas en cada nación. No se le dijo que construyera hospitales, colegios bíblicos, etc. Todo esto es bueno (y necesario), pero ninguno es el cumplimiento de la Gran Comisión; más bien, son el resultado de ella. Son periféricos: la evidencia de nuestra abundancia de riqueza e ingenio. Si alguna vez hubo un caso de poner el carro delante del caballo, los cristianos estadounidenses lo han dominado.

Abriéndome paso entre el follaje de mercancías que ahogaba esta jungla del cristianismo en la que me había adentrado, tenía dificultades para encontrar la sección de

"Misiones". "Ah", pensé, "un guía nativo empleado aquí seguramente podrá ayudarme". Así que, tras esperar pacientemente a que los demás fueran atendidos, pregunté: "¿Dónde está la sección de misiones?". Los primeros segundos de silencio parecieron minutos, y me sentí incómodo. Era obvio que mi pregunta nunca se la había hecho antes. Me quedé tan sorprendido por su silencio como ella por mi pregunta. De repente, la mirada de desconcierto de su rostro me devolvió a la realidad. Hacía años que no entraba en una librería cristiana y, de repente, me acordaba. Todo volvió a mi mente en esa mirada. En casi todas las tiendas que he visitado, he recibido la misma mirada de desconcierto cuando he pedido libros sobre misiones. Es casi como si no existieran. Tal vez ese sea el problema. Y si no existen, ¿por qué no lo hacen? ¿Es que nadie escribe sobre misiones o que nadie quiere leer sobre misiones?

Mientras la desconcertada empleada pronunciaba los habituales "hmms", pensé: "Seguro que aquí hay un libro sobre William Carey o Adoniram Judson o Jonathan Goforth". Mientras razonaba todo esto en mi mente, la bombilla se encendió sobre su cabeza y dijo: "Tenemos algunas cosas aquí atrás; sígame". (Por el camino, se detuvo a preguntar a un empleado superior dónde estaba la sección, supongo que para estar segura). Caminamos literalmente hasta la esquina más alejada de la tienda, hasta un pequeño pasillo de tres metros de largo. Aquí estaba por fin la supuesta "sección de misiones". No había mapas del mundo que mostraran dónde viven los pueblos no alcanzados. No había CDs de música misionera. (No había biografías de misioneros, ni siquiera un libro sobre Lottie Moon, y eso que se trata de una librería bautista del sur. Ni siquiera había libros sobre cómo celebrar una conferencia misionera, ni libros para colorear, ni bolígrafos, ni marcadores de libros, ni felpudos. Parece que las misiones se han convertido en el pájaro dodo religioso de esta generación. Todos hemos oído hablar de ellas, pero ¿siguen existiendo? ¿Existió alguna vez?

En 1986, cuando empecé con Final Frontiers, recibí una publicación de una librería de venta por correo que presumía en su portada de que se podían pedir más de 10.000 títulos de libros en ese catálogo. Consulté toda la publicación y no aparecía ni un solo título de un libro de misiones. Ni uno de los 10.000. Habían pasado dieciocho años en ese momento, y nada había cambiado.

Antes de que piensen que soy demasiado duro con los propietarios de las librerías, quiero que me detenga para decir que tengo un conocimiento básico del marketing: la oferta y la demanda. (Comprendo que los propietarios no van a gastar dinero en llenar sus estanterías con libros que nadie va a comprar. La culpa no es de ellos, sino de los cristianos. Si el cristiano típico se preocupara por las misiones, las estanterías estarían repletas de productos. A la mayoría de los cristianos no les importa, y por eso, amigo mío, el mundo todavía no conoce el nombre de Jesús.

Como he estado hablando de misiones durante los últimos 25 años, a menudo he tenido que compartir el púlpito con otros. Muchas han sido las veces que un grupo de canto estaba en la iglesia al mismo tiempo que yo. Normalmente, se les da entre 45 minutos y una hora para cantar y entretener a la congregación. A mí me dan cinco minutos para hablar de las misiones. Esto fue específicamente porque el pastor no quería que el "desafío" que yo iba a dar interfiriera con su tiempo de canto.

En una iglesia en el área de Atlanta, Georgia, recuerdo que al final del servicio, se tomó una "ofrenda de amor". Cuando me fui ese día después del servicio, el pastor me dio un cheque de 25 dólares y anunció con orgullo que habían recaudado y entregado más de 6.000 dólares al grupo de canto. Ah, bueno, alguien tenía que pagar el autobús en el que viajaban, pero ¿quién iba a pagar para llevar el Evangelio a más de dos mil millones de personas que aún no lo han escuchado?

Los cristianos se preocupan demasiado de sí mismos, de sus deseos, de sus necesidades y de sus placeres; gastan el "diezmo de Dios" para construirse "graneros más grandes". Y no nos engañemos tampoco; ninguno de esos artículos es para Dios. Él no necesita un centro de vida familiar, una bolera, una sala de pesas o una zona de aeróbic; pero tampoco Dios necesita bancos acolchados, aire acondicionado o bautisterios interiores. Ninguno de estos lujos está mal, ninguno es malo, pero tampoco son necesarios en última instancia. Lo que es necesario es alcanzar a los perdidos con el Evangelio.

Me doy cuenta de que estas "herramientas" pueden ser instrumentos que abren la puerta de la oportunidad de testificar a otros, pero vamos, llamar a las puertas puede hacer lo mismo. ¿Quién va a pagar para abrir las puertas de la oportunidad de alcanzar el mundo?

Como ya he dicho, lo que me dejó perplejo como pastor hace años es cómo la gente de Dios dará para construir un nuevo auditorio o aulas para su iglesia, pero generalmente no darán un centavo para construir una para otra iglesia de la misma fe en su propia ciudad que solo pasa por la cuadra o en el gueto.

¿A quién queremos engañar? No estamos construyendo para la gloria de Dios; estamos construyendo para la comodidad de sus hijos mimados. Decimos que estamos dando a Dios, pero en realidad nos estamos dando a nosotros mismos, a nuestra comodidad, a los programas juveniles de nuestros propios hijos. Si realmente estuviéramos dando a Dios, nos preocuparíamos más por dónde se da el dinero y cómo se utiliza. Pagamos por bancos acolchados para que nuestros traseros sobredimensionados estén cómodos mientras cantamos "Send the Light"; luego damos muy poco para enviarla. Gastamos 10.000, 50.000, 200.000 dólares en un sistema de aire acondicionado para que estemos cómodos durante esas tres horas a la semana que utilizamos el auditorio. Y luego proclamamos que nuestras iglesias no pueden asumir más proyectos misioneros. Estos hombres a los que estamos fallando se están muriendo de exacerbación por el calor mientras nosotros nos quejamos de que el termostato está demasiado bajo.

Las iglesias y los ministerios piden préstamos para construir estructuras, pero nunca considerarían hacerlo para apoyar las misiones. ¿Por qué? Es hora de que los pastores se presenten ante sus congregaciones y los reprendan por su complacencia. Los miembros de la iglesia no necesitan que se les dé una palmadita en la espalda y se les diga que su complacencia es aceptable para Dios. Los miembros de la iglesia necesitan ser golpeados en el asiento de sus pantalones y decirles que se arrepientan y hagan lo que Dios les puso aquí para hacer por Él y no solo por ellos mismos.

Como dije, la complacencia es como un cáncer. Al principio los cristianos ni siquiera saben que está creciendo dentro de ellos, pero con el tiempo los debilita, los hace ineficaces y finalmente los destruye. Por eso Dios advirtió en I Juan 2:15a: *"No améis al mundo, ni las cosas que están en el mundo"*. Como Sus hijos, los creyentes deben amar las cosas que Él ama. Si los creyentes pasan suficiente tiempo con Él, se parecerán más a Él. Amarán las cosas que Él ama y despreciarán las cosas que Él desprecia. Esto es una ley de la naturaleza como lo es la gravedad.

Yo me parezco mucho a mi padre, y mi hijo Daniel se parece mucho a mí. No me pregunto por qué. No me sorprende. Lo espero, y Dios espera que sus hijos sean como Él.

Predicamos esto como si fuera algo que debemos hacer o dejar de hacer para lograr. No es así; esto no debería implicar ningún esfuerzo de nuestra parte. Si nuestros corazones están enamorados de Él, es natural querer ser como Él, gravitar hacia lo que a Él le gusta y evitar lo que a Él le disgusta. Al principio, esto puede ser solo un esfuerzo para complacerlo, pero en poco tiempo, el esfuerzo será reemplazado por un deseo sincero. Cuando el corazón de una persona se conforma a la imagen de Cristo, sus gustos y disgustos se transforman también. Una persona nunca vivirá bien solo por la predicación. Ayude a la gente a enamorarse de Jesús, y esa gente no podrá dejar de vivir correctamente.

Mentalidades que le dicen a un misionero a dónde ir y a dónde no ir

❖

La mentalidad de " Rociar-a-las-naciones".

Fue profetizado en el libro de Isaías que nuestro Señor "rociaría a las naciones" - no que las sumergiría, sino que rociaría a las naciones. En realidad, de eso se trata el trabajo misionero: enviar a un hombre a "rociar" un área que no ha sido expuesta al Evangelio. Si este misionero ha hecho su trabajo eficientemente y de una manera bíblica, él dejará atrás o llamará a alguien que plantará una iglesia allí o solidificará esa iglesia mientras él se mueve para rociar la siguiente área.

Entonces el evangelista, el profeta (predicador/expositor), el pastor, y el pastor vendrán, y lo que comenzó como una aspersión se convertirá en un diluvio. Lo que comenzó como una aspersión se convertirá en un diluvio que cubrirá esa área en el conocimiento de la gloria del Señor. Mientras tanto, el misionero sigue avanzando hacia la siguiente obra.

El problema es que los misioneros no han sido enseñados a funcionar de esa manera. Se les ha enseñado a ir y quedarse. Como regla general, un misionero no se traslada a otro lugar o país, pero si lo hace, primero debe llamar a la oficina central y pedirles que envíen a otro misionero para que ocupe su lugar. Eso describe el concepto moderno de las misiones, pero bíblicamente, eso no es trabajo misionero; más bien, es pastorear en otra tierra-aunque sea un pastoreo infructuoso.

No hay nada malo con este concepto, aparte del hecho de que cualquier verdadero misionero debería haber sido capaz de entrenar a un pastor nacional para tomar su lugar después de años de servicio con una sola congregación. (Pero también debería hacerlo todo pastor estadounidense.) Dios bendiga a estos hombres de Dios por lo que han hecho y por su sacrificio y voluntad de vivir interculturalmente. Que Dios los bendiga. Sin embargo, pastorear no es hacer un trabajo misionero a menos que estos líderes estén usando esa iglesia como un centro de una rueda desde donde salen y plantan más iglesias en toda la zona. Esa es la obra misionera: una iglesia plantando otra iglesia.

Pero desafortunadamente, los misioneros de hoy no están entrenados para hacer eso. Los hombres han ido a un campo extranjero y han comenzado una iglesia y todavía están allí - 5 años después, 10 años después, 15 años después, e incluso 20 años después. Es hora de retirarse, y todavía están en la misma área, ¿y qué hacen? Llaman a otro misionero de su oficina de origen para que venga a ocupar su lugar porque se va a jubilar. Estas mentalidades son perjudiciales para las misiones. Demasiados misioneros actúan como si Dios los llamara solo a un lugar específico en lugar de a un pueblo y a un pueblo selecto, en lugar de a todos los pueblos.

La mentalidad de "La-gente-no-vive-donde-se-supone-que-debe-vivir, -¿o-sí?"

Tomemos como ejemplo la India. Hoy en día, cada vez más personas son supuestamente llamadas a ser misioneros en la

India. De hecho, se está convirtiendo en una especie de moda. Y me alegro de que la gente tenga una carga y un corazón para alcanzar a los indios. Necesitan ser alcanzados. Pero se está volviendo muy difícil recibir una visa como misionero en la India. No diré imposible, pero casi. Pero, mi pregunta es, ¿realmente Dios llamó a esa persona a ir a la nación geográfica de la India o a los pueblos étnicos de la India? Y, por supuesto, la India está compuesta por miles de grupos étnicos. Quiero explicar esto de esta manera. Supongamos que tienes una carga en tu corazón para ir a la India, pero no puedes ir porque simplemente no puedes entrar. ¿Qué te parece, en cambio, el Pacífico Sur? ¿Podrías ir allí? Dices: "Oh, pero Dios no me llamó allí. Dios me llamó a la India".

¿Lo hizo? ¿Te llamó a la India, o te llamó a los indios? ¿Sabías que el 37% de las personas que viven en la nación de Fiji son indias? ¿Sabías que algunas naciones de Sudamérica y el Caribe están altamente pobladas de indios? Así que si tu llamamiento es ir a la India para llegar a los indios, no tienes que ir a la India. Todo lo que tienes que hacer es ir a algún lugar donde residan indios.

Se pueden encontrar grupos de indios viviendo en Nueva York, Atlanta, Dallas, Chicago, Los Ángeles, Denver o Seattle. Como todos los grupos étnicos, los indios viven en todo el mundo. De hecho, Nepal, Tailandia, Guyana, Mauricio, Trinidad y Tobago, Emiratos Árabes Unidos, Surinam y Fiyi son algunos de los países en los que la población hindú o india representa alrededor del 20% del total de la población nacional. Aquellos que quieren alcanzar el mundo para Cristo necesitan empezar a pensar en alcanzar a la gente del mundo desde el punto de vista de los grupos étnicos, no como límites geográficos.

❖

La mentalidad de "no-puedes-ir-allí-como-misionero"

Otra mentalidad destructiva es decirle a alguien que "no puede ir allí", lo que significa que el misionero no puede ir a ese país en particular como misionero. Si bien es cierto que muchos de los países del mundo están cerrados o muy restringidos para los misioneros hoy en día, eso no significa automáticamente que uno no pueda vivir y ministrar en ellos.

Solo significa que una persona no puede ir allí oficialmente como misionero.

Esta es la siguiente pregunta: "Pero pensé que te oponías a que alguien fuera como un maestro".

No, nunca dije eso. Lo que he dicho es que me opongo a que se llame misionero a un maestro de escuela, al igual que me opondría a que se llamara pastor a un maestro de clase de escuela dominical de niñas de primaria. No es una pastora, es una maestra. La misma diferencia existe también para un misionero. El hecho de que un misionero enseñe no significa que esa enseñanza sea su profesión. Y el hecho de que un profesor vaya a otro país no lo convierte en un misionero.

Mi madre fue profesora durante décadas. Yo fui profesor. ¿Me estás diciendo que si enseño en Georgia, soy un maestro, pero si enseño en México, soy un misionero? Estoy enseñando las mismas clases: gramática o ciencias o matemáticas o incluso una clase de Biblia. Pero porque cruzo una frontera nacional, ¿ahora soy un misionero? Esa forma de pensar es absurda. Creo que no hay absolutamente nada malo en que un misionero sea profesor; incluso puede ser prudente o necesario. Sin embargo, hay mucho de malo en que un profesor se llame a sí mismo misionero o se le apoye como tal, solo porque enseña fuera de su país.

Eso no significa que un misionero no pueda dar clases o hacer reparaciones en un motor de avión, etc. Muchos buenos ministerios están involucrados en la aviación, y probablemente se necesitan más. No me opongo a ellos, e incluso si lo hiciera, ¿y qué? ¿Quién soy yo? Simplemente no creo que haya que apoyar a otros profesionales como misioneros. Busquen otra forma de apoyarlos. No sugiero que no se les apoye; simplemente sugiero que se encuentre otra forma de apoyarlos.

Quiero compartir un escenario con el que creo que cualquier persona que haya vivido en el extranjero durante algún tiempo tendría dificultades para estar en desacuerdo. En la actualidad, la forma en que un mecánico de aviones va al extranjero es recaudando ayudas como misionero para poder ir a un determinado país y trabajar en los aviones que son propiedad de la junta de la misión o de los misioneros. El apoyo que se le da al mecánico de aviones en realidad está drenando los fondos misioneros de las iglesias estadounidenses. Quisiera compartir otro escenario a considerar. Trasladen a ese mismo mecánico al mismo país y déjenlo trabajar en ese mismo hangar como un empresario independiente con una visa de trabajo o residencia válida. En otras palabras, puede ir a ese país y abrir legalmente su propio negocio de reparación de aviones y motores de avión. Lo hace a cambio de unos honorarios, como lo haría en Estados Unidos y como lo han hecho o lo hacen todos los demás mecánicos de ese país.

Pero algunos dirán: "No está bien cobrar a los misioneros".

¿Por qué está mal cobrar a los misioneros? Ellos tienen que pagar por sus comestibles, su gasolina y la reparación de sus coches. ¿Por qué no deberían pagar para que les arreglen sus aviones?

Pero, por el bien de la discusión, digamos que tienes razón y que no debes cobrar a los misioneros. Es una solución sencilla. El mecánico de aviones cobra a todos los demás para los que trabaja, pero luego hace el trabajo para los misioneros de forma gratuita.

Si alguna vez has vivido en un país extranjero, creo que estarías de acuerdo con mi opinión de la siguiente manera: si vives en cualquier país y eres lo suficientemente rico como para tener un avión que necesita alguna reparación, preferirías pagar a un mecánico de motores estadounidense certificado para que trabaje en él que pagar a alguien de tu propio país que fue aprendiz de otro que fue aprendiz de otro.

La verdad es que este mecánico de aviones podría estar trabajando en los aviones propiedad del gobierno y de los líderes empresariales de ese país. Así, podría conocer a esas personas y tener la oportunidad de darles testimonio. Al mismo tiempo, con el superávit que está ganando porque no le costará tanto vivir en ese país, ahora podría permitirse trabajar en los motores de los aviones del misionero de forma gratuita. ¿Qué ha hecho eso?

- Uno, tiene una deducción fiscal legítima para sus impuestos sobre la renta de este año.
- Dos, es respetable en su comunidad cuando la gente se entera de la cantidad de tiempo e ingresos que dona a la obra del Señor.

- Tres, ahora tiene la oportunidad de testificar a personas a las que nunca hubiera podido testificar antes.
- Cuatro, probablemente disfrutará de un nivel de vida aún más alto, lo que le permitirá tener más dinero para diezmar a las iglesias locales de allí.
- Cinco, seguirá logrando lo que fue a hacer allí, mientras que al mismo tiempo liberará dinero de apoyo misionero para misioneros de buena fe, probados y con experiencia.

Se me ha acusado de ser antimisionero; eso es tan ridículo como acusar a un vendedor de alarmas de humo de ser antifuego. Su propósito y objetivo no es dejar sin trabajo a los bomberos, sino salvar la vida de las personas alertándolas del incendio. Cuando los bomberos lleguen, podrán dedicar su tiempo a apagar las llamas antes de que se extiendan por el barrio, en vez de a salvar vidas. Les recuerdo de nuevo que soy un misionero.

Lo que quiero decir es que mi objetivo es llegar al mundo con el Evangelio de Cristo. Estoy buscando todos los lugares en los que se puedan recortar los gastos para poder avanzar rápida y eficazmente en el cumplimiento de ese objetivo de alcanzar el mundo. Debido a la economía actual, los presupuestos familiares, los presupuestos de las empresas y los presupuestos de las iglesias han sido recortados necesariamente. La economía para las misiones siempre ha sido mala, pero aun así, la necesidad de reducir también existe allí. ¿Qué se puede recortar? La respuesta es sencilla: recortar lo que no sea esencial y lo que pueda financiarse a través de otra fuente, de modo que el dinero restante se utilice exclusivamente para realizar la labor misionera.

A los que dicen "no puedo ir allí", tengo otra pregunta: "¿Por qué no puedes ir allí?" Es cierto, no se le permite ir como misionero. Entonces, vaya como barbero. En un año, aprende a cortar el pelo, obtén un certificado, múdate a ese país de elección y abre una barbería. "¿Un año?", dirás. "Eso es una pérdida de tiempo".

¿De verdad? ¿Y cuatro años de diputación no lo son? Cuando llegues a tu país "de adopción", haz algo que no se parezca a ninguna otra barbería de allí. Anúncialo. Anuncia:

"Ven a la barbería americana. Deja que un americano te corte el pelo". Imprime folletos y repártelos en las esquinas, en los aparcamientos de los centros comerciales y en el distrito comercial de la ciudad. Paga a los niños para que los repartan. ¿Sabes lo que ocurrirá? La gente vendrá a dejarse cortar el pelo porque nunca antes se lo ha cortado un estadounidense. Quieren ver qué tipo de trabajo hace un americano. ¿Adivina qué? Querrán practicar su inglés contigo mientras están allí. Algunos de ellos pueden tener tanto ego que te harán cortar el pelo para que sus amigos puedan ver cómo les atiende un americano. Quieren ser capaces de decirle a un americano lo que tiene que hacer. "Córtalo así. Córtalo así. Estás cortando demasiado", sea cual sea el caso.

La verdad es que las personas más prominentes de la comunidad -médicos, abogados, jefes de policía, políticos, coroneles militares- acudirán a ti para que les cortes el pelo. ¿Por qué? Simplemente para poder decir: "El americano me corta el pelo". Y mientras un cliente está sentado en tu silla, envuelve esa toalla caliente alrededor de su cara, inclínalo hacia atrás en la silla, saca la correa, comienza a afilar esa cuchilla de afeitar, colócala suavemente en su cuello y pregunta: "Si murieras hoy, ¿sabes con certeza que irías al cielo?". ¡Esto es una broma! Yo no lo recomendaría.

Lo que quiero decir es lo siguiente: cuando estos hombres vienen y se sientan en tu silla para que les cortes el pelo, tienes una oportunidad de diez o quince minutos para decirles quién eres, por qué estás allí, cuánto amas su país, cómo renunciaste a tu propia casa y a tu propia cultura y a tu propia vida para venir allí y vivir entre ellos y ser uno de ellos. ¿Por qué? Porque te preocupan sus almas y te preocupa que mueran y vayan al infierno sin conocer a Jesucristo, el Hijo de Dios.

Cuando ellos regresan cada pocas semanas, puedes hablar con ellos más. Dales un tratado y dales un Nuevo Testamento para que lo lean. Antes de que pase mucho tiempo, Sr. Barber, ¡has comenzado una iglesia! Y está empezando a llenar las iglesias en su área con hombres buenos que han nacido de nuevo y que tienen la capacidad de diezmar y financiar el ministerio en sus propios países. No, no puedes ir a todas partes como misionero, pero eso no significa que no puedas ir a alguna parte.

Dices: "Bueno, toqué la puerta principal del país y no me dejaron entrar".

Pues vete a la puerta de atrás y mira si no puedes entrar ahí. "Llamé a la puerta trasera y no me dejaron entrar". Pues entonces, mi consejo es que compruebes las ventanas. Una de ellas debe estar desbloqueada, así que gatea a través de ella. Y si aún así no encuentras la forma de entrar, ¡para eso están las piedras! Rompe una ventana y entra a gatas como sea. Si Dios te llamó a ir a ese país, no tienes derecho a que nada te impida ir allí.

❖

La mentalidad de "10/40-ventanas-y-el-fondo-de-la-casa"

En 1974, en la primera Conferencia de Lausana, se introdujo una filosofía misionera que era definitivamente necesaria. Se trataba de animar al misionero: las iglesias enviadoras debían hacer hincapié en la conversión de los perdidos dirigiéndose a aquellos grupos étnicos que nunca habían tenido contacto con el Evangelio, claramente más de mil millones de almas.

Las investigaciones indicaban que la mayoría de esos "grupos de personas" vivían entre las latitudes décima y cuadragésima; de ahí que el movimiento se conociera como "La ventana 10/40". Este fue, sin duda, un momento trascendental en la causa de la evangelización mundial y de llevar el Evangelio a todo el mundo. El único problema que ha surgido es que algunas iglesias dan ahora tanto énfasis a esta ventana que se han olvidado del "resto de la casa".

Si bien es cierto que la mayoría de los pueblos no alcanzados viven en la ventana 10/40, otros millones viven en otros lugares y no deben ser abandonados. Final Frontiers no tiene como objetivo esa Ventana, pero como nuestro ministerio busca llevar el Evangelio a las Final Frontiers que aún no han sido alcanzadas, nuestro ministerio apoya por tanto a más predicadores nacionales allí que en el resto del mundo juntos. Aun así, no nos olvidamos del resto del mundo por poner todos los huevos en la misma cesta.

Al igual que sería un error dejar de testificar a los vecinos de Estados Unidos porque este país ya tiene el Evangelio, también es un error ignorar a las naciones y grupos étnicos porque sus habitantes no viven dentro de una determinada latitud geográfica.

Mentalidades que impiden que un misionero tenga éxito una vez que llegue

Siempre es maravilloso cuando un misionero y su familia llegan finalmente al campo de servicio elegido. Las expectativas son altas, los niños están entusiasmados por hacer nuevos amigos, y la tarea de preparar la casa es iniciada con entusiasmo por la esposa. Pero después de que la novedad desaparece y la realidad se sirve con una cucharada de desaliento encima, algunos están tan ansiosos por dejar el campo como lo estuvieron por llegar allí en primer lugar. La mayoría de las veces, desde el punto de vista del marido, este deseo de dejar el ministerio se debe al desánimo. Sus dos principales preocupaciones giran en torno a lo siguiente: "No estoy haciendo lo que vine a hacer" o "No estoy teniendo los resultados que esperaba tener". Si se pueden resolver estas cuestiones, habrá un mayor índice de retención entre los misioneros. Las estadísticas muestran que de los misioneros que logran pasar por la diputación, llegan al campo, permanecen un período completo y regresan a casa para su primer permiso, más del 55 por ciento de ellos nunca regresarán al campo. ¿Por qué ocurre esto constantemente?

❖

La mentalidad de "Seguimos-repitiendo-los-mismos-métodos-improductivos-utilizados-por-los-que-nos-precedieron".

La primera mentalidad es que los misioneros sigan haciendo el mismo tipo de trabajo improductivo que se hacía antes de su llegada. Mucho de lo que estoy tratando parece ser de puro sentido común para un hombre de negocios. Por desgracia, no me dirijo solo a los empresarios: También me dirijo a los del mundo religioso.

Por la razón que sea, la gente parece encerrarse en un patrón de hacer las cosas de una manera determinada, y nunca parece salir de él. Los misioneros tienden a mirar a los que les precedieron y asumen que los métodos que esos misioneros anteriores utilizaron funcionarán hoy, pero ese no es necesariamente el caso. Los misioneros deben estar dispuestos a ser innovadores.

Yo no recomendaría a nadie que emule los métodos de un misionero que lleva 5 años en su campo de servicio y todavía tiene una iglesia con un promedio de 15 personas. Predicar sus sermones y hablar sobre el mismo Salvador es aceptable, pero no hay que usar los métodos que él ha estado usando porque sus métodos obviamente no están funcionando. No son productivos, y la mayoría de los métodos que he visto alrededor del mundo no son muy productivos. Los misioneros deben abandonar estos métodos improductivos.

❖

La mentalidad de "Recintos-Vs.-Comunidades"

Los misioneros tienden a vivir en recintos en lugar de comunidades. En otras palabras, buscan un lugar donde todos puedan ser vecinos entre sí sin tener que salir de los confines del muro protector. ¡Qué ridículo y qué absurdo! No es así como los misioneros aprenden a comunicarse con la gente. Necesitan tenerlos como vecinos de al lado. El misionero necesita ser accesible para el niño que viene y dice: "¿Puedo cortar tu césped?" o "¿Puedo lavar tu coche?" o lo que sea. Los hijos del misionero necesitan la oportunidad de jugar con los niños del barrio y aprender de ellos. La esposa del misionero necesita poder conocer a algunas señoras de la calle y aprender a comunicarse con ellas. Tiene que invitarlas a tomar el té e invitarlas a comer pasteles americanos y charlar con ellas. Sin embargo, a los misioneros americanos se les ha enseñado a vivir en complejos donde pueden comer comida americana, vestir ropa americana, ver la televisión americana y hablar entre ellos en el idioma americano. Los complejos pueden hacer que parezca que no están viviendo en un país extranjero. Creo que este modo de vida en el campo misionero es especialmente perjudicial para las esposas, a las que se abandona para que se conviertan en amas de casa del recinto en lugar de "misioneras" funcionales y productivas.

Mi recomendación a todas las familias misioneras es que salgan de los complejos y vivan en las comunidades. Asignen a cada misionero a vivir en un barrio diferente. Su tarea es conocer a todas las familias de su calle. Es decir, debe saber el nombre y el apellido de cada miembro de la familia, sus edades, el cumpleaños de cada uno, dónde trabajan los miembros adultos de la familia, dónde van los niños a la escuela y cualquier otra información pertinente. Asiste a sus ceremonias de graduación, a sus actos de promoción o visita un día especial en su colegio. Compra tus alimentos en su pequeño puesto o en la pequeña tienda de su casa. Haz lo que puedas para conocerlos y formar parte de su comunidad. Demuéstrales que quieres ser uno de ellos, y no solo ese misionero desconocido de Estados Unidos que vive en el centro de la manzana. Puedes seguir ayudando al misionero mayor en su iglesia los domingos, pero también podrías empezar un estudio bíblico en tu casa para tu vecindario donde todos te conocen. En poco tiempo, tendrás tu propia iglesia. ¡Enhorabuena! Ahora eres un misionero.

Este concepto de segregación de los ciudadanos puede incluso extenderse al ministerio y a la comunión. En los primeros años de nuestro ministerio, pasé mucho tiempo en Tailandia porque allí es donde comenzó el alcance de Final Frontiers. Alrededor de 1990, un amigo misionero me invitó a una reunión nocturna con su familia. Me enteré de que todos los domingos por la noche los misioneros de los alrededores de Bangkok se reunían para confraternizar. Era un momento para hablar en inglés, realizar un estudio bíblico, ver un partido de béisbol, organizar una comida al aire libre y simplemente soltarse el pelo y ser americanos. Pensé que era peculiar que tuvieran este tipo de convivencia los domingos por la noche, pero rápidamente me enteré de que ninguno de ellos tenía un servicio de domingo por la noche en su iglesia. Por supuesto, eso no es un pecado, pero tuve que preguntarme si las iglesias que los apoyaban estaban al tanto de los inexistentes servicios del domingo por la noche para que sus misioneros pudieran tener este tiempo de confraternidad.

Esa noche me hicieron muchas preguntas porque los misioneros son por naturaleza gente curiosa, y quieren saber sobre la obra de Dios en todo el mundo. Antes de que terminara la reunión, el grupo me pidió que me trasladara a Bangkok y fundara una iglesia, no para los tailandeses, sino para ellos. Me pidieron que fuera su pastor. Como la mía es una vocación peculiar que excluye la posibilidad de ese puesto, la rechacé inmediatamente sin siquiera considerarla. Además, mis días como pastor habían terminado. Sentí que ya había cumplido mi tiempo como pastor, y cualesquiera que fueran los pecados de mi juventud que me llevaron a tal castigo, seguramente ya estaban absueltos.

Al pasar tiempo con los siervos de Dios en todo el mundo, se hizo evidente que había una verdadera soledad en sus corazones. A pesar de que estaban contentos de estar donde estaban, había un amargo fastidio que los acosaba, no tanto para añorar el hogar, sino para alejarse de quienes los rodeaban día tras día, año tras año.

En otro viaje a Tailandia, estuve en el norte trabajando entre algunos grupos tribales. Nunca me he tomado unas vacaciones en el extranjero, ni siquiera me he tomado unos días para relajarme. En la mayoría de los casos, ni siquiera voy a los sitios turísticos. No estoy en contra, pero no tengo tiempo para ello. En esta ocasión, nuestro director nacional necesitaba hacer un viaje por la península de Tailandia. Como nunca había estado allí, le pedí que me acompañara. Me entusiasmó hacerlo porque significaba la oportunidad de un viaje en tren, que por alguna razón me encanta.

Nos dirigimos al sur durante unas horas y finalmente llegamos a la ciudad costera de Hua Hin, situada en el Golfo de Tailandia. El pastor Kiatisak, nuestro director, nos sugirió que fuéramos a una casa de huéspedes conocida por ser propiedad de cristianos. De hecho, había sido fundada por una pareja de misioneros de Inglaterra o Australia, no recuerdo cuál. Para entonces, el marido había muerto y la anciana esposa era la única propietaria. Cuando llegamos al centro, me di cuenta de que era una casa de estilo tailandés, antigua pero bien mantenida, situada en la playa. Al salir a la playa de arena, miré hacia el norte y pude ver el contorno del centro de la ciudad a unos tres kilómetros de distancia. Estaba tranquilo y sereno. Estaba agotada de vivir en los pueblos tribales durante las últimas semanas y de alimentarme de arroz pegajoso, gusanos de bambú y perros, así que una cama con un ventilador y una comida preparada era lo único en lo que podía pensar. Después de pasear por la propiedad y no ser abordados por nadie, nos dirigimos a la casa para buscar al gerente y conseguir una habitación. Nos pidieron que tomáramos asiento, y en poco tiempo nos sirvieron agua fría y recibimos la visita de la misionera/dueña. Sentía curiosidad por nosotros y tenía muchas preguntas inusuales.

Al cabo de poco tiempo, me di cuenta de que los huéspedes pasaban por delante de nosotros para ir al comedor. Recibimos una buena cantidad de miradas curiosas, pero eso no es raro. La señora me explicó que podía conseguir una habitación por una cantidad determinada, y que esa cantidad incluía tres comidas al día. De hecho, los huéspedes se estaban reuniendo para comer mientras hablábamos. Le dije que el precio era satisfactorio, que nos gustaría reservar una habitación para dos días, y que necesitaríamos una segunda cama para nuestra habitación para que Kiatisak y yo no tuviéramos que compartir cama. Fue en ese momento cuando debí caer en coma...

Apenas salieron las palabras de mi boca, ella me interrumpió y me dijo enfáticamente que yo era bienvenido a quedarme, pero que el pastor tailandés no podía. Me explicó: "Los misioneros que vienen aquí necesitan un lugar para descansar y relajarse lejos de los tailandeses. No se puede estar cerca de ellos todo el tiempo sin volverse un poco loco. No permitimos que ningún tailandés, excepto el personal de limpieza, entre en nuestras instalaciones. Ningún tailandés ha dormido nunca en ninguna de nuestras camas. Incluso nuestra comida es de estilo occidental".

La miré e intenté conservar la educación de caballero sureño que me había dado mi madre, pero era difícil. Le pregunté sin rodeos: "¿Eres consciente de que estamos en Tailandia y de que está lleno de tailandeses?".

"Oh, sí", respondió con un deje de disgusto, "pero ninguno se queda aquí".

En ese momento llegamos a la mesa del comedor, ya que habíamos estado caminando y hablando durante los últimos momentos. Me preguntó si quería comer con ellos. La miré a ella y luego a los invitados, que a estas alturas estaban tan sorprendidos como yo o temían que mi amigo el pastor tailandés intentara sentarse junto a ellos. Le dije tan amablemente como pude que creía que sería mejor que buscáramos una comida en otro lugar, y nos fuimos.

Debo admitir que estaba enfadado. La idea de tener una casa de huéspedes para los trabajadores de Dios y excluir a los tailandeses me resultaba indignante entonces, y lo sigue siendo hoy. Pero igual de indignante es la idea de que una familia estuviera siendo apoyada como "misioneros" por docenas de iglesias estadounidenses que pensaban que realmente estaban dando testimonio, ayudando y (Dios no lo quiera) amando al pueblo tailandés. En lugar de ello, estaban fomentando una casa de huéspedes de fanatismo y racismo con el pretexto de servir a Dios.

Desde aquel día, Kiatisak y yo hemos bromeado a menudo con la idea de tomar unas vacaciones en Hua Hin. No sé si podríamos quedarnos allí ahora porque la misionera dejó Tailandia dos años después y vendió su ministerio/casa de huéspedes/negocio. Siempre bromeaba con Kiatisak diciendo: "Ojalá pudiera comprarla; la convertiría en un lugar de vacaciones para pastores tailandeses y cristianos tailandeses y no dejaría que ningún extranjero se alojara allí". (¡Excepto yo, por supuesto!)

❖

La mentalidad de "Asignaciones-de-los-novatos-vs-Plantación-de-la -iglesia"

Otro consejo para los misioneros veteranos es que eliminen esas "asignaciones de novatos" que se dan a los recién llegados y que acaparan su tiempo y les impiden plantar iglesias. He tenido misioneros que me han dicho que cuando llegaron al campo misionero, su junta directiva les dijo que su trabajo era vivir en una instalación de campamento propiedad de la junta misionera y cortar el césped y ser el hombre de mantenimiento. Por supuesto, un misionero que se precie dirá: "No he venido aquí a cortar el césped. He venido a plantar iglesias".

No estoy diciendo que una persona no deba estar dispuesta a hacer lo que tenga que hacer; lo único que digo es que debe asegurarse de hacer lo que Dios le llamó a hacer allí. No me opongo a que un misionero novato sea sumiso, leal y humilde, pero sí a que lo lleve a una conclusión ilógica. Dios lo llamó allí como misionero para plantar iglesias. Las iglesias que lo apoyan lo están apoyando para plantar iglesias, así que si no está haciendo nada más que cortar el césped, entonces debería devolver el dinero de su apoyo porque las iglesias pensaron que estaban apoyando a un misionero.

Alrededor de 1993 me encontré con un misionero en el Caribe que se quejaba porque yo quería apoyar a los predicadores nacionales en la isla. Todo lo que hizo fue quejarse durante los días que estuve allí. Se quejaba porque uno de los misioneros que se había jubilado y marchado había regalado su viejo coche a uno de los predicadores nacionales. Ridiculizó y se burló del compañero al oído, diciendo mientras me hablaba: "¿Por qué le ha dado un coche a ese tipo? Ni siquiera sabe cambiar el aceite". En otras palabras, es ridículo regalar un coche a un predicador nacional cuando ni siquiera tiene la suficiente experiencia con el coche como para saber que tiene que cambiar el aceite o saber cambiar el aceite.

Mi respuesta inmediata a él fue silenciada porque su esposa estaba de pie junto a él, y no quería humillarlo. (Sí, puedo ser amable cuando me esfuerzo de verdad, a veces). Así que simplemente le respondí: "Quizá podrías enseñarle a cambiar el aceite". Refunfuñó un poco y se marchó.

❖

El pueblo estadounidense tiene una idea loca de las misiones como algo que no es la plantación de iglesias. (Justo hoy escuché un anuncio en la radio de una próxima conferencia sobre misiones en una iglesia del área de Augusta. El locutor resumió a los misioneros como "ya sea enseñando inglés, trabajando en una universidad o pastoreando una iglesia". No se mencionaba la plantación de iglesias).

Ese mismo misionero, cuando hablé de su trabajo con él, me dijo que su función era enseñar la escuela dominical en la iglesia a la que asiste y dar clases de informática en el instituto bíblico de esa propiedad. Eso me pareció bastante interesante porque no todo el mundo tenía un ordenador en 1993. Entonces le pregunté: "¿Cuántos alumnos tienes?".

Y me contestó: "Tres".

"¿Tienen ordenadores?" le pregunté.

Cuando respondió: "No", le pregunté: "Bueno, ¿cómo les enseñas informática si no tienen ordenadores?".

Dijo: "Tenemos un ordenador en la escuela y les enseño con él".

"Pero, ¿no tienen un ordenador que puedan usar cuando van a casa?".

Cuando contestó: "No", le pregunté: "Entonces, ¿de qué sirve enseñarles a trabajar con ordenadores si no tienen un ordenador que utilizar? ¿Pueden utilizar el de la escuela?". Me contestó: "No, no se les permite venir a la escuela y usarlo personalmente; solo está allí para sus clases".

¿Se dan cuenta de la estupidez y el ridículo de toda esa conversación? ¿Empieza a entender por qué puedo parecer un poco fuerte en mi apoyo a los plantadores de iglesias nacionales y el desprecio por los hombres perezosos y deshonestos que se llaman a sí mismos misioneros?

Pero aquí hay algo aún más ridículo. Cuando le pregunté: "¿Qué más hace?", eso fue todo. Todo lo que hacía era dar una clase de escuela dominical y enseñar una clase de computación. Tratando de salvar su dignidad, le pregunté: "¿Cuántas horas a la semana das clases de informática?".

Respondió: "Tres".

Así que este "misionero" da clases de informática tres horas a la semana a predicadores nacionales que no tienen ordenadores propios en casa para usarlos y a los que no se les permite usar el ordenador de la escuela, y da una clase de escuela dominical. Digamos que estudia durante una hora para esa clase, y le lleva una hora enseñarla. Así que en realidad está involucrado en el ministerio tal vez cinco horas a la semana, pero está recibiendo apoyo completo como misionero. Este hombre en ese momento tenía probablemente 60 años de edad, por lo que había estado en el campo de la misión durante unos 30 a 35 años, y por su propia admisión, enseñó una clase de escuela dominical y una clase de computación. Es verdaderamente triste que no se avergüence de sus respuestas, pero se oponga vehementemente a que yo apoye a estos plantadores de iglesias porque, en su opinión, los "arruinaría".

¿Cuántas de las iglesias que él apoyaba creen que sabían que ese era el alcance de su ministerio? Puedo garantizar que el 100% de las iglesias que le apoyaban pensaban que estaba llamando a las puertas o dando clases de Biblia en su universidad y plantando iglesias. ¿Cuántas de estas iglesias habrían apoyado a este hombre si supieran que estaba trabajando cinco horas a la semana? Claro, ¡ninguna! Esta conversación hace que uno se pregunte de qué hablaban sus informes a las iglesias que lo apoyaban, ¿no es así?

Algunas actitudes que destruyen la asociación con los pastores y líderes nacionales

Otra vía a considerar sobre estas mentalidades que hacen que los misioneros se vuelvan improductivos una vez que llegan al campo misionero es la necesidad de que los misioneros veteranos enseñen a los novatos sobre las actitudes y acciones que pueden destruir las asociaciones con los nacionales. ¿A qué me refiero? Algunas de las actitudes destructivas predominantes son el orgullo, la acentuación de la propia afluencia, la afirmación de la propia opinión sin invitación, el intento de controlar los ministerios de los nacionales, la pereza, la tergiversación del trabajo de los nacionales como sus obras, la ignorancia de los modos y la cultura de los nacionales y las repulsiones culturales personales. Quiero exponer los que he enumerado.

❖

La mentalidad del orgullo

Sé mucho sobre el orgullo por experiencia personal. Se den cuenta o no los estadounidenses, se les enseña que son la esperanza del mundo. Muchos misioneros bajan del avión con la sensación en su corazón de que ahora que han llegado, "su" país finalmente escuchará el Evangelio. Descartan totalmente el hecho de que ha habido misioneros antes que ellos, quizás durante un período de tiempo tan largo como cien años. Descartan totalmente el hecho de que los predicadores nacionales luchan por predicar fielmente la Palabra de Dios a pesar de su abyecta pobreza. Los misioneros estadounidenses tienen la sensación de que, desde que han llegado, el trabajo se hará *por fin*.

Algunos misioneros agravan el insulto escribiendo a casa que planean comenzar una iglesia en un determinado pueblo porque "no hay iglesias que prediquen el Evangelio allí". Lo que realmente quieren decir es que allí no hay iglesias iniciadas por otro misionero de su propia junta. Puede que haya iglesias de predicación de la Biblia allí, pero todas están relegadas a no ser una "iglesia de predicación de la Biblia" simplemente porque el "nuevo chico de la cuadra" aún no ha comenzado su trabajo. ¡Qué orgullo y qué absurdo! Han insultado no solo el sacrificio de los misioneros que ya están allí, sino también las iglesias iniciadas y pastoreadas por los pastores nacionales.

Como nota a pie de página, quiero añadir que Final Frontiers también experimenta esto de vez en cuando. Otra organización que utiliza los mismos métodos y filosofía que Final Frontiers suele ir a otros países para encontrar bolsas de predicadores a los que apoyar. En lugar de buscar a sus propios predicadores para apoyarlos, tienden a buscar a los grupos con los que trabajamos, les prometen la luna, y luego les dicen que Jon Nelms y Final Frontiers no son bautistas y tratan de robarnos a nuestros trabajadores. Su lógica es que como el término "bautista" no forma parte de nuestro nombre, no somos bautistas. Usando su propia lógica, ya que no tienen la palabra "cristiano" en su nombre, no deben ser cristianos.

Si la actitud de orgullo es visible en su rostro, en su voz y en sus acciones, los convierte en misioneros ineficaces.

❖

La mentalidad de la riqueza

No hay nada malo en ser rico. Me gustaría que todos los misioneros tuvieran acceso a una cuenta bancaria como la que tiene Bill Gates, incluido yo mismo. Realmente lo deseo. No hay ningún problema en el mundo con ser rico. Algunos de nuestros mayores héroes de la fe fueron bendecidos abundantemente por Dios. Abraham, Job, y muchos de los reyes como David y Salomón eran increíblemente ricos; algunos eran ricos más allá de la comprensión. José de Arimatea era uno de los hombres más ricos del mundo en su época.

Nada está mal en ser rico, pero esforzarse por ser rico en lugar de esforzarse por ser piadoso está mal. Un cristiano que enfatiza el trabajar para hacer dinero en lugar de trabajar para producir decisiones de salvación y plantar iglesias tiene los valores equivocados. Cuando la vida de un cristiano es impulsada por el dinero en lugar de por el ministerio, es un problema. Muchos misioneros caen en esta trampa.

Comienzan como lo hice yo, tratando de ganar dinero para ayudar a subsidiar el ministerio. Al no tener experiencia en el mundo de los negocios, se aleja cada vez más del ministerio porque el misionero ahora tiene que dirigir su negocio. Tiene que ocuparse de sus empleados, asistir a reuniones y realizar entrevistas. Lo siguiente que sabe es que está en este campo extranjero como un hombre de negocios, no como un misionero.

Sería mucho mejor asociarse con un hombre de negocios como el Apóstol Pablo se asoció con el médico Lucas y dejar que el hombre de negocios apoye el ministerio mientras el misionero hace el ministerio. Esto no solo ayudaría al misionero, sino que también conseguiría que más cristianos estuvieran en el campo sirviendo a Dios en lugar de simplemente calentar los bancos de las iglesias estadounidenses.

❖

La mentalidad del control

Mi definición de control es el intento de un misionero de decirle a los nacionales cómo dirigir sus iglesias y el orden de los servicios, que realmente son cuestiones culturales. Los misioneros estadounidenses tienden a pensar que lo saben todo porque tienen formación universitaria, disponen de suficiente dinero para pagar lo que quieren y poseen los medios para hacer las cosas como ellos quieren. Un misionero con problemas de control puede tener éxito en conseguir que los asalariados trabajen en esas condiciones, pero ningún hombre de Dios que se respete a sí mismo lo hará.

Desafortunadamente, la idea de "control" es una de las filosofías más dañinas de las misiones que se han creado y perpetuado. Es común que los instructores y las juntas inculquen en los candidatos a misioneros la idea de que su éxito (generalmente medido por los números) depende de la fuerza de su control sobre "los nativos". A los futuros misioneros se les enseña a mantener a los nacionales a distancia, a evitar el compañerismo fuera de la iglesia o de la visitación, y a mantener un estilo de vida de separación de esta buena gente.

En la primera década de Final Frontiers, mientras viajaba de país en país, reuniéndome y consultando con los misioneros, comencé a ver algunos patrones emergentes. Algunos misioneros obedecían a sus juntas directivas y emulaban a los controladores que les habían precedido. Otros misioneros, en lo que respecta a su junta directiva, se regían por las líneas del partido, por así decirlo. Sin embargo, en privado, a menudo compartían el ministerio y las comidas con los pastores nacionales. Tal desviación del método prescrito para mantener el control no permanecería encubierta por mucho tiempo, y muchos fueron despedidos de sus juntas o renunciaron voluntariamente a ellas antes de ser cesados. La caída que todos tenían en común era su amistad y asociación con los líderes nacionales.

Un misionero en Sudamérica, que pertenecía a una famosa junta bautista fundamental e independiente, me contó que fue reprendido por el misionero principal del país donde estaba sirviendo porque invitaba con frecuencia a los pastores nacionales a su casa para comer y confraternizar. Se le advirtió que no se toleraría tal comportamiento. Cuando se le preguntó por qué era un problema, se le dijo al misionero que si se hacía "amigo" de los pastores nacionales, al final "perdería el control sobre ellos". Sorprendido por tal afirmación (como estoy seguro de que lo están ustedes que leen esto), preguntó entonces: "Entonces, ¿qué voy a hacer cuando estemos haciendo la visita y llegue la hora de comer?".

Para su consternación, la respuesta que se le dio fue: "Te metes dentro del restaurante a comer y le dejas comer en la calle".

Este misionero se convirtió rápidamente en uno del ejército de hombres de todo el mundo que han elegido romper la comunión con su junta directiva en lugar de con sus socios nacionales. Los saludo. Un problema importante para estos misioneros es que sus juntas tienen una copia de su lista de correo. Por la debida diligencia, la junta debe escribir para informar a todas las iglesias que apoyan al misionero que ya no está sirviendo con ellos. Esta carta puede llevar fácilmente la connotación de que no se sometió a su autoridad. En cualquier caso, esta carta da una sensación de comodidad y conveniencia a algunos de los pastores que apoyan al misionero, cuyos presupuestos misioneros son casi siempre críticamente bajos. Se les ha dado una excusa justificable, en sus mentes, para dejar de apoyar a este hombre, y a menudo lo hacen sin siquiera contactar o consultar al misionero para escuchar su punto de vista.

❖

La mentalidad de la pereza

No siempre se merece que un misionero sea llamado perezoso, pero parece que una manzana, aunque no pueda estropear todo el barril, ciertamente puede hacer que todos los que miran el barril no quieran comer de él. Pregunte a un grupo de predicadores nacionales que realmente adoran a un misionero por qué lo adoran, y le garantizo que le dirán: "Come nuestra comida, duerme en nuestras casas y trabaja hasta morir junto a nosotros. Nos quiere". Pero pídales que hablen de otros misioneros con los que parecen tener poco contacto, y les dirán: "Ese tipo es un vago. Solo le vemos los domingos. Lleva su Land Rover a nuestra iglesia para dar una clase de escuela dominical; cuando ésta termina, se va. A veces ni siquiera se queda para el servicio. No sabemos qué hace durante la semana. Dice que prepara estudios bíblicos, pero que no los enseña aquí. Dice que está proporcionando un currículo de enseñanza, pero no está discipulando a nadie".

A menudo los misioneros tienen la reputación de ser perezosos porque son perezosos. Nadie obliga a un misionero a fichar. Nadie está detrás de un misionero mirando por encima de su hombro. Las buenas iglesias que envían apoyo alaban a sus misioneros por cada pequeña cosa que hacen, como si fuera algo magnífico. Podrían amontonar una colina de topos y la llamarían montaña. Con el tiempo, algunos misioneros incluso empiezan a creerse lo grandes que son. Pero los nacionales saben que no es así, al igual que los demás misioneros que sirven allí. La mayor expectativa que la mayoría de las iglesias que apoyan a un misionero es que "vaya" y se preocupan poco por lo que hace una vez que llega allí.

❖

La mentalidad de "tergiversar-el-trabajo-de-los-nacionales-como-si-fuera-suyo"

De todos los errores que cometen los misioneros, este es el que realmente me afecta a mí y a los pastores nacionales. No sé cuántas veces, en todo el mundo, he tenido obreros y predicadores nacionales que se quejan de esta tergiversación.

"Cierto misionero vino a nuestra iglesia y tomó fotos, me preguntó si tenía alguna foto que pudiera usar, y le di algunas. Luego regresó a Estados Unidos en su permiso y utilizó las fotos de nuestro trabajo para recaudar fondos para su familia y no nos dio nada, ni siquiera una ofrenda".

¡Eso está mal! Cuando un misionero necesita recaudar apoyo, debe mostrar lo que ha estado haciendo, ¡no lo que alguien más ha estado haciendo! Al pedir prestada una foto para una presentación en video, el misionero debe asegurarse de "dar crédito a quien se lo merece". Debe reconocer que la foto se la dio el misionero Fulano de Tal o el predicador nacional Fulano de Tal y que la muestra para ilustrar un punto. No debe atribuirse el mérito del trabajo de otro.

Una vez vi una presentación de un misionero y escuché al misionero, a quien conocía como amigo, insinuar que la iglesia en la que se le veía predicando era una iglesia que él había iniciado y que había llevado al intérprete, que resulta ser el pastor, a Cristo. Sabía con certeza que la foto era una de una serie tomada de un avivamiento de una semana en el que se invitó a diferentes misioneros a venir a hablar en esta iglesia que había sido iniciada por un predicador nacional. ¡Ese pastor/intérprete fue salvado y pastoreado mientras este misionero era todavía un adolescente en la universidad bíblica en los Estados Unidos! ¡Qué deshonestidad! Pero su deshonestidad no le impidió recibir una gran ofrenda de amor y apoyo mensual.

❖

La mentalidad de la ignorancia

Muchos misioneros van al campo con la actitud de que lo saben todo, sin darse cuenta de lo ignorantes que son en realidad. Esa ignorancia brilla con luz propia. Algunos misioneros se convierten en un chiste para los nacionales, pero solo un chiste que cuentan cuando el misionero no presta atención o hasta que aprende su idioma. Los nacionales hacen bromas por las tonterías que hacen los misioneros o por su forma divertida de decir las cosas o por los errores que cometen. Por lo general, a los nacionales no les importa que los misioneros cometan errores verbales; les encanta reírse de los errores de pronunciación y gramaticales de un estadounidense en su idioma.

Lo que a los nacionales les cuesta entender es el orgullo del misionero que rechaza sus correcciones gramaticales o los pequeños insultos sobre sus compatriotas, su cultura o su situación. Hay veces que los estadounidenses tienden a pasarse de la raya. Nadie quiere comer con las manos sucias o en un plato sucio. Es habitual ver a los estadounidenses con frascos de gel antibacteriano. Probablemente sea prudente usar uno, pero algunos se vuelven tan locos con él, hasta el punto de insultar a las personas a las que están atendiendo. Creo que algunos maridos no besarían a su mujer a menos que ella hiciera gárgaras con un frasco de gel antibacteriano primero.

❖

La mentalidad de repulsión cultural que significa "lo nuestro, no lo suyo"

Esta ignorancia conduce a lo que podría denominarse "repulsión cultural". Si la ignorancia del extranjero llama la atención de los nacionales, es porque esa muestra de ignorancia les resulta repugnante. Me explico.

Hace varios años estuve en la India con mi mujer y varios invitados más, entre ellos mi pastor, Don Prosser. Esta gente, que era una tropa, nunca se quejó del calor, la contaminación, la comida... nada. Una tarde asistimos a la inauguración de una iglesia. Mis amigos y antiguos misioneros en Tailandia, Vietnam y Sri Lanka, Tim y Vanessa Ekno, conocieron a uno de los directores nacionales que ya había construido varios edificios de iglesias para las congregaciones de leprosos en Andhra Pradesh.

Ese día, habíamos hecho un viaje bastante polvoriento y sucio hasta la iglesia en una furgoneta con ventanas abiertas. Estábamos cubiertos de polvo, suciedad y mugre. Al llegar, habíamos estrechado las manos de muchas personas, entre ellas más de un centenar de leprosos que no estaban acostumbrados al jabón. Luego les habíamos proporcionado comida porque era un servicio de inauguración. Se sentaban en el suelo para comer, por lo que teníamos que agacharnos constantemente para servirles. Más de una vez, la mayoría de nosotros habíamos puesto las palmas de las manos en el suelo sucio para no caernos al agacharnos. (¡Para mí, es una cosa de gordos contra la gravedad!) Ahora llegó la hora de comer. Nos sentamos en la mesa y nos sirvieron.

Inmediatamente, alguien cogió un bote de gel antibacteriano y me lo entregó. Creyendo que todos los demás estaban tan sucios como yo, empecé a ofrecérselo a cada uno de los invitados que me acompañaban. Unos diez segundos después, nuestro director nacional, el pastor Swatantra Kumar, se acercó a mí y me dijo amablemente (pero con firmeza): "No deberías usar eso para limpiarte las manos. Estás insultando a la gente. Les hace pensar que están sucias y que hay que limpiarse después de tocarlas". Dejamos de usar el gel inmediatamente.

Debería haberlo sabido. No era mi intención insultar a nadie, y el pastor Kumar sabe que quiero a los leprosos. Los abrazo, los sostengo y los adoro, pero mi propia acción de querer limpiarme las manos, inocente y lógicamente, sugería que yo era superior a ellos y que necesitaba estar limpia después de tocarlos. Me avergonzaba que, con todos mis conocimientos culturales y mi experiencia, no hubiera discernido la situación con más acierto. Lamenté haber puesto a mi anfitrión en la situación de tener que corregirme a mí, su compañero y su benefactor. Pero me sentí muy orgulloso de que le importaran más los sentimientos de los pobres leprosos que los míos, a pesar de que soy yo quien financia todo su ministerio y mantiene a casi 200 de sus predicadores.

Cuando empecé a ir a Tailandia como misionero, cometí muchos errores por ignorancia. En toda Tailandia, pero sobre todo en la zona de Bangkok, que está al nivel del mar o por debajo de él, cada hogar tiene un umbral en la puerta principal de unos diez centímetros de altura. El umbral sirve para evitar que entre el agua de las inundaciones cuando llueve.

Los tailandeses son budistas, pero también animistas. Creen que los espíritus demoníacos ocupan cada pedazo de tierra, por lo que levantar un edificio en cualquier propiedad perturbará el hogar de los espíritus. Por lo tanto, los propietarios deben construir una casa para los espíritus en esa propiedad. Si no lo hacen, insultarán al espíritu y éste se desquitará con la enfermedad, la muerte, la pérdida de ingresos o cualquier otro tipo de desgracia. Las casas de los espíritus parecen casas de pájaros muy ornamentadas y decoradas con flores y vegetación. La gente pone imágenes en miniatura de pájaros, personas, dioses o espíritus dentro de la casa de los espíritus con la creencia de que los espíritus ocupan esas imágenes. Los propietarios de las casas de los espíritus les dan plátanos, uvas e incluso vasos de agua en miniatura, para que no les molesten a ellos ni a su familia.

Algunas personas también creen que algunos de estos espíritus viven realmente en el umbral. Por esa razón, un tailandés que entra en su casa nunca pisa el umbral. Si sus sandalias están sucias, no las raspan en el umbral como suelen hacer los estadounidenses. En cambio, se quitan los zapatos y los dejan fuera. Esto no es solo la cultura tailandesa; casi todos los asiáticos hacen lo mismo. ¿Por qué? Porque saben lo que han estado pisando durante todo el día y no quieren dejar rastro de ello en su casa, donde sus bebés están jugando en el suelo. Quieren que su casa esté limpia e higiénica.

Esta es una de las razones por las que los asiáticos consideran a los estadounidenses como bárbaros. ¡Qué ironía que los americanos piensen que los extranjeros son los bárbaros, y los extranjeros piensen que los americanos lo son! Creo que en este caso tienen razón. Piensa en ello. ¿En qué pisas en los baños públicos, en el césped donde juega el perro, así como en todos los demás lugares a los que vas? Luego entras en tu casa y transfieres esta suciedad y los gérmenes a la alfombra, o más exactamente, entre los hilos de la alfombra. Luego pones a tus bebés a jugar en esa alfombra sucia. ¿En qué se revuelcan? Los americanos son bárbaros.

Así que en Asia siempre te quitas los zapatos antes de entrar en una casa, y nunca pisas el umbral. Otra cosa que nunca se hace en Tailandia es señalar con el pie a otra persona. Que un hombre cruce las piernas y apunte con la suela de sus zapatos a otra persona en la habitación es algo prohibido en Asia. Nunca se toca a nadie en la cabeza porque su cabeza es un lugar sagrado y no se debe tocar.

¿Qué hacía yo como misionero inexperto? Cuando salí a visitar los barrios marginales, caminando literalmente por las aguas de las alcantarillas y todo lo demás, desde la suciedad, el barro, la suciedad, la basura, hasta las ratas muertas, me detuve a visitar cierta casa, y me invitaron a entrar. Me miré los pies antes de entrar en la casa y me di cuenta de la suciedad que había en mis zapatos. Rápidamente me quité los zapatos en el umbral de la puerta y entré después de quitarme toda la suciedad posible, pero seguí arrastrando la suciedad dentro de la casa. Entonces me senté y crucé las piernas por costumbre, y mis zapatos embarrados y sucios apuntaron a uno de los miembros de su familia.

Acababa de hacer un gesto obsceno en su cultura que no tiene parangón en la nuestra. Señalar con el dedo corazón a alguien en la cultura estadounidense no se puede comparar con lo que es señalar con la planta del pie en Asia.

Así que allí me senté señalando mi zapato sucio a alguien. Cuando su hijo entró por la puerta, me levanté, le pasé los dedos por el pelo y le dije: "Qué niño más bonito tienes". Cuando me senté de nuevo y empecé a hablarles de mi Dios que dio su vida por ellos, en las palabras inmortales de Gomer Pyle, USMC, "¡Sorpresa! ¡Sorpresa! ¡Sorpresa!", no estaban interesados. Pensé: "Esta gente es de corazón duro, o no conozco el idioma tan bien como creía".

No, el problema es que hice todo lo que podía hacer, pero desde el punto de vista cultural, lo hice mal por mi ignorancia. Por esa razón, las mismas personas a las que intentaba llegar no querían tener nada que ver con mi Dios. Pero si un misionero veterano me hubiera explicado sencillamente lo que había que hacer y lo que no, se podría haber evitado un suceso como ese.

Desde entonces, desde principios de 1987, cada vez que voy a visitar un país, especialmente por primera vez, le digo al director nacional cuando me recoge en el aeropuerto que "me considere como una esponja seca que quiere empaparse de la cultura mientras estoy allí. Quiero hacerlo correctamente, así que si hago algo o digo algo que sea incorrecto, por favor, dímelo. Prometo que no me ofenderé y que no se herirán mis sentimientos. Solo quiero saberlo para no cometer errores".

Una gran sonrisa se dibuja siempre en el rostro de mi anfitrión, que agradece tener a alguien de visita con esa humildad y voluntad de aprender. Todos me complacen, como lo hizo el pastor Kumar al instruirme: "Hiciste esto mal. Has dicho eso mal. No lo hagas así, hazlo así". El resultado es que se aprende, y eso es lo más importante.

Uno de los principales problemas en el campo misionero es que un misionero a menudo tiene una mentalidad inadecuada o una mentalidad que lo mantiene haciendo lo incorrecto una y otra vez. La manera americana puede ser la mejor manera, pero solo si estás en América. De la misma manera, el camino de ellos es el mejor, cuando estás en su tierra.

La mayor parte de lo que he descrito como las actitudes que matan las relaciones con los líderes de la iglesia nacional se puede resumir en la siguiente ilustración que, por desgracia, es cierta.

A mediados de la década de 1990, me invitaron a viajar a Filipinas para hablar en una conferencia internacional sobre el fundamentalismo. Estas conferencias se celebran de vez en cuando y son financiadas y organizadas por un determinado bando del fundamentalismo que está representado por un buen número de buenas iglesias formadas por buenos miembros. Los que he conocido personalmente a lo largo de los años son buenas personas que no tienen ni idea de la política que se lleva a cabo entre bastidores.

Esta conferencia en particular estaba siendo organizada por un buen médico cristiano de Singapur al que había conocido años antes en el norte de Tailandia. Había ido allí a menudo con un equipo de médicos para tratar a la población tribal y había ayudado a evangelizarla a través de la medicina. A lo largo de los años había oído hablar de Final Frontiers y había hecho arreglos para llamar primero y reunirse después conmigo. Era un hombre amable que contribuyó con un cheque muy grande a nuestro ministerio cuando estábamos construyendo nuestra oficina actual en 1995. (Por cierto, nunca se refirió a sí mismo como un "médico misionero"; era simplemente un médico que salía y hacía trabajo misionero y ministerio médico). Aunque no apoyaba a los predicadores tribales tailandeses, este hermano tenía un corazón para ellos y a menudo donaba fondos para construir iglesias y albergues para los niños.

Creo que como Final Frontiers no se concentra en la construcción y como él no se concentraba en el apoyo, sintió que éramos una buena pareja. En un momento dado, incluso invité a su equipo a la India para que participara en una de nuestras cruzadas atendiendo a los enfermos que acudían a nuestros servicios.

Después de ver el trabajo que nuestros predicadores podían realizar con las subvenciones de Final Frontiers, me pidió que fuera a Filipinas para hablar en una reunión nacional de pastores. A él se le encargó la organización y la selección de los oradores, aunque el anfitrión era en realidad de cierto instituto bíblico de Estados Unidos.

Varios meses antes de la conferencia, visité a mi amigo médico en Singapur, ya que deseaba que pasáramos algún tiempo juntos. Mientras estaba allí me lo pasé bien y conocí a algunos de sus amigos pastores que eran amables, pero no pude evitar notar que tenían algunas prácticas extrañas como bautizar a los bebés, aunque se consideraban "fundamentalistas bautistas". Por supuesto, ninguno de estos hombres buscaba apoyo, ya que todos eran pastores muy bien pagados, por lo que sus particulares diferencias doctrinales, aunque extrañas y defendidas más como costumbre que como doctrina, me preocupaban muy poco personalmente.

Antes de la convención, se me pidió que presentara un esquema de mi conferencia, que cumplí con gusto. Se me había pedido que viniera a hablar a los hombres sobre el apoyo de las iglesias de los Estados Unidos y que los animara a tener un celo evangelizador para ganar a su propio pueblo. Hasta el día de hoy tengo el esquema que me devolvieron tanto el coordinador como el misionero estadounidense que tiene escrito: "Genial, esto es exactamente lo que necesitamos". De hecho, el coordinador me dijo que yo era el único orador que había proporcionado un esquema como él había pedido.

Cuando llegó la hora de la conferencia, mi amigo me recibió en el aeropuerto de Manila y me llevó a mi alojamiento en un bonito hotel de la ciudad, a pocas manzanas del centro de convenciones. Había dispuesto que me acompañaran nuestro director nacional tailandés, el reverendo Kiatisak Siripanadorn, y nuestro director nacional indio, el pastor K. S. Kumar y su esposa. Enseguida me di cuenta de que los demás oradores estadounidenses (pastores, misioneros y profesores) no solo trataban a estos dos hombres con desprecio y condescendencia, sino que también me mantenían a distancia.

El primer día de la conferencia, de tres días de duración, estudié el programa y me di cuenta de que todos los segmentos tenían una duración de 45 minutos, excepto el que precedía al mío, que era un seminario sobre música de iglesia. Ese seminario tenía un total de nueve horas, tres horas cada día. Me pareció extraño que, en un país extranjero, los "expertos" de Estados Unidos vinieran a enseñar más que a aprender y que se dedicara cuatro veces más tiempo a la instrucción musical que a cualquier otro tema. Este horario me habría parecido extraño si la reunión se hubiera celebrado en Miami, pero me pareció aún más extraño estando en Manila, donde el pueblo filipino tiene sus propios gustos y estilos musicales culturales. Pensaba que los ponentes estaban allí para ayudar, animar y motivar al pueblo nacional, no para rehacer sus servicios de canto a imagen y semejanza de los estadounidenses.

Cuando empecé a hablar, naturalmente tuve la atención de todos los predicadores ya que estaba hablando de apoyo. Sugerí que no vinieran a los Estados Unidos para conseguir apoyo; más bien, sugerí que se quedaran en su tierra y dejaran que Final Frontiers o algún otro ministerio les consiguiera apoyo. Siempre me ha parecido ridículo traer a predicadores nacionales a Estados Unidos para recaudar su apoyo por muchas razones, incluyendo las siguientes

(1) Ellos tienden a quedarse en América y nunca se van.

(2) Vuelven a casa con tanto dinero como el que recauda un misionero americano y realmente, ¿por qué no deberían hacerlo? El problema es que los otros predicadores nacionales empiezan a considerarlos como oportunistas codiciosos y sienten que tienen una piel "nacional" pero una mente y un corazón americanos.

Creo que el servicio se desarrolló bien. Esa noche hice algo que nunca había hecho antes y que nunca he hecho desde entonces. Les dije a todas las esposas de los misioneros que estaban en la guardería que yo cuidaría a los niños para que pudieran asistir a los servicios. ¡Qué experiencia! Más tarde se informó de que me mostré antipática y ni siquiera hablé con ningún misionero durante la conferencia. Según el informe, yo había venido a sembrar la discordia. En los correos electrónicos que "encontraron su camino" hacia mí en los meses siguientes, me acusaron de ser el "anticristo" y de ser "la herramienta número uno de Satanás para la destrucción del movimiento misionero moderno." "¿Qué ha provocado toda esta condena?" me pregunté. A la mañana siguiente de la conferencia, fui al restaurante del hotel a desayunar. Me fijé en el pastor Kumar y su esposa, así que me senté con ellos para disfrutar de la camaradería. Unos minutos después, el coordinador vino y preguntó si podía sentarse con nosotros. Por supuesto, estuvimos encantados de compartir el pan con él. Nada más sentarse, empezó a decirme que yo estaba corrompiendo los corazones de los pastores filipinos al hacerles pensar en el dinero en lugar de en el ministerio.

Ahora deben saber que puedo fingir humildad con el mejor de ellos, y siempre prefiero la calma a la confrontación. Así que, una vez acusado, le pregunté qué había hecho. No recuerdo su respuesta, pero ni el pastor Kumar ni yo pudimos comprender su conclusión de lo que había dicho.

Saqué el esquema que había utilizado el día anterior y le mostré que era el original que le había enviado en el que había escrito de su puño y letra: "Esto es exactamente lo que necesitamos". Le pregunté cómo podía seguir su aprobado y loable esquema y, al mismo tiempo, ser tan destructivo. El esquema no solo contenía los puntos, sino también las ilustraciones que iba a utilizar.

Por supuesto, no tenía respuesta a mi pregunta, pero continuó matándome con sus venenosas acusaciones. También me dijo que ninguno de los otros predicadores del equipo me quería ni quería estar cerca de mí. (Este punto se reforzó 30 minutos después cuando las furgonetas se detuvieron para llevarnos al centro de convenciones. Una ya estaba llena y en la otra había tres hombres dentro. Cuando entré y me senté en el asiento trasero de la furgoneta, los tres hombres salieron y se amontonaron en la furgoneta ya llena. Tuve un viaje muy cómodo hasta el centro de convenciones).

Después de escuchar las acusaciones y mientras seguía sentado en la mesa, intenté cambiar de tema y comencé a hacerle preguntas. La conversación fue más o menos así. Le llamaré "Hermano Bob", aunque no recuerdo su verdadero nombre.

"Bueno, hermano Bob, gracias por su opinión y corrección. Sé que tiene buenas intenciones y que solo quiere lo mejor para estos hombres. Tal vez si hubiera estado aquí tanto tiempo como usted, tendría un mejor control de la cultura y sabría qué decir y cómo decirlo. Por cierto, ¿cuánto tiempo lleva aquí?".

A mi pregunta respondió: "Diecisiete años".

"Vaya", dije, "diecisiete años. No tenía ni idea. Supongo que a estas alturas debes tener el idioma totalmente dominado".

Sorprendentemente, respondió: "No, no hablo las lenguas locales. Solo hablo inglés".

El pastor Kumar me miró como si no pudiera decidir si reír o llorar. Me sentí mal por el misionero, así que comenté: "Oh, bueno, usted vive en Manila, y como mucha gente aquí habla inglés, probablemente no importe". Intentando cambiar de tema y salvarle la cara, le pregunté: "¿Cuántas iglesias ha fundado aquí?".

Me miró como si tuviera una agenda y respondió: "Ninguna, administro un instituto bíblico que yo inicié". Una vez más, mi intento de salvarle la cara se quedó en nada, así que pivoté para hacerle un cumplido diciendo: "¡Oh, eso es genial! ¿Cuántos alumnos tienes?". En un breve momento, apartó de un manotazo el salvavidas que intentaba entregarle respondiendo simplemente: "Tres".

Intentaba desesperadamente salir bailando de este pozo que estaba cavando sin querer, pero mis pies estaban pegados al suelo. En un último intento de terminar con este tema y esperar encontrar uno nuevo para continuar, le pregunté el nombre de su escuela.

Me contestó: " ___ ___ del Memorial Bible College". (Insértese en los espacios en blanco el nombre de algún predicador fundamentalista fallecido hace tiempo y conocido por sus normas estrictas y conservadoras, pero que es prácticamente desconocido en las iglesias filipinas). No quiero compartir el nombre real del héroe de este hombre porque otros de sus seguidores lo considerarían una crítica, aunque en realidad sería solo constatar el hecho de su nombre. Además, ya tengo suficientes enemigos.

Después de tres días nos trasladamos a una gran iglesia en Mindanao, y los oradores que habían estado allí vinieron a

Manila. Una vez que llegamos, me llevaron a un lado y me dijeron que no podría hablar más. Durante el resto del tiempo que estuve allí, me senté fuera de las instalaciones. De todos modos, para entonces ya sabía todo lo que tenía que saber sobre la música de la iglesia. No sé cómo, pero la noticia del tumulto que estaba causando había llegado a Davao antes que yo. Los pastores nacionales empezaron a buscarme, saltándose sus seminarios alterados para hablar conmigo. A partir de ese día, todas mis comidas las hice con los nacionales, no solo por necesidad, sino también por elección.

A lo largo de esa semana se produjeron otros muchos acontecimientos, pero creo que he ofrecido una visión suficiente de la aceptación de mi ministerio y mi filosofía en los primeros días. Los que han seguido a Final Frontiers y han imitado nuestro trabajo recorren un camino filosófico y bíblico que estuvo pavimentado con muchas lágrimas, pruebas y rechazos. No tienen ni idea. Estos sentimientos y actitudes de superioridad sobre los predicadores nacionales hacen que estos buenos hombres rechacen la asociación con los misioneros. Esta conferencia en particular no ha vuelto a celebrarse en Filipinas, ni ha sido bien recibida debido a la actitud condescendiente de los organizadores y de los demás oradores. He estado en Filipinas muchas veces y mantengo un ministerio allí casi dos décadas después. ¡A Dios sea la gloria!

❖

La mentalidad de "no-hablan-español-en-México"

Como he mencionado anteriormente, muchos países están ocupados por grupos étnicos que no hablan el idioma nativo o nacional. Se ha dicho que solo en la India existen más de 1.700 lenguas y dialectos. La mayoría tienen una raíz común, pero otras son tan extrañas como el ruso al inglés.

Las lenguas individuales proceden de una de las 128 familias lingüísticas, y estas familias lingüísticas proceden de raíces lingüísticas. En la época de la Torre de Babel, los estudiosos de la Biblia estimaron que Dios había creado 70 lenguas. En la época de Cristo, esas 70 lenguas se habían multiplicado hasta llegar a unas 60.000 lenguas distintas. Desde la época de Cristo, debido a las conquistas y la asimilación, la extinción y la aniquilación, solo quedan unas 24.000 lenguas. Aproximadamente la mitad de las personas que representan estas 24.000 lenguas han tenido contacto con el Evangelio; la otra mitad no.

En mis viajes, es habitual aprender suficientes palabras para poder desenvolverse. Hace años, cuando me mudé a Honduras, contraté a una joven para que me enseñara español. Mi intención era contratar a alguien que no supiera hablar inglés para no utilizarlo como muleta. Contraté a esta señora para que fuera asistente de mi familia, ayudándonos a hacer las compras, a aprender las rutas de los taxis, etc. Como resultado, aprendí a hablar español como un niño pequeño. La mía fue una adquisición natural del idioma, y hasta el día de hoy, nunca he tenido una sola lección de español. Por supuesto, no soy un hablante perfectamente fluido, y cuanto más tiempo estoy lejos del mundo latino, menos palabras recuerdo. Incluso mientras estaba allí, pude ayudar a establecer varias iglesias simplemente utilizando un traductor.

Lo que me resulta interesante es que, al viajar a otros países latinos, las palabras tienen a menudo un significado diferente o ni siquiera existen. Francamente, una persona puede meterse en muchos problemas al viajar de un país a otro, ya que lo que puede ser un sustantivo común en un país es un verbo de burla en otro. Suponer que las palabras tienen el mismo significado puede ser, como mínimo, embarazoso.

Pero en realidad no es eso lo que estoy tratando. En algunos países, la población autóctona se niega a hablar la lengua nacional. La ven como la lengua de sus conquistadores y se niegan a someterse a ella. En el transcurso de la historia, ha sido habitual que el conquistador suprima la lengua autóctona en un intento de destruir la unidad y el orgullo nacionalista del pueblo. Esta práctica fue especialmente cierta en las últimas décadas, durante la expansión del comunismo por todo el mundo. Antes de eso, la prohibición de las lenguas era una práctica común, si no universal, de los españoles en el "Nuevo Mundo", y antes de ellos, los musulmanes, romanos, caldeos y egipcios (entre otros) prohibieron las lenguas indígenas.

La cuestión es que el hecho de que una persona esté en México no significa que la gente le entienda cuando habla en español. La gente con la que intenta comunicarse puede hablar una de las 68 lenguas de los indígenas que se hablan allí. En el mejor de los casos, el español es su segunda lengua. De hecho, aunque muchos son bilingües, el 5,4% de la población no habla nada de español. Esto supone más de la mitad de la población indígena que vive en México, lo que representa 6.073.318 almas. En estas estadísticas se incluyen 15 lenguas con más de 100.000 hablantes y 34 lenguas con menos de 20.000 hablantes. Normalmente, cuanto más pequeño es el grupo de personas (o etnia), menos probable es que estén expuestos al Evangelio. Aunque "todos se parezcan a nosotros", son tan diferentes entre sí como lo son de mí. Sorprendentemente, hay 52 países cuya población es menor que el número de "mexicanos" que no hablan español. Mientras que muchos misioneros son llamados a esos países, pocos parecen ser llamados a ir a los "mexicanos" que no hablan español.

La desafortunada realidad es que hay misioneros en el campo que podrían alcanzarlos, pero no saben que están ahí para ser alcanzados. Quienquiera que haya proporcionado su entrenamiento no les dijo a estos misioneros que solo porque la gente parece latina y solo porque viven en México no significa que hablen español.

Kenia, que se encuentra en el lado este de África, tiene una población de más de 39 millones de personas con 62 idiomas. Ghana, situada en el oeste de África, tiene casi 23 millones de habitantes con 79 lenguas, además de los múltiples dialectos que hablan las distintas tribus indígenas. China tiene 1.312.979.000 habitantes. El 9% de la población, que supone más de 123 millones, son minorías. En total, se hablan 296 lenguas en China, sin contar los cientos de dialectos.

Francamente, uno de los hechos más desalentadores de las misiones en la actualidad, y desde hace muchas décadas, es que a los misioneros no se les enseña la importancia de saber quiénes viven en el país donde han elegido ministrar. No tienen ningún concepto de la demografía, ya sea de la nación, de la ciudad o incluso de la calle en la que residen. ¿Cómo pueden llegar efectivamente a la gente si ni siquiera saben quién vive allí?

❖

La mentalidad de "Visas-de-Residencia-vs-Visas-de-Turismo-o-de-Trabajo"

Desgraciadamente, los misioneros hacen inocentemente un sinnúmero de cosas que obstaculizan su ministerio, y las hacen solo porque así se han hecho siempre. Una de ellas tiene que ver con su estatus legal en los países extranjeros donde sirven. O mejor dicho, algunos misioneros con visa de turista o misionero sirven en lugar de vivir en el país que han elegido para servir con el estatus de "residente" o con una visa de trabajo. Por alguna razón, a los misioneros nunca se les ha enseñado a obtener una residencia en los países donde sirven. Cuando los extranjeros vienen a los Estados Unidos, las autoridades quieren que obtengan una residencia porque eso demuestra que quieren ser estadounidenses. No están en Estados Unidos solo para utilizar a los estadounidenses, para tomar lo que los estadounidenses tienen y marcharse. Quieren integrarse y fusionarse con el pueblo estadounidense.

¿No sabes que los nacionales quieren sentir lo mismo por los estadounidenses cuando éstos van a su país? Nada demuestra más esa voluntad de integración y fusión que convertirse en residente. Cuando los visitantes realizan una visita de corta duración a Estados Unidos, obtienen un visado de turista, que suele estar limitado a seis meses. Si vienen con un propósito, como la educación o el empleo, solicitarán un visado de estudiante o un visado o permiso de trabajo, que les permite tener un empleo y pagar impuestos.

Pero si alguien va a trasladar literalmente su familia y sus pertenencias a Estados Unidos y a dejar su propio país, entonces esa persona debe buscar un visado de residencia permanente. Para estar aquí legalmente y vivir y trabajar en Estados Unidos, uno debe tener ese visado de residencia permanente, que se conoce más comúnmente como "tarjeta verde". Esta tarjeta verde da derecho a la persona a todos los privilegios de este país, con la excepción de votar u ocupar cargos públicos. Por lo demás, la persona tiene los mismos derechos que un ciudadano. Este mismo estatus está disponible probablemente en todos los países del mundo, y si no en todos, ciertamente en la gran mayoría de ellos.

Desgraciadamente, como a los misioneros no se les ha enseñado a vivir en los países extranjeros de esta manera, son considerados como "temporales" por los ciudadanos que saben que al primer indicio de dificultad, como una inundación, un huracán o disturbios civiles, esos residentes "temporales" estarán en el aeropuerto con los billetes en la mano esperando el primer vuelo que salga. Me recuerdan las palabras de I Juan 2:19 que dice: *"Salieron de nosotros, pero no eran de nosotros; porque si hubieran sido de nosotros, sin duda habrían seguido con nosotros; pero salieron para que se manifestara que no eran todos de nosotros"*. Aunque en el contexto, este versículo no tiene ese significado exacto, las palabras todavía me recuerdan este problema que veo en el campo misionero.

Un misionero que se convierte en residente dice a la gente: "Quiero ser uno de ustedes. No estoy aquí temporalmente para hacer lo que quiero y luego no puedo esperar a salir de aquí. Pienso vivir aquí el resto de mi vida". Algunos se preguntarán: "¿Pero qué pasa si no piensas vivir allí el resto de tu vida?". Si piensas estar allí más de dos o tres años, entonces hazte residente. Hacerse residente en la mayoría de los países del mundo cuesta entre 100 y 1.000 dólares. Eso es todo. Convertirse en residente evitará que un misionero tenga que entrar y salir de ese país cada tres o seis meses para cumplir con sus requisitos de visado.

Me referiré a este tema más adelante, pero quiero explicar la importancia de convertirse en residente. Ser residente significa que el misionero tiene derechos en el país. Puede trabajar si los tiempos se ponen difíciles y necesita más ingresos. También significa que puede recibir legalmente un salario de su iglesia o ministerio.

Entiendo que hay quienes dicen que los misioneros no pueden trabajar en un país extranjero. Esta afirmación es cierta, a menos que el misionero se convierta en residente. Un residente puede obtener fácilmente una visa de trabajo o un permiso de trabajo en la mayoría de los casos. Entonces podrá trabajar y las iglesias estadounidenses no tendrán que seguir enviando ayuda. O pueden enviar la mitad de lo que estaban enviando y enviar la otra mitad a los predicadores nacionales de su país que están haciendo un excelente trabajo de evangelización de su propio pueblo. O pueden compartir los fondos liberados con otro misionero que tenga déficit.

❖❖

La mentalidad hacia el estilo de vida

Por último, quiero referirme al estilo de vida estadounidense: su vivienda, su educación, etc. Mira, yo nací americano. Soy un americano culturalmente. Pero eso no significa que tenga que alardear de mis costumbres por encima de los demás. No soy de los que creen que un misionero debe vivir en un tugurio. Me parece bastante gracioso que muchas veces algunos pastores se quejen de los misioneros que viven por encima de su propia gente, pero conozco a muchos pastores que viven por encima de los medios de los miembros medios de su iglesia. Conduce un coche mucho más bonito, y él y su familia viven en una casa mucho más bonita.

¿Dónde está escrito que un evangelista puede conducir una autocaravana de 100.000 dólares y un pastor puede conducir un Cadillac de 60.000 dólares, pero un misionero tiene que conducir un basurero roto? La lógica es que los misioneros no deben vivir a un nivel más alto que la gente a la que ministran, pero la verdadera razón es que el pueblo estadounidense no quiere ver a sus misioneros viviendo a un nivel más alto que el suyo.

Reconozcámoslo, he estado en muchas iglesias en las que, en Navidad, la gente le regala a su pastor un Lincoln nuevo para que lo conduzca. Todavía no he visto a nadie dar a un misionero un Lincoln para conducir. (Y yo tampoco querría uno: un vehículo utilitario tal vez, pero no un Lincoln). Así que creo que hay que tener más cuidado al quejarse de cómo viven los misioneros, especialmente cuando los que se quejan hacen lo mismo.

Los misioneros también son personas. Quiero la mejor educación posible para mis hijos. Quiero la mejor casa que pueda conseguir para que viva mi familia. Pero eso no significa que tenga que hacerlo hasta el punto de dejar de dar testimonio a los demás. Solo significa que tengo que hacer lo mejor que pueda sin excederme, y en algunos países no hace falta mucho para excederse.

La cuestión es que el hogar del misionero, no importa lo pobre o lo rico que sea, debe estar siempre abierto a su gente. Su casa no debe ser una zona segura en la que los nacionales no puedan entrar. Debe ser un hogar de bienvenida para ellos también. Un misionero debe darse cuenta de que todo lo que tiene -sin importar lo pobre o lo lujoso- pertenece a Dios y es dado al misionero y a su familia para Sus propósitos.

Por otro lado, he visto a misioneros vivir en el extremo opuesto. No me opongo a que un misionero tome esa decisión, e incluso puede impresionar a la gente más pobre (aunque no estoy muy seguro de ello), pero a la clase media y superior, le hace preguntarse sobre la mentalidad de un hombre que elegiría vivir en un tugurio peligroso cuando podría tener a su familia viviendo en un entorno seguro y limpio. Por supuesto, si el campo elegido por el misionero lo lleva a la selva, tales pensamientos nunca se plantearán.

Algunas mentalidades que provocan el abandono de los misioneros

Al abordar estas mentalidades particulares, me dirijo a aquellos que llegaron al campo y aparentemente lo lograron. Aprendieron de sus errores. Aprendieron qué hacer y qué no hacer. Se lanzaron al ruedo y realizaron el trabajo, pero luego renunciaron. Las estadísticas informan que el 55 por ciento de todos los misioneros que completan su primer período de cuatro años y regresan a casa para un permiso nunca regresan al campo. ¿Por qué? La razón número uno que se da es la "incapacidad de adaptarse a la cultura".

❖

La mentalidad de "no-es-seguro-vivir-allí"

Mi familia y yo vivimos en Honduras a finales del siglo XX. En octubre de 1998, el huracán Mitch se desplazó lentamente sobre el país de Honduras y permaneció literalmente durante 30 días. Los vientos no fueron tan devastadores, pero la cantidad de lluvia que cayó sobre el país provocó inundaciones y deslizamientos de tierra en todo el país. En algunos casos, pueblos enteros fueron arrasados, y en esos 30 días, más de 13.000 personas perdieron la vida.

Durante más de un mes, se decretó un toque de queda con disparos a la vista a las 6:00 p.m. Prácticamente nadie tenía agua ni otras necesidades. Como tenía un coche, me pasaba todos los días buscando comida y agua para mi familia y amigos. A menudo veía a gente en el arcén de la carretera vagando sin rumbo.

Un día recogí a un hombre de unos treinta años que no llevaba más que un viejo calzoncillo. Había vivido en una de las laderas que rodean Tegucigalpa y había perdido a su familia. Me dijo que un fuerte ruido lo había despertado de su sueño, así que salió a ver qué era. El ruido que había escuchado era el de las casas que se derrumbaban cuando el agua y el lodo destruían todo a su paso. Me contó que volvió a entrar en su pequeña casa de dos habitaciones para buscar a su familia, pero al hacerlo, la casa empezó a deslizarse por debajo de él. Lloró mientras me contaba que tenía la mano de su mujer en la suya, pero que no podía retenerla. En un breve lapso de tiempo, perdió a su padre, a su mujer y a sus dos hijos, su casa y todas sus posesiones, excepto la ropa interior que llevaba puesta cuando le encontré.Me tomé el tiempo de compartir el Evangelio con él y darle comida antes de llevarle a la Universidad Nacional, donde se congregaban los sin techo.

Durante un mes no tuvimos agua en nuestra casa. Recogíamos el agua de la lluvia en cualquier recipiente que encontráramos. No podíamos tirar de la cadena y teníamos que hervir todo lo que bebíamos. Conocía al propietario de una empresa de suministro de agua y me encargué de que nos llevaran agua a nuestra casa y a las de mis amigos, pero el camión de agua podía llegar a cualquier hora, incluso a las 2 de la madrugada.

El huracán Mitch devastó la vida de toda la nación. Meses después, uno de los hondureños me dijo que la gente nos respetaba porque nos habíamos quedado. Al principio no entendí qué quería decir con esa afirmación. Pensé: "Claro que nos quedamos; aquí es donde Dios nos ha puesto".

A medida que hablábamos más, empecé a entender lo que este hombre quería decir. Todos los misioneros que conocía habían abandonado el país en cuanto las noticias empezaron a pronosticar la llegada de Mitch. Estos misioneros que querían estar fuera de peligro demostraban al pueblo de Honduras que no eran realmente parte de ellos y que no querían serlo. Eran misioneros de ocasión que nunca serían queridos ni aceptados por el pueblo.

Mi familia y yo no nos quedamos porque nos sintiéramos mejores que otros misioneros. Nos quedamos porque la idea de irnos nunca se nos pasó por la cabeza. ¿Por qué iba a permitir alguien que un acontecimiento natural le alejara del lugar al que decía que Dios le había llamado? Mientras muchos misioneros se marchaban, los actores y los políticos venían en masa a ver y ser vistos. Los no salvos venían a servir mientras los siervos de Dios se retiraban del campo de batalla en el momento más oportuno de la historia de la nación. No, mi familia y yo no nos quedamos porque tomáramos una decisión consciente de hacerlo; nos quedamos porque hacer lo contrario habría requerido una decisión consciente de irnos.

❖

Adquirir la residencia, que cuesta entre 100 y 2.000 dólares, dice a los ciudadanos que el misionero quiere ser uno de ellos y que será uno con ellos. Le hace querer a la gente, cimienta un vínculo que no puede romperse, y abre las puertas de las oportunidades de ministerio que son legión.

Digamos, por ejemplo, que en honor a su conversión en residente un misionero hace una fiesta e invita a todos los de su calle a celebrarlo con él. Puedo garantizar que la gente estará allí. Quieren probar ese pastel de chocolate americano y otras comidas y ver cómo celebran los americanos. Una fiesta de celebración es una gran oportunidad para que un misionero lleve a los nacionales a su casa y les cuente más sobre el motivo por el que está allí.

Les encantará a los miembros de su iglesia saber que no es solo un misionero que viene y se va al primer indicio de enfermedad o problema. La mayoría de los habitantes de ese país extranjero harían cualquier cosa para poder trasladarse y vivir legalmente en los Estados Unidos; pero, por el contrario, este misionero ha renunciado a todo para poder venir a vivir con ellos. Pueden ver que su misionero no ha venido a ganar riqueza, ni a enseñorearse de ellos, sino a ser su servidor. ¿Cómo podría un misionero impresionarles más?

La tragedia nunca es un momento para marcharse. Cuando un tsunami golpea, cuando las bombas comienzan a caer, o cuando los manifestantes están en las calles son todos los momentos en los que el misionero necesita "atrincherarse" - para el largo plazo.

Recuerdo haber estado en Estelí, Nicaragua, con mi familia para una cruzada en 1992 durante la toma de posesión comunista del país. No lo sabíamos, pero el pequeño hotel donde nos alojábamos (si quieres llamarlo hotel; no puedes llamarlo motel porque en la cultura latina esa palabra tiene un significado totalmente diferente y despectivo) estaba al lado de un almacén de municiones sandinista, que estaba lleno de granadas de mano, morteros, proyectiles de tanque y todo lo imaginable. Lo único que nos separaba del almacén de municiones era un muro de adobe de unos pocos centímetros de grosor. Los tanques retumbaban por la calle disparando sus armas en medio de la noche, y lo único que impedía que la metralla entrara en nuestra habitación era un muro de barro de cinco pulgadas y un techo de hojalata sobre nuestras cabezas.

Para ser sincero, cuando volvimos a nuestras habitaciones, me acosté y me quedé dormido inmediatamente. Mi mujer y mis hijos se quedaron tan profundamente dormidos que tuvieron que despertarnos a la mañana siguiente. No teníamos miedo porque las experiencias que ya habíamos tenido nos daban la seguridad de que Dios cuidaría de nosotros. Entonces, ¿por qué perder el sueño por lo que ocurría en las calles?

A veces los soldados alineaban un tanque al final de una cuadra y disparaban un proyectil a través de todos los edificios a su paso, matando a todos los que podían cuando el proyectil explotaba. Los coches y los neumáticos ardían, y la gente yacía muerta en la calle con la sangre salpicada en las pocas paredes que quedaban en pie, y sin embargo allí estábamos nosotros, repartiendo folletos.

En ese momento, ni siquiera hablábamos español, pero hacíamos lo posible por dar testimonio a la gente porque para eso estábamos allí. Por la noche, cuando empezaban los servicios bajo la carpa, a veces nos rodeaban soldados con ametralladoras. Una noche, la presencia militar llegó a suspender los servicios, pero nos permitió volver a abrir al día siguiente.

Durante el día, subíamos y bajábamos por las calles principales donde la gente venía a comprar para darles un testimonio del Evangelio. Un amigo que estaba conmigo se dio cuenta de que estábamos frente a la sede del partido sandinista. Pensé: "Bueno, ¿por qué no?" y entramos en el edificio y empezamos a repartir folletos a los dirigentes comunistas que trabajaban allí. Al cabo de unos minutos, nos hicieron subir. Pensé que nos iban a poner delante de un pelotón de fusilamiento o que, por lo menos, nos iban a matar a trompadas. Nerviosos, entramos en el despacho del funcionario sandinista que era el supervisor de la región del norte de Nicaragua, un punto caliente sandinista. Tomó uno de nuestros folletos y lo estudió un momento, luego nos miró y nos preguntó: "¿Por qué no subieron a darnos algo?".

Le dijimos que estábamos subiendo y que estaríamos encantados de darle uno. De hecho, le dimos varios folletos diferentes, y luego nos despidió. Fuimos de oficina en oficina dando un testimonio del Evangelio. Como resultado de nuestro ministerio esa semana, se plantó una iglesia que prospera hoy, casi 20 años después.

Unos meses antes habíamos estado en la ciudad de Ocotal, donde se encontraba una antigua prisión que había sido convertida en un centro de interrogatorio sandinista. (En otras palabras, los que se sabía que eran o se sospechaba que eran Contras eran llevados allí, "interrogados" para obtener información, y luego generalmente no se volvía a saber de ellos.)

Por las noches celebrábamos los servicios en un terreno vacío y amurallado cerca de la iglesia que teníamos allí. No había suficiente espacio en la iglesia para albergar a la gente, así que el solar se utilizaba para el desbordamiento. El terreno vacío tenía un muro de adobe, de unos dos metros de altura. En el terreno había un solo árbol. Cada noche, mientras predicaba, las ramas del árbol se convertían en asientos para los que querían tener una mejor vista. Me acordé de la historia de Zaqueo, así que utilicé ese pasaje para presentar el Evangelio, sabiendo que la gente podría identificarse con él. A lo largo de la parte superior del muro se sentaban hombres y niños que también querían tener una mejor vista. Como ocurre en la mayoría de los países del tercer mundo, cuando se construyó y enlució el muro, se incrustaron trozos de cristal rotos a lo largo de la parte superior para disuadir a los ladrones de trepar por él. La gente había destrozado los trozos de cristal roto y luego había colocado mantas gruesas, cartones doblados u otros elementos para protegerse de los fragmentos restantes sobre los que se sentaban.

Una noche, durante la invitación, un hombre se acercó para aceptar a Cristo. Yo no conocía a este hombre. Eran tiempos peligrosos, y nadie intentaba llamar la atención. Unos meses antes, un avión de la CIA que llevaba armas y suministros a los contras había sido derribado en las cercanías, y el piloto fue capturado. En Ocotal se había pintado el suceso en una pared del pueblo, mostrando al piloto estadounidense de la CIA atado y herido, siendo conducido al juicio por una soldadera sandinista.

Miré dentro de ese edificio, que servía de almacén, y vi que estaba cargado de suministros de alimentos procedentes de Rusia. También en el interior había libros de texto para la escuela primaria, que mostraban escenas de niños nicaragüenses armados con fusiles de asalto AK-47 matando a estadounidenses. El hermano del dictador, Daniel Ortega, había anunciado públicamente que sus soldados atacarían a Estados Unidos y que la sangre de los estadounidenses correría por las calles.

Como ya he mencionado, aquellos eran tiempos peligrosos, y por ello, todos los misioneros habían huido del país. Para mí, esos tiempos peligrosos presentaban una oportunidad para alcanzar a aquellos que estaban siendo abandonados y para cuidar a los predicadores nacionales que necesitaban comida, Biblias y ánimo. En mi mente y en mi corazón, creo que los misioneros son o deberían ser como los bomberos. Todo el mundo sabe que los bomberos no huyen del fuego: corren hacia él, buscando a quienes pueden rescatar de las llamas eternas.

Mientras predicábamos noche tras noche, podíamos ver a Dios haciendo una obra maravillosa. Varias semanas más tarde me encontré con el hombre desconocido que se había acercado a aceptar a Cristo. Cientos de personas se habían salvado, pero este hombre era especial. Sin saberlo, era un oficial sandinista que trabajaba en ese centro de interrogatorios. Su trabajo consistía en "entrevistar" y luego deshacerse de la gente. Como había aceptado a Cristo, había renunciado a su cargo y se dirigía a las casas de aquellos a los que había ayudado a torturar y luego a matar, pidiendo perdón a los familiares que quedaban. Para dar un cierre a la familia, les contaba a los dolientes lo que había sucedido y les decía

198 ❖ La Gran Omisión

dónde estaban enterrados los cuerpos. Luego les decía por qué quería su perdón y que ya había recibido el perdón de Dios. Utilizó este dolor y la angustia que había causado como un poderoso testimonio en toda esa región, y como resultado, muchos vinieron a Cristo.

❖

Cuando viajo por Oriente Medio, nunca sé de un día para otro si me espera la eternidad. He viajado en taxis en Oriente Medio en los que la gente no sabía que podíamos hablar el idioma, y las otras personas del taxi/furgoneta discutían cómo entregarnos a los terroristas o cómo secuestrarnos y enviarnos a Irak a Abu Musab al Zarqawi para que nos filme mientras nos corta la cabeza.

Estaba sentado detrás de ellos escuchando sus planes para acabar con mi vida, y no tenían ni idea de que yo sabía lo que estaban planeando. ¿Realmente crees que me siento cómodo oyendo ese tipo de conversaciones o escuchando a alguien decir: "Llevémoslos a tal o cual lugar y los fusilaremos"?

A veces, cuando he viajado en taxi con mis compañeros, hablamos en inglés porque los nacionales no nos entienden, ¡y hacemos planes sobre cómo escapar de ese taxi en la siguiente parada! ¡Hacemos planes sobre quién de nosotros se quedará atrás para retener al conductor y a sus acompañantes mientras los demás salen corriendo! Por supuesto, nadie está dispuesto a dejar a un hermano atrás, así que los planes suelen desecharse, o todos saltamos rápidamente al mismo tiempo y desaparecemos entre la multitud.

¿Disfruto yendo a lugares así? Pues sí, en cierto modo sí. Soy uno de esos tipos "raros" que disfrutan de la adrenalina. Pero soy consciente de que hay un peligro potencial a la vuelta de cada esquina, de que hay gente que se acercará a un estadounidense en la calle y le escupirá a la cara o incluso le amenazará: "Te voy a cortar la cabeza". Son atrevidos porque están rodeados de sus amigos, y creen que no sabes lo que te están diciendo. Pero nosotros podemos ser atrevidos porque estamos bajo las órdenes de nuestro Comandante de estar allí para cumplir sus órdenes, y es su responsabilidad cuidarnos, en la medida que Él decida.

❖

La mentalidad de "Perros calientes, saltamontes y hongos".

Como ya he escrito, estaba en mi primer viaje a Tailandia cuando me encontré en una aldea Akha, más tarde llamada Zion Hill. Para la cena, los aldeanos me sirvieron, entre otros productos comestibles, "perritos" calientes, saltamontes y sanguijuelas. Pensé que los "perros" calientes eran filetes y que las sanguijuelas eran simplemente setas jugosas. Era obvio que los saltamontes eran realmente langostas. La comida, a excepción de las sanguijuelas, estaba buena, e incluso pedí repetir.

No soy poseedor de un estómago débil, pero para ser sincero, la idea de comer un perro asado en un día de calor sofocante en el sudeste asiático, con las manos sucias y la ropa maloliente, rodeado de gente que no se ha bañado en su vida, es un poco abrumadora. Entonces, ¿qué hace una persona? Hace lo que yo hice. Simplemente tomas el perro, le quitas el pelo y te lo comes. No quieres, solo lo haces. Y agradeces a Dios que tienes comida para comer y puedes mantenerla. Pero ruegas todo el tiempo: "Por favor, no dejes que me enferme por comer esto".

El truco está en saber cuándo comerlo. Tengo algunas reglas que sigo. Como no hay refrigeración, hay que asegurarse de que la comida esté fresca. Si está fría, no la comas. (Frío es un término relativo, porque en realidad nada está frío en el sudeste asiático). Si hay moscas, ten cuidado porque no solo se comen la carne, sino que también ponen sus huevos en ella. Si el alimento no parece fresco y no hay moscas en él, entonces no lo comas. Si es demasiado viejo para las moscas, es demasiado viejo para ti. En realidad, es probable que esté lleno de larvas y que las moscas adultas lo hayan abandonado para que sus crías puedan darse un festín.

❖

La mentalidad de "duchas-de-agua-fría-y-velas"

Algunas personas no soportan vivir en un campo de misión porque solo hay agua fría, lo que hace que la ducha diaria sea una experiencia memorable. Algunos no pueden soportarlo porque tienen que usar velas o queroseno donde viven ya que no hay electricidad. Otros, más comúnmente, simplemente no pueden soportar el calor o el frío. Comprendo perfectamente estos problemas.

A medida que he ido envejeciendo, me he vuelto extremadamente sensible al calor. Cuando me preparo para ir a un país, lo primero que hago es investigar para descubrir cuáles son los meses más frescos, y planifico mi viaje en torno a esas fechas. Cuando tengo calor, tiendo a desmayarme. Como diabético, he aprendido que el sol y el calor aceleran la quema de azúcar en mi sangre. Por eso una persona puede estar tumbada en la playa todo el día y estar agotada. Aunque no haya hecho nada, el sol ha chupado el azúcar de su torrente sanguíneo y le ha agotado. El cerebro se alimenta de azúcar en la sangre, por lo que cuando el nivel de azúcar de una persona es peligrosamente bajo, el cuerpo comienza a apagar todo lo que no es necesario para la supervivencia inmediata, incluyendo los riñones, el hígado, etc., ya que el cerebro trata de reservar todo el azúcar para mantener su función. Una vez que la persona se desmaya, si el azúcar no se consume rápidamente, un hipoglucémico como yo entrará en shock, luego en coma y después morirá. Así que definitivamente comprendo la situación, pero lo que no entiendo es por qué un misionero no conocía el clima del país antes de conseguir apoyo para ir allí.

He conocido personalmente a misioneros que han sobrevivido a la deputación para llegar al campo y aprender que no puede soportar el calor, solo para dejarlo en dos meses, volver a casa y convertirse en pastor. ¡Qué desperdicio de vocación! ¡Qué desperdicio de cientos de miles de dólares para misiones dados por sus iglesias de apoyo! Todo este fracaso podría haberse evitado con Google y cinco minutos de investigación sobre el clima de ese país. Si hubiera sospechado siquiera que podría ser demasiado caluroso, ¿por qué no ir a visitarlo durante el mes más caluroso del año para ver si puede soportar el clima? Por supuesto, hay otra solución: comprar un aire acondicionado.

❖

La mentalidad de los "guardias-armados-en-la-tienda-de-comestibles"

Otra diferencia cultural que molesta mucho a la gente es ver a guardias armados patrullando por todas partes: en la tienda de comestibles, en McDonald's e incluso en su barrio por la noche. Cuando van al banco, los guardias llevan AK-47. Esta demostración de fuerza les asusta mucho.

Esa excusa siempre me ha parecido divertidísima. Para mí, la idea de vivir en un país del tercer mundo y no ver guardias armados en uno de esos establecimientos sería aterradora. Tener un guardia significa: "Este es un lugar seguro para comer". "Este es un banco seguro para entrar".

No tener un guardia dice: "Más vale tener cuidado".

Por supuesto, lo lógico sería que la gente dijera: "¿Por qué quieres vivir en un lugar donde tienes que preocuparte tanto por tu seguridad?".

No estoy sugiriendo que siempre queramos vivir allí. Como esclavo del Señor Jesucristo, voy donde Él me dice que vaya. Sí, hay momentos en que es peligroso, pero un siervo hace lo que su Maestro le encarga. No se preocupa por ello; simplemente lo hace.

❖

La mentalidad de "no-hay-de-qué-preocuparse"

Algunos dicen: "Bueno, es que no puedo conseguir lo que necesito aquí". Esa excusa me recuerda a la canción "Todo lo que quiero para Navidad son mis dos dientes delanteros". Una persona puede ciertamente vivir sin ellos -¡aunque se ve mucho mejor con ellos!

Mi punto es que es absurdo que un misionero renuncie a su servicio a Dios porque el país, o su ubicación en ese país, que ha elegido para vivir no tiene las comodidades a las que está acostumbrado. En la mayoría de los campos extranjeros, no hay Walmarts, ni McDonald's, ni Starbucks, pero hay almas que necesitan el Evangelio. Tal vez sería mejor que los misioneros se concentraran más en su vocación y menos en su comodidad. Tener esta mentalidad no siempre es fácil, pero siempre es necesario. Al recordar todas las luchas que los misioneros han soportado a lo largo de los siglos, parece una tontería que alguien permita que excusas como "no hay Walmart" le disuadan de su vocación. Pero en el caso de algunos, así es.

En los primeros cien años de trabajo misionero desde Inglaterra, el promedio de vida de un misionero que iba a África era de solo seis años. Y la esperanza de vida era estadísticamente tan alta porque un viejo testarudo se negó a morir y duró 17 años. La muerte era una certeza tan grande para los misioneros que comenzaron la práctica de empacar sus ropas y pertenencias, no en cajones, sino en ataúdes. Esto era para que cuando los misioneros llegaran a puerto y les sobreviniera una enfermedad y la muerte, el cuerpo pudiera ser enterrado inmediatamente, en lugar de curarse al sol. Cuando sus iglesias se reunieron en los muelles de Plymouth para despedirse de las familias de los misioneros, no tenían ninguna esperanza concebible de volver a verlos. Todavía no se había inventado el furlough, y la mayoría no duraría lo suficiente como para alcanzarlo de todos modos. De hecho, muchos ni siquiera llegaron a África; perecieron a bordo de los barcos y fueron enterrados en el mar.

Cualquier inconveniente que un misionero de hoy en día deba soportar por la causa de Cristo no es nada comparado con lo que ya han soportado miles de personas que le precedieron. Muchos misioneros tienden a creer que asumen sus cruces, pero en realidad, no tienen idea de lo que eso significa.

En la época romana, cuando se escribió el pasaje *"...Si alguno quiere venir en pos de mí, que tome su cruz......."* y se dio el mandato, la cruz ni siquiera se tomaba a menos que la crucifixión fuera inminente. No se llevaba para mostrar la voluntad de sufrir; se llevaba porque la persona se dirigía al lugar de ejecución.

Un cristiano de hoy recoge la suya por la mañana y la deja por la noche, pensando que ha hecho un gran servicio a su Maestro por la molestia de llevarla consigo. Los prisioneros en los días de Pablo recogían la suya y no la dejaban hasta que los guardias que estaban frente a ellos tenían un martillo en una mano y un clavo en la otra.

Pero si la vida sin sus placeres de compra significa tanto para ti, entonces aguanta. Una cosa que puedo prometerte es que, si te quedas el tiempo suficiente, habrá un Starbucks, y un McDonald's, y quizás incluso un Walmart para que lo visites algún día.

❖

La mentalidad de las "diferencias-culturales"

Como ya he dicho, la mentalidad que hace que los misioneros renuncien con más frecuencia es la incapacidad de adaptarse a la cultura. De hecho, la mayoría de los misioneros que no regresan al campo después de volver a casa para su primer permiso citan las diferencias culturales como la razón número uno para abandonar. Los cristianos necesitan recordar que hay otra cultura que deberían vivir, y es la cultura de la Palabra de Dios, no la cultura de los Estados Unidos.

No importa si no puedo comer pavo en el Día de Acción de Gracias. No importa si no tengo un jamón con esos pequeños picos de clavo en el día de Navidad. No importa si no hay árbol de Navidad, ni luces, ni nieve, ni Papá Noel, ni nada. ¿Realmente importa? ¿Qué importa si no puedo ver el partido de la Super Bowl? ¿Qué importa si mis vecinos me miran raro cuando celebro el 4 de julio? No importa. Lo único que importa es que estoy donde mi Maestro me dijo que fuera, haciendo lo que mi Maestro me dijo que hiciera.

❖

La mentalidad de "nuestra motivación es incorrecta".

¿La intención de un misionero es ganar a los perdidos o promover su propia denominación, junta misionera u organización? Desgraciadamente, he visto veces que misioneros de diferentes juntas ni siquiera trabajan entre sí. Aunque ambos sirvan en juntas bautistas fundamentales, ni siquiera quieren tener compañerismo. ¡Qué equivocado es esto! ¡Qué triste! Somos el cuerpo de Cristo - hermanos en la fe. Debemos ser uno con los demás.

Los misioneros no están en el país para promover este o aquel ministerio; están allí para promover la gloria de Dios. Los misioneros deben luchar contra cualquier mentalidad, cualquier actitud, y cualquier junta que les prohíba o impida hacer eso.

❖

La mentalidad de "nuestro-llamado-es-cuestionado".

Por último, está la pregunta persistente que generalmente solo surge cuando un misionero siente que es un fracaso: "¿Era la voluntad de Dios que yo estuviera aquí o la mía?". Muchas veces se dice: "Ya no estoy seguro de que Dios quisiera que viniera".

¿Puedo señalar un pensamiento con toda la ternura? Mi madre me dijo que siempre quiso ser misionera en China, incluso antes de ser salva. Mi padre también quería ser misionero y rechazó la oportunidad porque tenía miedo. Antes de que su vida terminara, viajaba conmigo a cualquier lugar del mundo al que pudiera llevarlo y le encantaba cada minuto.

Muchas personas viven una vida de culpabilidad porque creen que deberían haber sido misioneros y nunca lo fueron, o porque fueron misioneros en algún momento pero lo dejaron. Estas buenas personas se castigan a sí mismas durante el resto de sus vidas. ¿Puedo ofrecer una sugerencia? Tal vez no era Dios quien quería que fueras misionero; tal vez eras tú. ¿A qué me refiero?

Bueno, si eres como yo, creciste siendo animado a darlo todo, a hacer todo lo que puedas por el Señor, y a darle lo mejor de ti. Incluso cantábamos canciones sobre la entrega a la causa de Cristo. "Da lo mejor de ti al Maestro. Da la fuerza de tu juventud..." Estoy convencido de que muchos que realmente querían servir al Señor, pero tal vez no habían recibido realmente un llamado de Dios, se ofrecieron como voluntarios para el trabajo misionero y luego confundieron esa voluntad de servir y complacerlo como un llamado.

En otras palabras, como algunos cristianos querían servir a Dios y darle lo mejor de sí mismos y como habían sido educados en la creencia de que ser misionero era el cenit de dar lo mejor de sí a Dios, que nada podía ser un llamado mayor que eso, decidieron entonces ser misioneros. No oyeron ninguna sirena ni vieron ninguna luz de alarma, así que pensaron que Dios debía estar de acuerdo con su decisión. Después de todo, vieron un video y ahora tienen una carga por esas personas. Así que estos buenos cristianos se convirtieron en misioneros. Pero después de llegar al país y soportar todas las cosas que han experimentado y no lograr la salvación total del país, se deprimen y cuestionan si realmente fueron llamados por Dios.

Quiero animar a los misioneros que se encuentran en estas circunstancias. No quiero que se castiguen a sí mismos ni que castiguen a nadie. Al menos fueron o estuvieron dispuestos a ir. Por lo menos intentaron las misiones, y al hacerlo, llegaron a la conclusión de que no era lo que Dios tenía para ellos.

¿Puedo afirmar que no eres un cristiano malo o desobediente? Deberías ser honrado por lo que hiciste mientras el resto de nosotros se quedó en casa y construyó graneros más grandes. Al menos lo intentaste. Me quito el sombrero ante todos y cada uno de ustedes. Sé esto sobre ustedes: apoyarán con dedicación a las misiones y a los misioneros durante el resto de su vida. Que Dios los bendiga.

❖

La mentalidad de "nuestros-campos-están-cerrados"

Se habla mucho de la exclusión de enviar o dar un testimonio en tierras cerradas al Evangelio, y con razón. Sin embargo, otro obstáculo en la evangelización mundial es la lista cada vez mayor de naciones que se consideran "abiertas" pero "restringidas". Con esto no me refiero a tierras en las que es necesario entrar de forma encubierta o como empresario o profesor de inglés. Me refiero a tierras que están abiertas a los misioneros pero que restringen su trabajo por razones legales. Hay muchos misioneros en Brasil, por ejemplo, pero se les prohíbe legalmente trabajar entre los grupos tribales. De hecho, ni siquiera los predicadores brasileños pueden acercarse legalmente a ellos. La influencia de los antropólogos en las Naciones Unidas ha convencido al mundo "moderno" de que se hace un flaco favor al entrar en contacto con las tribus primitivas porque al hacerlo se cambian sus ropas, su higiene, sus métodos de vida, etc., y acaban perdiendo su lengua, su cultura y sus tradiciones. Este argumento es válido.

Cuando el misionero John Paton fue por primera vez a las Islas Nuevas Hébridas, en el Pacífico Sur, temía seguir el destino de los misioneros que le precedieron en esa región y verse obligado a dar su vida por el Evangelio. Cuando enterró a su mujer y a su hijo recién nacido, tuvo que dormir literalmente sobre sus tumbas para evitar que los nativos desenterraran sus cuerpos y se los comieran. De los 35 años que pasó allí, declaró más tarde que no conocía a ningún nativo que no hubiera hecho una profesión de fe en Jesucristo. Pasaron muchos años con amenazas y dificultades, pero cuando finalmente falleció, los nativos colocaron un altar con una inscripción para recordar su trabajo entre ellos. Decía simplemente: "Cuando John Paton llegó, no había cristianos;

cuando murió, no había caníbales". Algunas cosas en las culturas primitivas necesitan ser cambiadas.

Como estudiante de historia y antropología, tengo tendencia a estar de acuerdo con los expertos, pero mi humanidad, formada por mi fe, supera la nostalgia de preservar las culturas primitivas. Después de todo, ¿quiénes somos nosotros para negar el progreso, la atención médica, la ciencia y la educación, por no hablar de la Palabra de Dios a todo un grupo étnico, ya sea el último miembro superviviente de una tribu o uno de los miles que viven en las selvas profundas, olvidados por el hombre y no expuestos a la civilización? ¿Cómo nos sentiríamos si la sandalia estuviera en el otro pie?

No obstante, de lo que estoy hablando es un asunto totalmente diferente. Me refiero a naciones abiertas y amigables con el misionero y ávidas del bien que siempre sigue al Evangelio. Hay un nuevo viento que sopla en el mundo y que está propagando un fuego que nadie parece capaz de apagar. El país de Panamá es un ejemplo de ese cambio que apenas comienza a ser notado por las iglesias enviadoras, pero que ya está afectando la vida de los misioneros. ¿De qué se trata? Muchas naciones están cambiando sus leyes que exigen la frecuencia y el lugar en que un misionero (o cualquier turista) puede permanecer en su tierra y cómo tienen que arreglar su salida si se les permite volver a entrar.

En el pasado, una familia misionera solo tenía que salir del país, normalmente cada tres meses. Para familias como la mía, cuando vivíamos en Honduras, eso significaba que cada tres meses teníamos que cruzar la frontera hacia Guatemala, El Salvador o Nicaragua, y hacer que nuestros pasaportes sellaran que habíamos salido de Honduras y entrado en otro país. Después de cruzar la frontera, podíamos hacer un giro en U, hacer que ese país nos sellara los pasaportes de nuevo al salir, y luego pasar por "inmigración" en el lado hondureño de la frontera y hacer que nos sellaran los pasaportes para "volver a entrar" durante otros tres meses.

Esta travesía nos quitó un día de nuestros horarios. Por supuesto, para ser honesto, como yo era un residente legal, no tuve que hacer esto, y debido a mis "contactos" en el gobierno, tampoco lo hizo mi familia. Pero, por lo general, los misioneros no tienen esos contactos porque se les enseña que solo deben llegar y reunirse con los pobres, ya sea por instrucción o por ejemplo. Para nuestra desventaja, tendemos a evitar a los ricos o a los que tienen conexiones militares como si tuvieran la peste.

Panamá solía ser igual, pero ahora, como Honduras y muchos otros países, exigen que el misionero permanezca fuera de su país de tres días a dos semanas antes de regresar. Eso significa ahora que el misionero tiene que dejar su trabajo por un período prolongado cada 90 días. Además, debe soportar la carga financiera añadida de muchas noches en un motel y de comer en restaurantes. Algunos ven esto como unas "mini-vacaciones" cada tres meses. Otros lo ven como una interrupción de su ministerio y trabajo. Otro problema es que el gobierno de Panamá (al igual que muchos otros países) ahora requiere que el misionero no solo salga del país, sino que debe regresar a su propio país de envío antes de que se le permita regresar de nuevo a Panamá. Así, cada tres meses, el misionero debe comprar billetes de avión de ida y vuelta para cada miembro de su familia, además de pagar los gastos adicionales de hotel, comida y alquiler de coche. La mayoría no puede soportar esta carga financiera adicional, y las iglesias que los apoyan ven esto como la gota que colma el vaso en cuanto a la financiación, ya que añadirá (para una pareja de misioneros con dos hijos) una necesidad presupuestaria adicional de 3.000 a 4.000 dólares cada tres meses. (Y seamos realistas con las cifras. ¿Cuándo fue la última vez que conociste a un misionero que tuviera solo dos hijos?) El resultado final es que el misionero deja su campo y vuelve a casa, normalmente para siempre.

Foto: Nuestro equipo de indios y americanos fue a este pueblo para exponerlos al conocimiento de Dios. Muchos se convirtieron ese día, y finalmente se plantó una iglesia entre este grupo tribal.

[Foto tomada en enero de 2008]

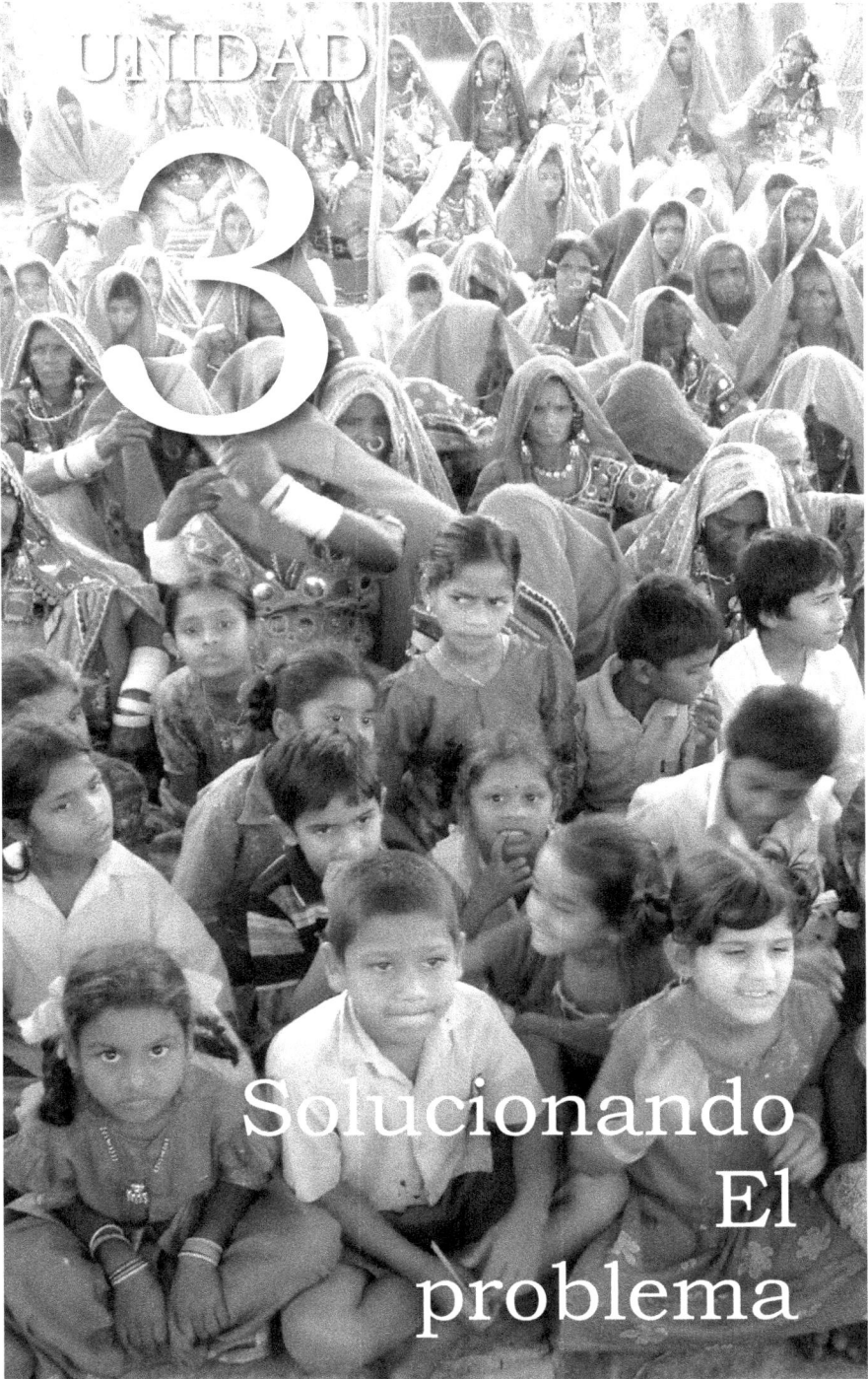

UNIDAD

3

Solucionando
El
problema

Cosecha mundial

Si la proporción de trabajadores cristianos con respecto a la población total que existe en el norte de África se aplicara a los Estados Unidos y Canadá, estos dos países solo tendrían unos 120 trabajadores cristianos a tiempo completo viviendo en ellos. Además, solo habría 7 iglesias pequeñas en Estados Unidos y Canadá juntos.

Datos estadísticos sobre los grupos de personas no alcanzadas

- 865 millones de musulmanes o seguidores islámicos no alcanzados en 3.330 subgrupos culturales
- 550 millones de hindúes no alcanzados en 1.660 subgrupos culturales
- 150 millones de chinos no alcanzados en 830 grupos
- 275 millones de budistas no alcanzados en 900 grupos
- 2.550 grupos tribales no alcanzados (que son principalmente animistas) con una población total de 140 millones
- Un grupo más pequeño, aunque importante, es el de los 17 millones de judíos dispersos en 134 países.

Introducción

¿Sabías que uno de cada diez habitantes del planeta es un indio analfabeto?

H asta ahora, he abordado principalmente los problemas a los que se enfrentan los misioneros y por qué los afrontan. A partir de ahora, me gustaría concentrarme más en las soluciones. Siempre habrá problemas, pero las soluciones no pueden estar lejos si se quiere tener éxito.

En el instituto bíblico no aprendí mucho, pero lo que aprendí se ha quedado conmigo. Recuerdo que el Dr. Wendell Evans enseñó una vez sobre el asesoramiento y sugirió un método para ayudar a llegar al fondo de cualquier situación. Era algo así:

- ¿Cuál es el problema?
- ¿Cuál es la causa?
- ¿Cuáles son las causas fundamentales?
- ¿Cuáles son las soluciones?
- ¿Cuál es la mejor solución?
- ¿Qué pasos hay que dar para lograr la solución?

Quiero utilizar este método y esta lógica para abordar el problema de las misiones.

Pregunta
¿Cuál es el problema?
Respuesta
Nos estamos quedando atrás en la evangelización del mundo.
Pregunta
¿Cuál es la causa?

Respuesta

No salen suficientes misioneros para llegar a todo el mundo.

Pregunta

¿Cuáles son las causas fundamentales?

Respuesta

- Hemos tenido un prejuicio de apoyar a los predicadores nacionales.
- La próxima generación de misioneros no está siendo entrenada adecuadamente en los principios y prácticas bíblicas en las misiones.
- Los jóvenes no están siendo reclutados para reemplazar a los misioneros ancianos, moribundos y que se jubilan, ni siquiera para mantener los números, mucho menos para reducirlos.

Pregunta

¿Cuáles son las soluciones y/o las mejores soluciones? Creo que hay dos soluciones conjuntas.

Respuesta

- Animar a los creyentes y a las iglesias a apoyar a más predicadores nacionales.
- Capacitar a nuestra próxima generación con principios bíblicos y métodos culturales para alcanzar a los grupos étnicos a los que se dirigen.
- Animar a nuestros jóvenes a "mojarse los pies" con las misiones a través de viajes de corta duración para abrir sus ojos a la aventura y a la supremacía de las misiones como servicio a Dios.

Pregunta

¿Qué pasos hay que dar para lograr las soluciones?

Respuesta

- Con respecto a los nacionales, proporcionar a los creyentes y a las iglesias la oportunidad de apoyar personalmente a un plantador de iglesias nacional basado en su estilo de vida, experiencia ministerial, doctrina, integridad y responsabilidad. Este objetivo se ha logrado con Final Frontiers y con otra media docena de ministerios similares que Final Frontiers ha ayudado a lanzar.

- En cuanto a la próxima generación de misioneros, hay que formarlos, formarlos y formarlos. Los días en que un misionero era un hombre que no podía ser pastor han terminado. Los especialistas misioneros, como los SEALS de la Armada, necesitan ser desarrollados para volver a hacer de las misiones un ministerio codiciado que está reservado para la élite de los siervos de Dios - no para los incompetentes. Final Frontiers está haciendo precisamente eso con nuestra Escuela de Misiones y nuestros Programas de Entrenamiento Misionero que están diseñados para ofrecer un curso de dos años a nivel de maestría que se lleva a cabo en un mínimo de tres continentes.

- En lo que respecta a la participación de los jóvenes estadounidenses, desarrolle un ministerio que los exponga al campo misionero durante una o dos semanas, como mínimo. Este viaje misionero está diseñado para despertarlos a la necesidad del mundo y a su capacidad de satisfacer personalmente esa necesidad, para reclutar jóvenes serios para convertirse en misioneros, y para proporcionar una tutoría profunda y práctica en las misiones. Final Frontiers ha hecho esto con nuestros Viajes de Aventura de Alto Llamado.

Los jóvenes de hoy en día se enfadan porque se les rompe una uña o porque no les han regalado la ropa de diseño adecuada para Navidad o porque no tienen suficientes minutos en su teléfono móvil para enviar el número de mensajes de texto diarios necesarios. Que pasen una semana en el campo y ni siquiera echarán de menos el teléfono. Un "texto" dejará de ser un sinónimo de "chat" y volverá a significar "una porción de un libro". Sus ropas de diseño estarán rasgadas y embarradas, y el mero hecho de pensar en el dinero que malgastaron en ellas les hará avergonzarse de su antigua "lujuria de los ojos y orgullo de la vida", y esas ropas probablemente serán regaladas a otro adolescente nacional antes de que abandonen el país. Cuando lleguen a casa, probablemente seguirán pareciéndose a los niños que enviaste, pero ya no hablarán como solían hacerlo. Ya no actuarán como solían hacerlo. Los jóvenes que van a un viaje misionero generalmente se convierten en una nueva creación.

¿*Sabías* que 818 pueblos etnolingüísticos no evangelizados nunca han sido objeto de ninguna agencia cristiana?

¿*Sabías* que el cristianismo organizado tiene contacto total con 3.590 religiones, pero ningún contacto con otras 353 religiones y sus más de 500 millones de seguidores?

Cómo solucionar el primer problema: apoyar a los plantadores de iglesias nacionales

¿Sabías que cada día mueren un promedio de 50.000 personas en China, y en la India otras 40.000 perecen? La mayoría de ellos lo hacen sin haber escuchado el Evangelio ni siquiera una vez.

A estas alturas, creo que si todavía estás conmigo, sabes que Final Frontiers existe para apoyar a los plantadores de iglesias nacionales en países del tercer mundo.

Con todos los misioneros deseosos de servir, uno podría preguntarse por qué Final Frontiers se especializa en apoyar a plantadores de iglesias nacionales en lugar de enviar plantadores de iglesias (misioneros) estadounidenses.

De hecho, Final Frontiers envía algunos, y a medida que pase el tiempo, su número aumentará. Sin embargo, Final Frontiers tiene un estándar para los misioneros que va mucho más allá de una simple recomendación pastoral y un pedigrí de un instituto bíblico aprobado.

Y aunque tocaré ese tema hacia el final de mi escrito, quiero comenzar ahora con una breve explicación de por qué Final Frontiers apoya a los predicadores nacionales.

Los beneficios obvios de apoyar a un plantador de iglesias nacional

❖

Ciudadanía

Más del 40 por ciento de todas las naciones están actualmente cerradas al misionero extranjero tradicional, y se espera que ese número siga aumentando. Sin embargo, en realidad, estas naciones nunca están cerradas al predicador nacional. ¡Él tiene la ciudadanía! Cuando un país "cierra sus puertas" al misionero, el predicador nacional simplemente ha sido "encerrado", proporcionándole una "audiencia cautiva".

❖

Idioma

Para el predicador nacional, no hay "tiempo de inactividad" dedicado a aprender un nuevo idioma, mientras que la formación lingüística comprende una gran parte del primer mandato del misionero extranjero. La mayoría de los predicadores nacionales son bilingües o multilingües. Muchos hablan cinco, diez o incluso más lenguas de los pueblos tribales de sus regiones, mientras que al misionero extranjero se le suele enseñar solo la lengua "oficial". El perjuicio de este déficit lingüístico se ve claramente en naciones como la India, donde se utilizan más de 1.600 lenguas y dialectos diferentes, además de la lengua "oficial".

❖

Cultura

El predicador nacional está "en casa" en su nación y no experimenta ninguna tensión cultural. Se calcula que más del 50% de los misioneros no regresan para un segundo mandato. La razón principal que se aduce para ello es "la incapacidad de adaptarse a la cultura".

❖

Licencia de salida

La licencia no es necesaria para que el predicador nacional mantenga una responsabilidad con sus patrocinadores. De hecho, los fondos que se utilizarían para traerlo a Estados Unidos para el permiso podrían utilizarse en cambio para construir un edificio de la iglesia o incluso para mantener a su familia y su ministerio durante dos a cinco años o más. Gracias a este beneficio, no sufre el 20% de tiempo de inactividad que experimentan los misioneros extranjeros que deben pasar un año de cada cinco de permiso.

❖

Jubilación

La jubilación no es una opción para el predicador nacional. Actualmente, más del 50 por ciento de todos los misioneros estadounidenses tienen al menos 55 años de edad. Muchos de estos siervos de Dios tendrán que jubilarse en los próximos diez años. Desgraciadamente, no hay suficientes misioneros jóvenes para reemplazar a este ejército de siervos experimentados que se jubila. La realidad de la jubilación obligatoria basada en la edad es un concepto cultural estadounidense, poco conocido y menos comprendido por los predicadores nacionales de otras tierras que ven su vocación como un ministerio de por vida.

❖

Tiempo

Mientras que muchos misioneros reciben un salario de su junta o denominación, el misionero promedio que está involucrado con una "misión de fe", pasa 2.5 años o más recaudando su apoyo financiero. Cada predicador nacional apoyado por Final Frontiers ya está "en el campo" y activamente involucrado en la plantación de iglesias, con o sin apoyo mensual regular. Con la ayuda de un patrocinador, pueden acelerar drásticamente sus esfuerzos.

❖

Economía

El promedio de apoyo personal y laboral necesario para un misionero extranjero es de 5.000 a 9.000 dólares al mes, dependiendo de su campo de servicio. Este nivel de apoyo es necesario porque los extranjeros suelen vivir a un nivel más alto que los nacionales, y deben tener fondos para artículos "necesarios" que el nacional nunca soñaría con poseer. En todo el mundo, el apoyo medio necesario para el predicador nacional es de solo unos 100 dólares mensuales. Cuando la inflación aumenta, su nivel de vida sigue siendo igual al de aquellos entre los que ejerce su ministerio. En resumen, por lo que cuesta mantener al típico misionero extranjero durante un mes, el típico predicador nacional puede mantenerse durante más de cinco años.

Cómo se aprueba el apoyo a los predicadores nacionales

El proceso de aprobación de un predicador es largo. Quiero explicar el proceso.

El método de descubrimiento de Final Frontiers es trabajar a través de una estructura organizativa establecida en países extranjeros que ya tiene un sistema de responsabilidad en el lugar. Final Frontiers desea apoyar a los hombres que son altamente responsables de su doctrina, estilo de vida, ministerio y vida familiar. Nunca consideramos a un "llanero solitario" para el apoyo.

La aprobación final para el apoyo se basa en varios factores, incluyendo:

- Introducción
- Doctrina
- Moralidad
- Vida familiar
- Experiencia ministerial

❖

Introducción

El predicador que se considere para el apoyo debe ser recomendado a Final Frontiers por un misionero occidental de una junta fundamental establecida, o por un pastor nacional en el que se haya depositado la confianza debido a su posición doctrinal, etc. La recomendación debe basarse en un conocimiento personal y a largo plazo de ese predicador y su ministerio. No basta con "saber de" el hombre, sino que quien lo recomienda debe haberlo conocido directamente, y durante algún tiempo, para poder dar fe de su cualificación. Todas las solicitudes que lleguen a la sede de Final Frontiers deben ser aprobadas por el director nacional. En caso contrario, estas solicitudes serán devueltas al país de origen para que el director nacional pueda conocer al predicador y considerarlo para su apoyo en el futuro. Este proceso también cuenta con la ayuda de los directores regionales y los directores tribales, que estarían en condiciones de conocer a hombres que el director nacional podría no conocer. No obstante, se aplican los mismos criterios de aprobación. En primer lugar, antes de que el director nacional envíe una solicitud a Final Frontiers, examina al solicitante de acuerdo con las categorías antes mencionadas que se detallan a continuación.

Si en algún momento un director envía una solicitud que no está calificada, pierde su derecho a recomendar cualquier otra en el futuro, sin importar cuánto tiempo haya trabajado con Final Frontiers o cuántos predicadores calificados y sobresalientes haya recomendado en el pasado. Esto es lo que en Final Frontiers llamamos nuestra política de "un golpe y ya está".

❖

Doctrina

Antes de que el solicitante reciba la declaración doctrinal de Final Frontiers, debe presentar la suya propia. A veces ésta es larga y detallada; otras veces es muy simple y general. Esta composición suele deberse a la falta de educación formal, pero de ninguna manera implica una falta de celo, conocimiento o devoción a la pureza doctrinal. Nuestra intención básica es saber si el predicador es fundamental en su doctrina. No intentamos exigir que el predicador use un título denominacional particular, pero su doctrina debe estar de acuerdo con la enseñanza bíblica fundamental. Debe notarse que los nombres denominacionales tienen mucho más peso en la cultura americana que en otras culturas alrededor del mundo.

En los grupos tribales en particular, aunque estos cristianos pueden poseer la misma doctrina, puede que nunca hayan oído hablar de denominaciones como bautista, metodista, etc. A menudo se refieren a sí mismos como "cristianos", tomando el ejemplo del libro de los Hechos. Esta elección de nombres se hace de forma inocente, sin ser conscientes de que el término "cristiano" se utiliza como nombre denominacional en Estados Unidos. En otros casos, las enseñanzas confesionales pueden variar de un país a otro. Por ejemplo, los bautistas de Estados Unidos creen firmemente en la doctrina de la "seguridad eterna"; sin embargo, los bautistas de Europa del Este no suelen hacerlo. Por lo tanto, las creencias del solicitante están determinadas por su posición doctrinal y su predicación, más que por el nombre de su ministerio. También hay que señalar que Final Frontiers no apoya a los hombres contratados como personal de la denominación. Aunque tales hombres puedan estar necesitados, deben solicitar ayuda a sus empleadores. Final Frontiers apoya solo a hombres que, aunque estén conectados a una estructura local de responsabilidad, son ministros independientes y no están controlados por una denominación.

❖

Moralidad

Los libros del Nuevo Testamento de Timoteo y Tito proveen las calificaciones de Dios para un hombre en el ministerio. Final Frontiers busca afirmar que el solicitante cumple con estas mismas calificaciones. Un estudio cuidadoso de estos libros proporciona una mayor claridad del carácter y la calidad de los hombres que se apoyan.

Una de esas características importantes es el testimonio del predicador con los que están dentro y fuera de la iglesia. Por lo tanto, es importante no solo que el predicador sea moralmente puro, sino que sea conocido como un hombre moralmente puro, tanto por los creyentes como por los no creyentes.

❖

Vida familiar

Debido a que el que recomienda al predicador tiene un conocimiento personal y a largo plazo del solicitante, también tiene un conocimiento igualmente bueno de la familia del predicador. Así, se determina que la esposa del solicitante es un ejemplo fiel y bueno para las mujeres de su comunidad. Los hijos también deben seguir la fe de su padre. Se determina además si es o no marido de una sola esposa, ya que la poligamia es una práctica común en todo el mundo. En algunas culturas, la poligamia no solo es legal, sino que se fomenta.

❖

Experiencia ministerial

Final Frontiers nunca apoya a un hombre que "tiene la intención" de hacer algo una vez que recibe los fondos. Solo se apoya a aquellos que, por fe y con un sacrificio personal, ya lo están "haciendo". Además, Final Frontiers no apoya a estudiantes a tiempo completo que no han tenido la oportunidad de probarse a sí mismos y que, por lo tanto, son todavía novatos. Aunque la esperanza y el objetivo de Final

Frontiers es ayudar al predicador en su formación continua, éste debe ser primero un predicador y después un estudiante. Después de recibir un diploma, muchos estudiantes de teología en países del tercer mundo deciden dedicarse a los negocios en lugar de al ministerio. Nuestra política garantiza que no se "desperdicie" el dinero de esta manera. Solo se puede patrocinar a un estudiante si se involucra activa y personalmente en la plantación de iglesias. Este hombre entonces no es considerado un verdadero estudiante de "tiempo completo" según nuestros estándares, como lo son muchos estudiantes de seminario en América que no hacen ningún ministerio hasta después de la graduación.

En resumen, Final Frontiers requiere que los hombres que reciben apoyo sean ministros veteranos que están involucrados en la plantación de iglesias y el discipulado. A menudo sus solicitudes implican que no han iniciado una iglesia o discipulado a otro predicador, pero es debido a los malentendidos culturales entre los idiomas. En la mayoría de los casos, un hombre trabajará con un equipo de otros en la plantación de iglesias y el discipulado. Este equipo siempre está dirigido por un pastor más experimentado que, a sus ojos, "se lleva el crédito". Por lo tanto, aunque en su solicitud se diga que no han fundado una iglesia, se ha determinado, mediante entrevistas personales de los directores tribales, regionales y nacionales, que sí han participado en un equipo de hombres que lo han hecho y, por lo tanto, sí tienen experiencia.

❖

Palabras finales de explicación

Se reúne un expediente sobre cada hombre que se recomienda a Final Frontiers para su apoyo. El patrocinador debe ser consciente de que la existencia del expediente de este hombre certifica que ha sobrevivido a años de escrutinio y examen de su vida, moral, doctrina y ministerio; y que ha pasado con altas calificaciones. También se ha determinado que necesita ayuda financiera debido al alcance cada vez mayor de su ministerio, la situación económica de su nación y la pobreza de las iglesias nacionales en general.

Aunque los hombres a los que se apoya pueden ser pastores, en realidad son plantadores de iglesias y, como tales, renuncian a la estabilidad financiera. Me explico. Después de que una iglesia es plantada y es capaz de mantener a un pastor, en lugar de permanecer en esa obra establecida, él se mueve para comenzar otra obra. Debido a este objetivo, lo más probable es que siempre tenga necesidad de apoyo, a menos que su estatus cambie al de pastor sedentario. Algunos de los hombres que reciben apoyo son pastores de una sola iglesia, pero también están involucrados en alcanzar otros pueblos con el Evangelio. Por lo tanto, si bien una parte de los fondos se utilizará para alimentos y ropa, una gran parte de los fondos se utilizará para el transporte y las herramientas para la predicación del Evangelio.

La mayoría de los predicadores solo necesitan uno o dos patrocinadores para subvencionar su ministerio, pero algunos, debido a la economía de su país o a los viajes de su ministerio, necesitan tres o cuatro. Para obtener información sobre la situación de apoyo de un determinado pastor, llame a la oficina del ministerio de Final Frontiers antes de enviar un cheque más grande de lo acordado originalmente. Puede ser que este pastor ya tenga un patrocinador adicional. Si tienes alguna pregunta, no dudes en preguntar.

❖

El proceso de solicitud

Los predicadores apoyados por Final Frontiers a veces son recomendados por misioneros o por pastores en los Estados Unidos que los conocen personalmente. Pero la mayoría de las veces son recomendados por otros que actualmente reciben dinero de patrocinio. La recomendación debe basarse en un "conocimiento personal a largo plazo" del predicador recomendado y su ministerio. Independientemente del contacto inicial, cada hombre debe ser aprobado antes de que pueda comenzar el trabajo de su apadrinamiento.

El proceso comienza cuando el individuo completa una solicitud en la que se hacen preguntas generales sobre su vida familiar y sus antecedentes. He enumerado ejemplos de preguntas que ayudarán a Final Frontiers a conocer al hombre personalmente y a ayudar en la compilación de una breve biografía sobre él y su familia. Toda esta información ayuda a desarrollar una cartera que se utilizará para conseguir patrocinio para él.

- ¿Cuál es tu nombre de pila y cómo te llaman?
- ¿Cuánto tiempo llevas casado?
- ¿Son todos tus hijos seguidores de Cristo?
- ¿De qué está construida tu casa?
- ¿Es coherente con otras de tu comunidad?
- ¿Eres miembro de un grupo tribal? Si es así, ¿a cuál?
- ¿Cuántas lenguas hablas? ¿Cuáles son?
- ¿Cuáles son tus ingresos y quién los proporciona?

A partir de este tipo de preguntas, el cuestionario se centra en preguntas más específicas sobre el ministerio, como por ejemplo

- ¿Cuántas iglesias has fundado personalmente?
- ¿Qué porcentaje de tus conversos reciben el bautismo?
- ¿Cuántos hombres has formado para el ministerio?
- ¿Cuáles son los nombres de los hombres que están siendo actualmente?
- ¿En qué otros tipos de ministerio estás involucrado?
- ¿Quién te capacitó para el ministerio?

Se intercambian las declaraciones doctrinales y el pastor nacional confirma que está de acuerdo con ella en todos los puntos. Finalmente, Final Frontiers pide un testimonio completo por escrito de su vida y ministerio. Esta información, junto con una carta de recomendación, se envía al predicador nacional encargado de recopilar los datos (denominado director nacional). Éste recoge esta información, así como todos los futuros informes trimestrales, si el pastor nacional es aprobado para recibir apoyo. Cuando el expediente de un candidato potencial a ser apadrinado está completo y ha sido examinado a fondo, ese expediente se envía a la oficina internacional para su publicación y consideración por parte de los posibles padrinos.

La política declarada de Final Frontiers es no apoyar a los hombres que están empleados por una denominación, ya que su apoyo proviene de ésta. Más bien, Final Frontiers busca ayudar a predicadores independientes, responsables ante una iglesia local, una hermandad y/o una asociación que creen como nosotros y no tienen a nadie más que a Dios para pedirle ayuda. Como Él nos dirige a ellos, nos encontramos en posición de ser la respuesta a sus oraciones.

También es la política de Final Frontiers apoyar solo a los predicadores veteranos que están actualmente sirviendo y perpetuamente involucrados en la plantación de iglesias y el discipulado, no a los estudiantes de tiempo completo o a los que esperan un pago para poder servir. Estos hombres deben vivir un estilo de vida bíblicamente separado, tener plena sumisión a la Palabra de Dios como su única y última autoridad, y ajustarse a los requisitos dados en el Nuevo Testamento para calificar para el ministerio.

❖

El proceso de entrevista

Una vez que la solicitud inicial ha sido aprobada para su consideración, el predicador se someterá a una serie de entrevistas.

Primero, se reúne con el predicador responsable de la supervisión en su área geográfica o tipo de ministerio en particular. A falta de un término específico, en lo sucesivo se referirá a este hombre como "supervisor". Esta no es una posición de supervisión, sino una función de responsabilidad. Estos hombres suelen ser los líderes reconocidos de un grupo de predicadores. (El tipo de ministerio se refiere a varios ministerios como el tribal, el de la radio, el de los leprosos, el de la traducción de la Biblia, etc.) Si el supervisor hizo la recomendación para el apoyo, entonces su carta de recomendación es equivalente a una entrevista en el sentido de que tal recomendación no se hace sin un conocimiento personal y a largo plazo del hombre y su ministerio.

Después de una entrevista exitosa con el supervisor, la solicitud del pastor nacional y los registros de la entrevista se envían al director nacional. Estos hombres suelen tener libertad para viajar por sus zonas al menos una vez al trimestre. En ese momento, el director nacional se reúne con el predicador y su familia para examinar su estilo de vida, su ministerio y su vida personal.

En cualquier momento del proceso de entrevistas, la solicitud de un predicador puede ser rechazada debido a cualquier defecto que pueda descubrirse en su doctrina, personalidad, estilo de vida o experiencia ministerial, pasada o presente. Sin embargo, si pasa con éxito las dos entrevistas, su solicitud y todos los datos pertinentes se retienen en la oficina del director nacional (iglesia) hasta el momento en que el director presenta la solicitud y las fotografías con su aprobación a la oficina central. La historia de este hombre se publica en forma de carpeta y se le busca un patrocinador (o patrocinadores).

❖

La responsabilidad del predicador

Para que cada predicador mantenga un nivel de responsabilidad, Final Frontiers requiere que se complete un informe cada trimestre. El predicador recibe directrices sobre el tipo de información que debe reunir. Estos informes se envían al supervisor o al director nacional para su traducción al inglés. Luego se envían a la oficina internacional en Estados Unidos. Una vez copiado el informe, el original se envía al padrino del predicador. Si el predicador no tiene un padrino específico, sus informes se colocan en su expediente, lo que amplía aún más su cartera. Estos expedientes se mantienen para el futuro padrino.

Por lo general, si el predicador no envía un informe trimestral, se retiene su apoyo hasta que se reciba el informe. Se pueden hacer algunas excepciones debido a barreras geográficas o políticas que pueden causar interferencias inesperadas. En tales casos, se espera que los informes se envíen en el momento de recibir los fondos. Si persiste el patrón de que un predicador no presente su informe a tiempo, el director regional y el director nacional tomarán la decisión de suspender o no el apoyo al predicador de forma permanente.

Algunos hombres, en países como China o el Tíbet o en zonas remotas de la selva, se ven privados de contacto durante tres meses o un año. En estos casos, es obvio que el contacto trimestral es imposible. Por ello, se pueden hacer excepciones con el consentimiento del patrocinador.

Se realizan viajes frecuentes a los países donde se ofrece apoyo. Esto permite a Final Frontiers mantenerse al día con los predicadores de una manera íntima y sirve para informarnos respecto a las necesidades que tienen, que su cultura puede no permitirles compartir. Este contacto también sirve para que ellos nos aconsejen sobre los cambios necesarios en la política. Además, proporciona tiempo para recopilar datos y entrevistar a posibles candidatos.

Estos viajes también sirven como oportunidades para que los predicadores y los laicos cuyas iglesias apoyan este ministerio visiten el campo y examinen por sí mismos la calidad y el carácter de los hombres para los que se consiguen patrocinios.

La rendición de cuentas es una calle de dos carriles: los predicadores nacionales a Final Frontiers y Final Frontiers al patrocinador. Además, esa responsabilidad implica algo más que las finanzas. Incluye áreas como el carácter, el estilo de vida, la doctrina, la ética laboral y la vida familiar. En resumen, deben ser fieles al Señor en sus ministerios y fieles en la entrega de sus informes. A su vez, Final Frontiers debe ser fiel al patrocinador en nuestra solicitud de fondos y en la difusión de información. Por último, Final Frontiers debe ser fiel al predicador, distribuyendo sus fondos en su totalidad y a tiempo.

Cómo se mantiene la responsabilidad para el patrocinador

"La responsabilidad lo es todo" es uno de los preceptos por los que vive Final Frontiers. Si una persona no puede proporcionar un nivel aceptable de responsabilidad, no debería recibir apoyo. La responsabilidad de una persona no termina cuando se deposita un cheque en el plato de la ofrenda; por el contrario, ahí es donde comienza. A continuación se describen los sencillos, pero eficaces, pasos de responsabilidad de Final Frontiers, que, según me han dicho, no tienen parangón en ninguna junta misionera.

❖

Aprobación de la Junta Nacional

En cada nación, se nombra una junta asesora y de rendición de cuentas, formada por los líderes espirituales y compañeros de los predicadores nacionales y elegida entre los propios predicadores, para determinar, recomendar, supervisar y mantener una responsabilidad entre el predicador, la oficina internacional y sus patrocinadores. Sus recomendaciones de aprobación y, en su caso, de destitución son absolutas.

❖

Responsabilidad continua

Los directores nacionales y regionales se nombran entre los miembros de los consejos consultivos y de rendición de cuentas de cada nación. Dichos directores mantienen una responsabilidad local en las áreas de doctrina, moral y ministerio. También verifican la exactitud de todos los informes trimestrales (requeridos) antes de que sean traducidos y enviados a sus respectivos patrocinadores. Estos informes son necesarios para continuar con el apoyo, a menos que se vea obstaculizado por razones geográficas o políticas. Además, los directores supervisan la distribución de cámaras que están a disposición de todos los predicadores patrocinados para que las utilicen en la documentación de sus ministerios.

❖

Viajes visionarios

Se anima a los pastores y patrocinadores a acompañar a los miembros del personal de Final Frontier en frecuentes viajes anunciados (y no anunciados) para asegurar la responsabilidad. Este ministerio cree que la rendición de cuentas es la clave de cualquier ministerio exitoso, pero tener al misionero en una iglesia una vez cada cinco años para hablar durante treinta minutos no es la rendición de cuentas. La rendición de cuentas se lograría mejor si las iglesias enviaran un representante al campo para que viera por sí mismo el trabajo del misionero que se está apoyando, ya sea el trabajo de un predicador nacional o de un misionero extranjero.

¿*Sabías* que 124 millones de almas nuevas comienzan su vida en la Tierra cada año, pero las 4.000 agencias misioneras extranjeras del cristianismo solo bautizan a 4 millones de personas nuevas al año?

Cómo solucionar el segundo problema: formar bíblicamente a los misioneros estadounidenses

¿Sabías que en el norte de África islámico solo hay un pastor o misionero cristiano por cada dos millones de personas?

En la antigüedad, el estudiante no elegía dónde estudiar; más bien, el instructor elegía al estudiante. Pablo fue tutelado por Gamaliel; Aristóteles tuteló a Alejandro Magno, y así sucesivamente. Mi objetivo es tutelar, formar y evaluar al candidato a misionero para determinar quiénes podrían ser invitados a unirse al ministerio de Final Frontiers. Esta tutoría sería conducida no solo por mí, sino también por el personal de Final Frontiers en los Estados Unidos y en el extranjero y por varios misioneros probados y eficaces, así como por una serie de predicadores nacionales. Durante el entrenamiento, los hombres aprenderían los métodos utilizados por Final Frontiers; software propio; cómo plantar iglesias en entornos rurales, urbanos y tribales; cómo establecer y operar centros de alimentación; y cómo iniciar institutos bíblicos basados en la iglesia, etc. Además, si estos hombres son aceptados como asociados misioneros de Final Frontiers, también estarían recaudando apoyo para los predicadores nacionales y los niños, para el contrabando de la Biblia, para los camellos utilizados en el transporte, etc. mientras están en la diputación o permiso.

En realidad, Final Frontiers no quiere una "junta" en sí. Lo que he diseñado es una "Asociación de Misioneros

Extranjeros" que están de acuerdo con la filosofía de Final Frontiers y desean trabajar de la mano con nosotros. Serían independientes, pero Final Frontiers gestionaría sus fondos y actuaría como su consejo de administración, sin ejercer ningún control sobre ellos. Se les llamaría "misioneros asociados", y ya tenemos unos cuantos. Saldrían bajo nuestra bandera, utilizando nuestro nombre y promoviendo nuestro ministerio. Nosotros, a su vez, los promovemos, ayudamos a financiar su trabajo, procesamos sus fondos e informes y garantizamos las operaciones de rescate para ellos y su familia, si es necesario. Estos misioneros no estarían solos en el campo. Muchas juntas directivas no lo hacen, pero deberían hacerlo. Nosotros negociamos y lo hacemos, utilizando los medios que tenemos a nuestra disposición, y debido a nuestras historias y contactos acumulados, esos métodos son legión (y confidenciales).

❖

Misioneros afiliados

Final Frontiers también tiene lo que se llama "misioneros afiliados". Estos hombres sirven bajo una junta fundamental diferente, pero sirven como directores regionales para Final Frontiers distribuyendo fondos e informes, devolviendo informes a la oficina, y calificando a nuevos hombres para el apoyo. Final Frontiers trabaja con muchos de estos directores regionales, pero a veces sus juntas directivas no lo prefieren. En general, estamos construyendo sus ministerios apoyando a sus predicadores para que ellos no tengan que hacerlo.

Hace años comenzamos a trabajar con el misionero Randall Stirewalt de la Baptist Bible Fellowship en Eldoret, Kenia. En ese momento Randall había estado sirviendo por unos 20 años y se había desanimado porque SOLO había iniciado 12 iglesias. ¡Increíble humildad! Estaba a punto de renunciar por lo que erróneamente percibía como un fracaso. Final Frontiers comenzó a apoyar a sus predicadores capacitados y experimentados, y con los años su número ha crecido. Ahora, unos 18 años después, el número de iglesias que Randall ha podido dirigir a sus plantadores de iglesias en Kenia ha pasado de 12 a más de 700, ¡todo gracias a que sus hombres fueron subvencionados! Esos patrocinios permitieron a los pastores nacionales dedicarse a tiempo completo a los ministerios de plantación de iglesias.

Final Frontiers comienza tratando de construir en el corazón del misionero la realidad del llamado que Dios le ha dado. Los misioneros no deben ser pastores fracasados o jóvenes novatos. La edad no convierte a un misionero en un experto, ni tampoco su junta directiva. Un misionero debe ser un espartano en la guerra espiritual, un Bernabé en su cuidado del cuerpo, un Daniel en su sabiduría, un José en sus capacidades administrativas, un Pablo en su celo, y un "hombre poderoso" en sus hazañas para Dios. Debe ser un estudiante y un erudito; y debe poseer un conocimiento superior en cultura, historia, política y geografía en su tierra dada, superando el del ciudadano nacional educado. Debe ser el epítome de "llegar a ser todo para todos los hombres". Los misioneros no nacen; se forman y evolucionan a partir de una combinación de deseos, fracasos, sufrimientos, tragedias, desamores, humildad y experiencia.

Para ayudar a desarrollar esos hombres, que como sus predecesores son capaces de "poner el mundo patas arriba", Final Frontiers ha comenzado a desarrollar un programa que equivaldrá a un máster en Misionología. Este máster no se basa principalmente en lo académico, sino en la experiencia, la exposición a otras culturas y la tutoría de misioneros experimentados y exitosos y de líderes de iglesias nacionales.

Este programa sería un curso de dos años que se desarrolla en Estados Unidos (solo ligeramente) y en al menos otros tres continentes, proporcionando una exposición a varios países de cada continente. Por ejemplo:

- Asia-Tailandia, Camboya y/o Myanmar
- África-Ghana, Kenia y/o Costa de Marfil
- América Latina-Honduras, Guatemala y/o Perú
- Oriente Medio-confidencial
- Europa-Rumanía, Ucrania y/o Lituania

En cada país o continente, los estudiantes de maestría servirían y serían asesorados por pastores tribales, nacionales, rurales y urbanos, así como por misioneros extranjeros experimentados y exitosos. Los estudiantes estarían expuestos a las filosofías del ministerio, la comida local, el clima, las tradiciones y las culturas de raíz de cada región y tribu. Servirían durante al menos un mes en cada lugar.

❖

Otros cursos de estudio básico

- **Etnografía**-el estudio de las culturas

Esta clase capacitará al misionero para conocer las culturas con las que entrará en contacto. La comprensión de su cultura genera respeto y aceptación inmediatos en los corazones de los ciudadanos, ya que el misionero probablemente sabrá más sobre ellos que ellos mismos. La clase también le dará al estudiante la llave para abrir el Evangelio en su cultura, ya que cada cultura tiene atisbos de la Verdad contenidos en su idioma o historia.

- **Antropología**: el estudio del origen humano (tribal), el comportamiento, la cultura y la interacción con otros grupos de personas En esta clase el misionero determinará por qué una sociedad actúa como lo hace hacia los demás y hacia los extranjeros. El estudio de la antropología permitirá al estudiante saber cómo comunicar mejor el Evangelio y cómo señalar los puntos fuertes y débiles de la cultura arraigada a los nuevos creyentes y a los líderes de la iglesia. Por ejemplo, las culturas asiáticas tienen un profundo respeto -incluso hasta el punto de adorar a sus ancianos. El saber que este respeto es una doctrina bíblica paralela abre la puerta a una mayor exposición a la Palabra de Dios.

- **Cartografía**: la ciencia de la cartografía especializada en el uso de la demografía y el análisis geográfico

Al misionero se le enseñará a trazar mapas de barrios y regiones basados en la demografía local y a identificar quiénes viven allí: las tribus, las culturas, los idiomas, los lugares disponibles y la población por grupos de edad, género, ingresos, etc. Los datos pueden, en muchos casos, cargarse en Google Earth, lo que permite a los estudiantes universitarios del campus ver y analizar la información también y ayudar al misionero en su trabajo.

- **Inmersión práctica**: cómo adaptarse a las culturas para integrarse en ellas (por ejemplo, convertirse en un "nacional").
- **Contextualización bíblica**: cómo aplicar la Palabra y la Verdad de Dios a la cultura con la que se está tratando (por ejemplo, explicar la frase bíblica "más blanco que la nieve" a quienes viven a lo largo del ecuador y nunca han visto la nieve)
- **Contravigilancia**: enseña al misionero cómo ser observador ante la posibilidad de secuestros, toma de rehenes y asesinatos
- **Inteligencia de protección**: pasos a seguir para evitar un secuestro
- **Espionaje**: métodos de operaciones encubiertas aplicados a la evangelización, el rescate, la recopilación de información, la encriptación, etc.
- **Medicina básica**
- **Adaptación y aprendizaje del lenguaje**
- **Construcción básica**: aprender a construir con recursos naturales como barro, paja, estiércol, palos, piedras; construir una estufa de adobe, cavar un pozo, etc.
- **Técnicas de supervivencia**: aprender a sobrevivir en todas las zonas: selva, desierto, montaña, campo y ciudad.
- **Diputación y rendición de cuentas**: cómo recaudar fondos y cómo informar adecuadamente a los partidarios con el objetivo de aumentar su carga, no solo impartir información
- **Vídeo y publicación**: uso de las herramientas para mejorar la presentación y los informes del ministerio

Además de todos estos cursos de estudio prescritos, habrá numerosas tareas de lectura que se correlacionan con el tema, así como biografías misioneras e historias culturales.

Por último, a cada misionero se le enseñarán los fundamentos de varios oficios para que, en caso de necesidad, tenga algo a lo que recurrir en caso de crisis o que le sirva de cobertura. Estos oficios podrían incluir la carpintería, la barbería, la reparación de ordenadores o cualquier cosa que el estudiante encuentre interesante. Esta práctica era habitual entre los judíos y fue practicada por el apóstol Pablo cuando era necesario mientras servía como misionero. Se localizarán mentores en los Estados Unidos o en el extranjero para llevar a cabo este propósito.

CAPÍTULO 3

Cómo solucionar el tercer problema: Prepararse para el futuro

¿Sabías que el 95% de las personas que viven en la Ventana 10/40 no están evangelizadas? Muchos nunca han escuchado el mensaje del Evangelio ni siquiera una vez.

La preparación para el futuro es sensible al tiempo; si se espera demasiado, el futuro ya es pasado. Entonces te quedas con los remordimientos en lugar de las recompensas.

El futuro es nuestra juventud. La idea de muchos padres de preparar a sus jóvenes para una vida de servicio es enviarlos a un campamento de verano y tener una actividad semanal o mensual para que disfruten. Y por supuesto, actividad significa diversión-no ministerio.

Cuando era adolescente, mi pastor de jóvenes era John Reynolds, el brazo derecho de toda la vida de Curtis Hutson. John nunca nos decía lo que teníamos que hacer, sino que nos inculcaba el deseo de hacer algo, lo que fuera, y luego se quedaba mirando cómo lo hacíamos. Si era necesario, intervenía con consejos, pero normalmente solo cuando se le pedía. Tenía una manera de aconsejarnos y hacernos creer que la idea era nuestra. Era y sigue siendo un genio que busca a alguien para construir mientras la mayoría busca a otros que les ayuden a construir.

Al recordar aquellos días, a John realmente no le importaba lo largo que los chicos llevaban el pelo, el tipo de música que escuchábamos, si íbamos al cine o si incluso íbamos a nadar mezclados. Al menos, si lo hacía, nunca me lo demostró. Lo que le importaba era que leyéramos la Biblia, que amáramos al Señor y a los demás, y que buscáramos glorificar a Cristo. Extrañamente, todas las demás cosas encajaban. Su influencia era tan grande que muchos de nosotros, después de estar despiertos hasta tarde en las citas de la noche anterior, nos reuníamos en la iglesia a las 7:00 a.m. para orar durante una hora por nuestro pastor y los servicios del día.

La mayoría de los jóvenes con los que crecí están hoy en el ministerio; la mayoría de las chicas están casadas con un predicador o misionero. Los que no lo están, que yo sepa, son fieles cristianos que sirven en sus iglesias de origen. ¡Qué influencia tuvo John Reynolds!

Puede que algunos lectores se sientan incómodos con lo que voy a decir (¡qué sorpresa!), pero espero que disciernan mis intenciones mientras leen. En décadas pasadas, a veces, en su afán por formar a sus hijos en el camino que deben seguir, los padres confundían el punto. Si un padre entrena a su hijo para que sea nadador y ese chico se enamora del deporte, su padre no necesitará decirle que se corte el pelo. Su hijo lo hará voluntariamente para aumentar la velocidad de sus vueltas en la piscina. De hecho, puede incluso afeitarse las piernas y los brazos.

Los padres a veces enseñan a sus hijos con el ejemplo que cambiar el exterior es lo que hace a un hombre un cristiano dedicado. Cuando crecieron y decidieron que querían lucir un poco diferente a como fueron criados, estos jóvenes adultos automáticamente pensaron que estaban en pecado. Crecieron hasta el fracaso, no porque sus corazones no estuvieran bien, sino porque sus corazones habían sido infectados con demasiada preocupación por la apariencia exterior y no lo suficiente por el hombre interior.

Me parece interesante que todos los problemas importantes que tuvo nuestro Señor durante su ministerio emanaron de los fariseos, no de los saduceos. Esto no debería haber sido así, ya que Él se refirió abiertamente a su próxima resurrección, y los saduceos no creían en ella. Los fariseos, un grupo religioso mucho más pequeño que los saduceos, fueron su constante "espina en la carne", criticando todo lo que decía y hacía, acusándolo de herejía, blasfemia y desprecio por la fe judaica. Estos fariseos destacaban literalmente entre la multitud por su apariencia, no por su fe. Y por cierto, aunque todas las sectas eran religiosas, solo una de ellas se sentía mejor, más conocedora y más santa que el resto: los fariseos. Por supuesto, la palabra fariseo no es una palabra inglesa. El nombre de su secta vino de un verbo en su propio idioma. La palabra o nombre *Fariseo* significa literalmente -¿estás listo para esto?-¿estás seguro?- "separado".

Espero que te des cuenta de que no estoy atacando las normas. Lo que me preocupa es el énfasis que se pone en el exterior y no en el interior. Este es el mismo mensaje que nuestro Señor enseñó, y algunos creyentes lo han ignorado en nuestros días-tal como los "separados" lo hicieron en Su día. ¡Qué vergüenza! Su camino es siempre mejor, siempre próspero y siempre exitoso. Nuestros caminos han vaciado nuestras bancas. Sus caminos, cuando se seguían, hicieron que las nuestras fueran las iglesias más grandes y de más rápido crecimiento en los 50 estados.

Uno de los grupos de jóvenes más dedicados del planeta son los mormones. Sus jóvenes pasan dos años de su vida como misioneros. Por supuesto, tienen un motivo ulterior; quieren convertirse en un dios con su propio universo. Pero nosotros los cristianos tenemos un motivo más fuerte; queremos servir a nuestro Dios y expandir su Reino.

Los jóvenes mormones vuelven a casa con una comprensión del mundo y de su gente. Tienen un celo por las misiones que nosotros no entendemos. ¿Sabías que no tienen que recaudar fondos para ir? Si eres mormón y tienes una casa, se espera que les proporciones alojamiento. Tu familia y amigos y tu "iglesia" de origen están obligados a proveer tus gastos. Increíble.

¿Por qué no hacemos eso los cristianos que tenemos el mensaje correcto? ¿Por qué no animamos a nuestros jóvenes cuando se gradúan de la escuela secundaria a pasar dos años, un año, seis meses o incluso dos semanas en un campo misionero en algún lugar? Cualquier misionero estaría encantado de proporcionar comida y alojamiento a cambio de trabajo. Las familias y los predicadores nacionales estarían encantados de acogerlos, siempre que pudieran pagar su propia comida. Ellos también aprenderían sobre el mundo y su gente. Tendrían la carga de llegar al mundo. Los que entraran en el negocio se consumirían inmediatamente con la expansión al país donde desarrollaron amigos de toda la vida y tienen docenas de contactos. Esto proveería trabajos para los creyentes nacionales que pueden diezmar y apoyar a sus propios pastores.

Es lógico, pero no se hace. En cambio, enseñamos a nuestros hijos que el verano antes de la universidad es su última oportunidad para "divertirse" y pasar tiempo con sus amigos. No inculcamos la eternidad en sus corazones; por lo tanto, no piensan en ella, ni la apoyan apoyando las misiones. Ellos consumen sus ingresos en ellos mismos hasta que tienen su propia familia, y entonces lo consumen en su familia. Dios se queda con las sobras, si es que las hay. Para cortar este problema de raíz, Final Frontiers ha desarrollado dos viajes orientados a los jóvenes para captar sus corazones para las misiones.

Viajes de Aventura de Alto Desempeño

Los Viajes de Aventura de Alto Llamado están diseñados para llevar a los jóvenes a un viaje accidentado, de campamento/evangelismo durante una semana. Los jóvenes aprenden a enfrentarse a la naturaleza, a cocinar su propia comida y a ir de excursión a pueblos que no tienen carreteras. Viven sin electricidad, lavan su ropa en un río o arroyo y se divierten como nunca.

Viajes visionarios

Los Viajes Visionarios son realmente para todas las edades. Es una oportunidad no tanto para hacer, sino para ver el mundo y adquirir una carga por él. Más de la mitad de los que viajan con nosotros cada verano vuelven para su segundo, tercer o cuarto viaje. ¡Algo debemos estar haciendo bien!

Estos viajes se realizan para abrir los ojos de los jóvenes a la posibilidad del servicio misionero y, si no hay otra cosa, para que tengan una carga por el mundo para que, como miembros de la iglesia que diezman y líderes del futuro, entiendan la necesidad y conozcan la solución.

Misioneros en formación

Ya sea en los Viajes de Aventura de Alto Llamado o en los Viajes Visionarios, Final Frontiers tiene la oportunidad de examinar a quienes asisten, para determinar su potencial como misionero, y luego invitarlos a participar en nuestra Escuela de Misiones y en el programa de Misioneros en Entrenamiento. Después de pasar dos años en este programa; viviendo y sirviendo en entornos urbanos, rurales y tribales en tres continentes; y habiendo plantado iglesias en al menos tres países y discipulado a otros jóvenes para que sirvan como ellos, entonces se les certifica como misioneros, y se les suelta para que vuelvan a casa y empiecen a deponer. Sí, has leído bien, ¡para comenzar la deputación! Sé que a la mayoría de los misioneros se les enseña que la deputación es lo primero, pero si nunca has hecho nada, ¿por qué una iglesia debería apoyarte para hacer algo que nunca has hecho?

Imagínate cuando uno de nuestros misioneros aprobados visita una iglesia pidiendo apoyo. Él ya ha servido en tres continentes, ha aprendido a hablar varios idiomas, ha iniciado dos o más iglesias, y tiene hombres sirviendo en el ministerio a los que ganó para Cristo y discipuló. Lleva consigo una cartera con fotos de su trabajo, formularios de informes y cartas de docenas de pastores nacionales pidiendo a las iglesias que le apoyen para que pueda volver y continuar su ayuda entre ellos. El pastor puede comparar esa cartera con la de todos los demás candidatos a misioneros que enseñaron una clase de escuela dominical para niños pequeños durante un año y condujeron un autobús. ¿A cuál elegirías para apoyar?

¿*Sabías* que a los cristianos les cuesta 700 veces más dinero bautizar a los conversos en los países ricos del mundo C (como Suiza) que en los países pobres del mundo A (como Nepal)?

Conclusión
Unas reflexiones finales

¿Sabías que el 85% de los que viven en la Ventana 10/40 son los más pobres del mundo?

Sí, las misiones están rotas, y nosotros las hemos roto. Es hora de que lo arreglemos. He intentado utilizar mis 24 años de experiencia para ilustrar lo que he aprendido de los misioneros y predicadores nacionales, no para mostrar teorías con buenas intenciones, sino soluciones que funcionan. Habrá quien diga que soy antimisionero, pero no recordará que soy misionero. Si un médico tiene derecho a quejarse y advertir contra los "charlatanes" porque hacen daño a la gente y arruinan el nombre de los buenos médicos; si los pastores tienen derecho a predicar contra los pastores transigentes y perezosos, entonces por qué un misionero no tiene derecho a hablar y advertir contra los que utilizan su cargo de forma ineficaz y antibíblica. ¿Por qué se me puede criticar cuando voy a una iglesia porque "no he dicho ni una palabra sobre el apoyo a los misioneros"? Pero, por otro lado, ¿es perfectamente aceptable que todos los misioneros desde Pablo vayan a las mismas iglesias y SOLO hablen de lo que están haciendo o planean hacer sin mencionar nunca el trabajo de los nacionales? ¿Por qué los prejuicios, el fanatismo y la ira?

Espero que haya aprendido algo de todo lo que ha tenido que soportar al leer estas páginas. Si te apetece, confío en que te pongas en contacto con la oficina de Final Frontiers para apoyar a un predicador o a un niño, o a nuestro ministerio de contrabandistas, o para inscribirte en nuestra formación misionera, o simplemente para acompañarnos en un viaje. Final Frontiers tiene casi una docena de filiales ministeriales con algo de interés para todos, desde el apoyo a un predicador, al contrabando de Biblias, a la compra de camellos (ministerio de autobuses saharianos) para que los cristianos beduinos puedan ir a la iglesia.

Todo lo que hace Final Frontiers se hace con tres propósitos:

- Glorificar a Dios
- Beneficiar a sus siervos
- Bendecir al dador

Espero que escuchemos a un ejército de ustedes, lectores, y que juntos, a través de la financiación de los predicadores nacionales, podamos predicar audazmente el Evangelio donde nunca antes se ha predicado.

❖

Si quieres hablar con nosotros sobre el apoyo a un predicador nacional, estaremos encantados de hablar contigo. Por otra parte, si quieres aumentar el número de misioneros extranjeros que tú o tu iglesia ya apoyan, estaríamos igualmente encantados de compartir contigo los nombres y la información de contacto de algunos hombres estadounidenses dignos que esperamos que la próxima generación empiece a emular en la práctica, la política, la motivación y los métodos.

Foto: Esta cabaña india está hecha de estiércol de búfalo en lugar de barro y con un techo de paja de hierba. En esta primitiva aldea situada en Andhra Pradesh, los hombres siguen cazando con arcos y flechas caseros. Desde que se tomó esta foto, la mayoría de los habitantes se han convertido y ahora tienen su propia iglesia.

[Foto tomada en enero de 2008]

APÉNDICES

Sobre el Ministerio

Sobre el Autor

Fuentes Consultadas

Grupos a los que se destinan los fondos de las misiones extranjeras

- 80 por ciento para el trabajo entre los que ya son cristianos

- 1,57 por ciento para el trabajo entre los ya evangelizados pero aún no cristianos

- 2,5% para trabajar entre los grupos de personas aún no evangelizadas y no alcanzadas

Si la definición de las misiones es predicar a los no alcanzados -aquellos que nunca han escuchado el Evangelio- y así es como Pablo definió las misiones, entonces ¿por qué solo el 2,5% de los fondos de las misiones se destinan a ese propósito? ¿Por qué el 80% se destina a los que tienen acceso al Evangelio o cuyas sociedades, como la de Estados Unidos, han sido saturadas por él?

Apéndice A
Acerca de nuestro ministerio

¿Sabías que hay una diferencia entre los inalcanzados y los inalcanzables? En 1989 solo se conocían cuatro cristianos en Mongolia. En la actualidad, se calcula que ese país cuenta con 10.000 creyentes autóctonos.

En Final Frontiers nos comprometemos a no desperdiciar su apoyo. En los últimos tres años, según una empresa externa de contabilidad pública certificada, solo el 5% de nuestros ingresos totales se utilizó para fines administrativos, mientras que el 95% se utilizó para fines ministeriales. La fundación está supervisada por una junta directiva compuesta por pastores y empresarios fundamentales. Quiero ahora compartir las diversas áreas de servicio en las que puedes asociarse con Final Frontiers.

Patrocinio de Predicadores Nacionales

Patrocinar a un predicador nacional es un proceso sencillo. Puedes ir a nuestra página web (www.finalfrontiers.org) para elegir un predicador o simplemente decirnos por qué país te sientes más agobiado, y te proporcionaremos información sobre los predicadores que viven en ese país y que están aprobados para ser apadrinados y necesitan ayuda. Si no tiene una preferencia, le asignaremos un predicador de nuestra lista de más necesitados.

El apadrinamiento es de 35 dólares mensuales, y dado que hacemos arreglos para que la mayoría de los predicadores tengan dos padrinos, puedes tener la opción de proporcionar un doble apadrinamiento (70 dólares mensuales) si lo prefieres. El apadrinamiento estándar de 35 dólares incluye el apoyo de 10 dólares al ministerio de Final Frontiers, lo que proporciona a nuestra fundación fondos con los que operar, además de proveer para las necesidades de emergencia inmediatas en el extranjero. Normalmente, hasta la mitad de esta cantidad se utiliza en el extranjero.

El padrino recibirá correspondencia de su predicador tres veces al año cuando Final Frontiers envíe su apoyo al predicador elegido junto con su formulario de informe.

Cada predicador recomendado para el apoyo ha pasado con éxito por al menos tres niveles de examen y se ha demostrado que es doctrinalmente sólido, moralmente puro, y tiene un historial verificable en la plantación de iglesias y la formación de otros hombres que están sirviendo en el ministerio.

Patrocinio de TEAM

El patrocinio de un TEAM (**T**ogether **E**ffectively **A**dvancing the **M**inistry) se puede hacer por $10 o más mensualmente. Aunque muchos predicadores están siendo apoyados, a menudo carecen colectivamente de herramientas ministeriales que podrían ser útiles. El propósito de la financiación de TEAM es proporcionar a cada país dinero que se utilizará para gastos tales como la impresión de literatura, la compra de bicicletas para los evangelistas itinerantes, la construcción de una iglesia o una escuela bíblica, la ayuda de emergencia, la alimentación de las viudas, y más a menudo, la financiación de los predicadores que aún no tienen un patrocinador.

Cada trimestre, a medida que se envían los fondos al extranjero, se pide al coordinador nacional de cada nación que rellene un formulario de informe del equipo, que se copia y se envía a cada patrocinador. Esto proporcionará un informe de primera mano de cómo los fondos fueron utilizados efectivamente para avanzar en el ministerio en esa tierra.

Patrocinio de Timothy

El patrocinio del programa *Timothy* es de 20 dólares mensuales y ayuda a proveer a los jóvenes que están sirviendo como pastor asistente y ayudando a su pastor principal a plantar iglesias y entrenar a otros, mientras ellos aún están completando su propio entrenamiento. En otras palabras, el programa Timoteo es un entrenamiento en servicio mientras se entrena para el servicio. Estos hombres también necesitan apoyo, y sin él, el pobre pastor nacional tiene que alimentarlos con sus propios y escasos recursos.

Patrocinio de Touch a Life

Touch a Life proporciona ayuda a un niño huérfano, abandonado o indigente. El apadrinamiento de 35 dólares mensuales proporciona comida, ropa, atención médica básica y asistencia educativa. Todos los orfanatos, programas de colocación en hogares y centros de alimentación asistidos por Final Frontiers son administrados por pastores que son apoyados a través de esta fundación y son operados como un ministerio de una iglesia local.

Se requiere una correspondencia bimensual de los niños. La distribución de fondos para el niño es idéntica a la de los predicadores (ver Apadrinamiento Nacional de Predicadores) dando a Final Frontiers fondos extra para ayudar a los niños no apadrinados.

Patrocinio de Daily Bread

Daily Bread es un programa similar al Apadrinamiento Toca una Vida, pero no tiene una designación específica de padrino/niño; más bien, el programa implica la compra de alimentos a granel para alimentar a niños no especificados y no apadrinados que están a la espera de ser apadrinados. Se aceptan donaciones de cualquier cantidad para esta gran necesidad.

Patrocinio de Smugglers

Las donaciones a *Smugglers* se utilizan para comprar y distribuir Biblias. Muchos pastores y creyentes nacionales no poseen una copia de la Palabra de Dios. Smugglers ayuda a proveer la Palabra de Dios a aquellos que la desean en países libres y en países cerrados como las naciones islámicas.

Patrocinio de Bags of Hope

Bags of Hope es el programa de distribución de alimentos de Final Frontiers, que ayuda a alimentar a viudas, huérfanos y familias perseguidas que viven principalmente en el Oriente Medio islámico. El apoyo a este programa es de 20 dólares mensuales y proporciona alimentos, agua potable, medicamentos y vitaminas para una familia de cuatro personas.

Necesidades de la Oficina Central

Cualquier ofrenda que se dé para las *necesidades de nuestra Oficina Central* o para el apoyo de uno de nuestros *Representantes Misioneros*, ya sea mensual o una donación única, será aplicada en un 100% según lo designado. Otras oportunidades de ministerio se anuncian en las alertas de correo electrónico de Final Frontiers, en nuestra página de Facebook y en el Informe de Progreso trimestral. Puedes suscribirte a esta publicación de forma gratuita o registrarte para recibirla por correo electrónico.

Para más información, ponte en contacto con nosotros en
Final Frontiers
1200 Peachtree St.
Louisville, GA 30434
800-522-4324
www.finalfrontiers.org

Apéndice B
Sobre el autor

¿Sabías que la programación televisiva cristiana puede recibirse ahora en muchas naciones cerradas de la Ventana 10/40?

Jon nació el 18 de noviembre de 1955, el tercer hijo de Mack y Nan Nelms, ambos cristianos de primera generación. Aunque ambos deseaban servir como misioneros, ninguno se sentía llamado a hacerlo. Nan era maestra de escuela y pasó los veranos de la juventud de Jon enseñando en "Backyard Bible Clubs". Mack era empleado de Southern Bell y sirvió como diácono y fideicomisario en todas las iglesias de las que era miembro, y como laico ayudó a fundar tres iglesias. Finalmente, a la edad de 70 años, fue ordenado como pastor bautista y falleció un año después. Jon recibió una gran influencia de sus padres, que siempre abrían su casa a los misioneros que estaban de paso y entretenían a la familia con sus historias y experiencias.

Jon sintió el llamado a las misiones a la edad de 11 años y ganó sus primeras almas para Cristo a la edad de 12 años y también comenzó a predicar en ese momento. A la edad de 15 años, comenzó a trabajar en el ministerio de autobuses y a predicar en las calles. A los 17 años se inscribió en el instituto bíblico y se graduó 4 años después, siendo el más joven de su clase.

Inmediatamente después de su graduación, se fue a White Plains, Nueva York, con un pequeño grupo de amigos para iniciar la Iglesia Bautista del Condado de Westchester.

Dos años después se trasladó a Pomona, California, donde conoció y se casó con su esposa, Juanita Fisher, y se convirtió en pastor asistente de la Iglesia Bautista Central. Allí, durante dos años, trabajó con los jóvenes, sirvió como director de autobuses, organizó el ministerio de campamentos de la iglesia y el ministerio de predicación en la calle. Durante ese tiempo nació su hijo Daniel.

La predicación callejera de Jon resultó en el nacimiento de una "iglesia parque" de más de 1,000 en asistencia semanal que se fusionó con la Iglesia Bautista Calvary en Boyle Heights. Jon luego se mudó a Georgia por un corto tiempo, buscando la voluntad de Dios y sirviendo como pastor interino en la Iglesia Bautista Hines en Midville, Georgia. La iglesia creció de un puñado a casi 100 en pocos meses.

Jon declinó una posición permanente para regresar a California, creyendo que Dios proveería una posición para él allí. Después de algunos meses, fue invitado a pastorear la Iglesia Bautista del Sur de Temple City. El nombre pronto fue cambiado a la Iglesia Bautista de los Creyentes. Es aquí donde Dios confirmó su llamado a las misiones y usó este ministerio para quebrarlo y moldearlo para ese llamado. También fue allí donde nació su hija Sara.

La iglesia envió a Jon a varios viajes misioneros a Asia a finales de 1986, donde el llamado fue reconfirmado. El último día de 1986, Jon renunció a la iglesia, y cuatro meses más tarde, después de que llamaran a un nuevo pastor, se trasladó a Georgia tras haber constituido legalmente la Fundación Final Frontiers. En ese momento el ministerio apoyaba a los predicadores solo en Tailandia. Desde entonces, la fundación ha patrocinado a más de 1.400 predicadores en 84 naciones. Estos hombres colectivamente han iniciado (hasta febrero de 2011) más de 36.000 iglesias, con un promedio de una nueva iglesia iniciada cada 3 horas y 26 minutos.

En 2006 Juanita pasó al cielo después de 28 años de matrimonio, dejando su huella en Jon, sus hijos y el ministerio. Un mes después, Sara se casó con Michael Horne, un empleado del ministerio británico, y tienen una hija, Jennifer. Unos meses después, Daniel se casó con Nolvia Aguirre, de Honduras, y tienen dos hijas, Valentina y Elizabeth. En mayo de 2008 Jon se casó con Nolin Vargas, una empleada del ministerio hondureña que ahora viaja con él por todo el mundo y es un gran activo para su ministerio y su vida.

Jon se graduó en 1977 en el Hyles-Anderson College y ha recibido un doctorado honorario de su alma mater y un doctorado en misionología del Fundamental Baptist College for Asia

Disponibilidad de traducciones de la Biblia

- Al menos una parte de las Escrituras ha sido traducida a 2.212 de los 6.500 idiomas del mundo
- 366 idiomas tienen la Biblia completa
- Otros 928 idiomas tienen el Nuevo Testamento
- Algunos libros (por ejemplo, el Evangelio de Juan) están disponibles en otras 918 lenguas
- El 80% de la población mundial tiene acceso a al menos una parte de la Biblia en un idioma que puede entender.

Los países no cristianos tienen más de 227 millones de Biblias dentro de sus fronteras, más de las necesarias para servir a todos los cristianos que viven en ellos, pero no lo hacen porque han sido mal distribuidas.

Miles de grupos lingüísticos no tienen ni una sola página de la Biblia en su idioma.

El 98,7% de las personas tienen acceso a las Escrituras en 6.700 idiomas, lo que deja a 78 millones en 6.800 idiomas sin ningún tipo de acceso.

Distribución de las Escrituras por año

Distribución Total . . . . 4,600 millones de piezas
Mundo A. . . . . 20 millones (0.4%)
Mundo B. . . . . 680 millones (14.5%)
Mundo C . . . . 3,900 millones (84.8%)

Apéndice C
Fuentes consultadas

¡Buenas noticias! El investigador de misiones David Barrett dice que el país con la expansión cristiana más rápida de la historia es China, ¡donde hay 10.000 nuevos conversos cristianos cada día!

Libros

Allen, Roland. *Missionary Methods-St. Paul's or Ours?* Cambridge: The Lutterworth Press, 2006.

Barrett, David y Todd Johnson. World Christian Trends. Pasadena: William Carey Library Publishers, 2003.

Johnstone, Patrick. *Operation World.* Grand Rapids: Zondervan Publishing Company, 1993.

Legg, John. *John G. Paton/FIve Pioneer Missionaries.* Edimburgo: The Banner of Truth Trust, 1965.

Richardson, Don. *Eternity in Their Hearts.* Ventura: Regal Books, G.L. Publications, 1981.

Yohannon, K.P. *Revolution in World Missions.* Altamonte Springs: Creation House Publishers, 1986.

Internet

Dom.imb.org/The%20Unfinished%20Task.htm
Emptytomb.org/research
Gem-werc.com/gd/listings
Generousgiving.org
globalchristianity.org
Gmi.org/research/database.htm
Gordonconwell.edu/ockengaglobalchristianity/
resources.php
Inicio.snu.edu
Imb.org/globalresearch
Jesus.org.uk
Joshuaproject.net
Justinlong.org
Lausanneworldpulse.com
Missions Mobilizer
Momentum-mag.org/wiki/Main_Page
Operationworld.org
Peoplegroups.org
Peopleteams.org
Scribd.com
Wholesomewords.org/missions